说到世界观，有人可能会说，世界观不是每个人都有的吗？一定要通过学习哲学才能形成世界观吗？的确，世界观人皆有之。任何一个智力健全的人在一定的生活经历中都会形成一定的世界观。所以，在生活中我们经常可以看到，某些生活阅历丰富的人，即便他们没有学过哲学，也总能就整个世界或整个人生说出一些非常深刻、非常富于哲理的话。从这个意义上，也可以说"世界观"是一种自发的"哲学"。但是，这种世界观通常是在个人狭小的生活经历中自发地形成的，往往是只知其然，不知其所以然，只有经验说明，没有理论论证，很难有首尾一贯的逻辑，甚至是自相矛盾的。这种从个人狭小的、有限的生活经历中自发形成的、没有经过理论锤炼的对整个世界的看法，恐怕不会是很可靠的。哲学世界观则不同，哲学世界观是通过哲学家自觉的理论探索形成的，它不是出于个人狭小的生活经历，而是出于对整个人类知识体系的理论反思，它通过理论的辨析和论证来确认世界的一般本质，用概念和逻辑的方式来阐释有关世界的种种观念，是人的理论思维能力的结晶。因此，它是一种理论化的世界观。我们学习哲学的一个重要目的，就是要将我们自发形成的世界观放到哲学的理论思维中加以锤炼，使之升华，用一种自觉的、理论化的世界观来武装我们的头脑，从而提高我们的理论思维能力。

进一步说，"世界观人皆有之"这个事实，也能从一个侧面说明，哲学对于我们每一个人来说，就是一种"人性"，也就是只有人才具有的那种不断思考、不断探索的理性。而人类理性思维的最基本特征就是追求普遍性。正是由于这种追求，我们才有了知识，有了科学，有了哲学，有了世界观——哪怕是自发形成的世界观。人类理性对普遍性的追求，使人类具有超越个别经验、局部经验而把握事物的"全体"或"整体"的能力。例如，"动物"的概念指向了动物的全体，而不局限于我们已经观察到的那些动物。人类理性的这种超越性特征能够起到统合人类知识的作用。有关动物的一般规定使我们能够把有关动物的各种知识统一起来，而"生物"的一般概念则使我们在更大范围内将动物、植物、微生物等各方面的知识整合起来。

由此推论，哲学上有关世界一般本质的探究所起到的重要作用就是把我们来自实践的各个领域中的局域性知识或理论整合起来，形成统一的知识体系。这种统一的知识体系对于深化和拓展我们的生活实践是十分必要的。因为我们的实践活动总是感性的、具体的，有着千差万别的特殊内容，并服从各自特定的价值目标，而统一的知识体系作为内在于实践活动的普遍原则，则使各种各样的实践活动彼此相关、相互理解，互为前提和条件，从而使以实践活动为基础的感性世界成为体现人的普遍精神的整体。因此，人类理性对最高普遍性的追求不只是为了满足我们的知识系统对统一性和彻底性的寻求，更重要的是为我们创造"属人的感性世界"奠定具有终极意义的理性根据。尽管在不同的民族文化、宗教文化体系中，在不同的哲学思潮、流派中，人们对"世界统一性"的文化诠释或理论诠释充满了差异、矛盾甚至冲突，但人类理性的这种对最高普遍性的追求却是相同的，并且不会停止。没有这种追求，无论是我们的知识，还是依照我们的知识建构起来的生活世界，都会成为杂乱无章的碎片，在其中我们无法理解，也无法生存。

说到哲学与世界观的关系，还应指出的是，在当代哲学中，有不少学者否认哲学是一种理论化的世界观。其中最有代表性的是德国著名哲学家海德格尔（Heidegger）①的观点。海德格尔认为，把哲学解释为世界观，是从功能性的角度理解哲学。这种理解使哲学把知识学作为基本范式，这就使要求处理伦理、审美与信仰之类的价值问题的哲学与作为知识论的科学世界观之间发生冲突，从而把哲学等同于科学。按海德格尔的理解，所谓理论化的世界观，无非是用一种科学的方式所达成的对世界的理解。他举例说，如果用理论化的态度来看一个讲台，说它是棕色的；棕色是一种颜色；颜色是真正的感觉材料；感觉材料是心理过程或者心理学过程的结果；心理之物是原初的原因；这个原因，这个客观之物，是一定数量的以太波；以太波蜕变为简单的元素；在简单的元素之间存在着单一的规律；元素是最终的东

---

① 马丁·海德格尔（Martin Heidegger，1889—1976），20 世纪德国著名的哲学家，存在主义哲学的创始人和主要代表人物之一，著有《存在与时间》、《形而上学导论》、《林中路》、《走向语言之途》等重要哲学著作。

西；元素就是一般东西。这种理论化的把握，就使这个讲台不再是它"显现"出来的样子。海德格尔认为，这种理论化的把握，实际上忽略了对周围世界的生命体验，因而是"脱弃生命"的。在他看来，人对世界的"生命体验"不是理论的东西，而是"前理论的东西"，这种东西是理论化的科学不能达及的。他认为，哲学是一种"纯思"，但这种"思"的纯粹性不是理论的，而是非理论的或"前理论"的纯粹性。这样，海德格尔拒绝"理论化"这个说法，而把哲学的"纯思"寄希望于"诗"的语言，倡导一种"以诗为邻"的纯思。

海德格尔的这一思想提醒我们不要把哲学等同于科学的知识论，这是非常重要的。以往我们说哲学是一种理论化、系统化的世界观时，的确在很大程度上力图追求哲学的科学性，而忽视了哲学作为人对世界的"生命体验"的意义。但是，就此否认哲学是一种理论化的世界观，也没有太多的道理。哲学作为一种理论化的世界观，并不是说它要用科学的方式建构一个理论化的世界图景，而是一种对人与世界关系的总体把握，这种把握自然包含着人对世界的"生命体验"。尽管"生命体验"本身不一定是理论化的，但对这种生命体验的理解则必然是理论化的。这一点，即便海德格尔也是不能逃避的。他的主要哲学思想都是十足理论化的东西。

第三节 哲学与人文文化

人类的生活实践尽管在具体内容和形式上是多种多样的，所面临的具体问题也是多种多样的，但概括起来说，人们要从事某种实践活动，或者说要做一件事，必不可少地要解决两个方面的问题：第一，做这件事对我、对社会或对于人类有什么意义？有什么价值？第二，怎样才能把这件事做成功？怎样才能使这件有意义的事成为现实？显然，我们前面探讨的科学知识，主要就是用于解决第二个方面的问题。因为，如果我们对客观对象的本质、属性和规律缺乏科学把握，我们就不可能找到做事情的正确方法和手段，要做的事情再好，再有意义，也不会获得成功。这正是科学知识对于我们生活实践的重要作用。但是，科学知识并没有也不能回答第一个方面的问题。因为第一个方面的问题所涉及的不是做事情的方法，而是做事情的意义。这样，在人类的知识体系的发展过程中，除形成了以科学技术知识为主要内容的科学文化（scientific culture）外，还形成了以探询、追问、展示、体现人的生存价值或意义为主要内容的文化，即人文文化（humanistic culture）。哲学的性质也体现在它与人文文化的关系中。

一、人文文化的一般特征

自近代以来，随着自然科学的发展，科学技术在人类征服和改造自然的实践活动中获得了巨大的成功，它塑造了现代社会的工业文明。这种成功曾经使人们普遍地相信，科学是具有最高普遍性的知识，人类的一切知识只有也只能纳入科学研究的轨道才是真实的、可靠的和有效的知识，除此之外都是虚妄不实的见解，不值得重视。一种学问只要被宣布为是一种科学，就能获得崇高的荣誉和神圣的地位。这种观念随着社会科学的产生和发展被进一步加强了。我们现在把这种观念称之为"唯科学主义"。恩斯特·卡西尔在《人论》中表达了这种观念，他说：

> 科学是人的智力发展中的最后一步，并且可以被看成是人类文化最高最独特的成就。它是一种只有在特殊条件下才可能得到发展的非常晚而又非常精致的成果。在伟大的古希腊思想家的时代以前——在毕达哥拉斯派学者、原子论者、柏拉图和亚里士多德以前，甚至连特定意义的科学概念本身都不存在。而且这个最初的概念在以后的若干世纪中似乎被遗忘和遮蔽了，以致在文艺复兴的时代不得不被重新发现重新建立。在这种重新发现以后，科学的成就看来是圆满的无可非议的了。在我们现代世界中，再没有第二种力量可以与科学思想的力量相匹敌。它被看成是我们全部人类活动的顶

点和极致，被看成是人类历史的最后篇章和人的哲学的最重要主题。①

然而科学真的具有这么大的魅力吗？的确，科学的发展确实使我们获得了征服和改造自然的强大力量，以至于自然中的任何一种力量都可以听从科学技术这根"魔杖"的指挥。例如，基本粒子物理学已经以精确的方式解释了原子核裂变产生巨大能量的规律，并且我们已经很成熟地掌握了生产和使用核能的技术。这标志着人类驾驭自然的能力达到了相当高的水平。但是，我们同时也知道，这种核能既可以被用来生产原子弹———一种几乎可以毁灭整个人类的武器，也可以被用来建核电站———一种能够为人们的物质生产和物质生活提供强大能源的设施、设备。那么，从人类生存的角度来看，我们应当用核能来制造原子弹呢？还是应当用它来建设核电站呢？对于这个问题，我们恐怕穷尽物理学的理论也找不出答案。自然科学不能解答，社会科学，比如说政治学、军事学，能够解答吗？政治学和军事学可能会揭示政治斗争的规律以及政治斗争向军事冲突延伸的趋势，可能会告诉我们在战争中武器的先进性对于取得胜利和结束战争的重要作用，但它们同样不能回答我们刚才提出来的问题。甚至，如果从政治和军事发展规律的角度来看，这两门科学或许会鼓励我们多生产一些原子弹，因为这对于形成军事威慑、平衡军事力量是非常重要的。但是，我们知道，没有人会认为生产和使用原子弹是正当的，没有人会欣赏这种足以给人类带来灭顶之灾的武器。然而，这种态度来自于什么？无疑是来自人类在其长期发展中所形成的文化观念，即对人的生命价值、生存意义和人格精神的确认和尊重。正是由于有了这种人文精神，尽管一些发达国家已经生产出足以把地球表面的生命毁灭好几次的核武器，但至今却不敢使用。而且每个核国家都宣布制造核武器是为了最终消灭核武器。当然大量核武器的存在始终是对人类生存的严重威胁，但遏制乃至最终消除这种威胁的动力只能来自关注人的生存价值的人文精神。科学技术是一把"双刃剑"，既可以被用来行善，也

---

① 卡西尔：《人论》，甘阳译，上海译文出版社 1985 年版，第 263 页。

可以被用来作恶。试想，如果在人类的智慧中，真的像卡西尔所说的那样，"在我们现代世界中，再没有第二种力量可以与科学思想的力量相匹敌"，那么我们还有没有力量来制止科学技术被用来作恶呢？如果没有，那将是多么可怕的事情，它意味着我们人类将有可能不是毁灭在自然力中，而是毁灭在我们自己的创造物中。还有什么比自己毁灭自己更可怕的事情呢？所幸的是，我们有这个"第二种力量"，这就是在人类文化的长期发展中所形成的，并在不断强化的人文精神。

科学文化和人文文化是人类知识体系的两个层面，也是人类智慧的两种不能互相替代，但又必须互相补充的力量。单凭科学文化不能解答人文文化中所蕴含的问题，同样，单凭人文文化也不能解答科学文化中所蕴含的问题。之所以如此，是因为科学文化所注重的是"事实"，即客观地揭示研究对象的本质、属性和规律，不管这个对象是来自自然的事物，还是来自社会的事物，也就是说，在科学研究对象面前，科学研究本身必须保持"价值中立"的态度，尽可能地把研究者本人的主观情态如爱憎、好恶、欢乐忧伤乃至阶级意识、阶级情感之类的东西排除在观察、研究过程之外，以获得关于事物的客观知识。而人文文化则不同，它所注重的恰恰是"价值"，它必须以"人"为中心，探询、追问什么是善？什么是恶？什么东西对人来说是健康的、美好的？什么东西对人来说是病态的、丑恶的？什么是幸福？什么是灾难？什么东西值得我们去追求、信仰，并努力通过我们的实践将其变为现实？什么东西是我们应当摈弃、杜绝的？至少要通过我们的努力使它们不能危害人的生存，等等。所有这一切，就构成了我们对自身生存的价值判断。科学文化所提供的"事实判断"和人文文化所提供的"价值判断"，成为我们生活事件的两个理性原则，即"科学原则"和"价值原则"，前者为我们探索并提供实践活动的有效方法和手段，后者为我们探索并确认实践活动的意义和目的。正如人要行走需有两足一样，科学文化和人文文化是我们生活实践及其发展的两个支撑点，缺少其中任何一个，都会使我们的生活实践和由此产生的生活世界变得残缺不全。

也许有人会问：人文文化以人为对象，难道人不是科学研究的对象吗？的确，人的生存首先包含着自然的生命过程。自然生命的产生是自然过程的结果，其生存与死亡，取决于人的自然生命的运动周期和维持自然生命所必需的各种物质生活条件的获得，这正是科学研究（如生命科学、医学等）所关注的问题。自然科学可以告诉我们，人怎样才能健康地活着，怎样才能摆脱疾病的折磨。然而，人不仅活着，而且还意识到自己活着，这种意识就表现为人们总是不断地追问自己生命的价值和意义，即问自己"我为什么活着？"或"我活着有什么意义？"古希腊著名哲学家苏格拉底（Socrates）①曾说过："没有经过审查的生活是不值得过的（The unexamined life is not worth living）。"对生活意义的追问几乎可以说构成了我们生命存在的第二个层面，即与自然生命相对应的"价值生命"。而人的这种价值生命是历史和文化的产物，是人通过对自身生活实践的根本性意义的反思和追问而不断生成的过程，因而它包含的是人对自身所具有的人格、尊严、幸福、快乐的理解和追求，对自身生活目标和自我实现方式的价值选择。人的价值生命作为人的生存意义的生成和显现通常是有关自然生命的自然科学探讨所不能穷尽的，因为这种探讨只能说明人怎样才能活着，但不能说明人为什么活着，或者说人怎样活才更有意义。所以有人认为人和动物不同的地方，在于人能够自杀。因为动物从来不问自己活着的意义和价值问题，因此对于动物的生命存在来说，就没有意义的丧失问题。因而动物是不会自杀的。而人则不同，生存的意义是人生存的根据。如果一个人感到个人生活的一切意义都丧失了，人就难免会沉沦、颓废，就会导致生存绝望，甚至在自然生命的一切生存条件都具备的情况下放弃自己的自然生命。正如黑格尔所说的那样："我是活着而且具有有机的肉体这一点是以生命的概念和作为灵魂的精神的概念为依据的，即以自然哲学中和人类学中的各种环节为依据的。只有在我愿意要的时候，我才具有这四肢和生命，动物

---

① 苏格拉底（Socrates，前469—前399），古希腊著名思想家、哲学家、教育家，他和他的学生柏拉图，以及柏拉图的学生亚里士多德被并称为"古希腊三贤"，他更被后人广泛认为是西方哲学的奠基者。

不能使自己成为残废,也不能自杀,只有人才能这样做。"①

二、历史、艺术、宗教

在希腊古都特尔斐有一座祭祀阿波罗神的神殿,在这个神殿的入口处刻着一句话:"认识你自己"。这句话成了哲学的千古绝唱,它道出了人文文化最基本、最深刻,同时也是最终的内涵。我们都是人,既确认自己为人,也确认他人为人。但我们确认的根据是什么?或者说,什么是"人"或"人性"?人和其他物到底有什么不同?什么是"人格"?什么是人的尊严、人的价值?对这些问题,至今没有形成公认一致的见解。我们都追求自由和幸福,然而什么是自由?什么是幸福?我们为什么一定要追求自由和幸福?我们追求哪一种自由和幸福?对于这样的问题,人们的理解又都是千差万别,并充满困惑。我们说:"人人生而平等",但在我们的生活世界中却存在着阶级、阶层、等级,每个人获得的财富、权力、地位和声望却存在着巨大的差异,那么,到底有没有平等?我们追求的是哪样一种平等?在我们的社会生活及其历史发展中,人们珍爱自己的人格,但我们的人格却常常遭到邪恶力量的无情践踏;我们追求自由,但彻底地摆脱奴役又是如此艰难;我们向往幸福,但谁又能保证自己绝不会陷入悲困之中;我们要求发展,但在现实生活的大多数情况下,一个人的发展往往是以牺牲他人的发展为代价的。这样,我们不能不问,那摧残我们的人格、自由和幸福的力量到底是来自何方?我们能不能征服它们?我们能不能创造出一个使每个人的人格都得到充分尊重,每个人的价值都得到充分实现,每个人都能获得自由和幸福的社会?总而言之,人类的命运是怎样的?我们个人的命运又是怎样的?人类能否驾驭自己的命运?我们每个人能否掌握自己的命运?对所有这些问题的探询、思索、体验、理解和展现,就成为人类知识体系中的人文文化。

人文文化本身也划分为不同的领域,但严格说来,人文文化的不

---

① 黑格尔:《法哲学原理》,范扬、张企泰译,商务印书馆1982年版,第56页。

同领域与科学文化的不同领域不一样。科学文化的不同领域主要是根据研究对象的不同来划分的，而人文文化的不同领域并不是研究对象不同的各个学科，而是以不同的方式来回答上述人文问题的文化领域。其中最基本的方式体现在历史、艺术、宗教这三个基本领域中。

1. 史学

历史学不同于科学。科学所采用的是普遍化的方法，从众多个别事物中抽象出共性的、一般的东西，其目的是揭示事物的一般本质和运动变化的普遍规律。而历史学所采用的则是个别化的方法，即通过描述、分析具体的历史人物和具体的历史事件来解释、揭示和展现历史的过程。当然，历史学是离不开科学的。因为历史学对历史人物和历史事件的描述和分析也必须使用普遍概念（如民族、阶级、国家、经济、政治、文化等等），并且要通过对历史发展规律和发展趋势的把握来确定历史人物和历史事件的意义。而这些普遍概念和关于历史规律、趋势的知识正是由社会科学来提供的。但是，与社会科学不同，社会科学以形成普遍性的概念和把握普遍规律为目的，而历史学则把普遍概念和普遍规律当作工具来描述和分析在历史中那些只发生一次的人物和事件。当然，历史学总是要真实地记述历史事实，客观地分析和研究历史事件之间的因果联系以及由历史事件的相互关联而表现出来的历史过程。在这一点上，它必须具有一种科学的精神。尽管史学研究很难做到真实性和客观性，但追求真实性和客观性却是史学不可动摇的精神，它不允许人们为了自己的某种主观的需要而任意地编造、篡改历史，它的一切记述、判断、结论都必须以真实的史料为依据。因而有时我们也把史学称为历史科学，或将之归入社会科学。史学的科学精神是不可动摇的，因而在人文文化中，史学是最接近科学的。

然而，史学家对历史人物和历史事件的记述并不是没有选择的，他们没有可能，也没有必要把历史上所有的人物和事件统统记入历史过程中。历史研究的目的归根到底还是为了使我们更好地把握现实以及社会发展的未来趋势。因为，正如黑格尔所言，对于现实来说，历史并没有真正地消失,而只是失去了直接性,也就是说,现实之为现实就在于它是历史发展的结果。因此,史学家对于历史人物和事件的记述必然是有选择的,选择的标准就是"价值"或"意义"。也就是说,史学家必然会按照某种价值观念或价值标准去选择那些真正推进了历史进程、显示出历史进步趋向的历史人物和历史事件,选择那些体现自由、正义、平等、善良、纯洁、忠贞、博爱、不畏艰险、不惧强暴,勇于为民族和国家、为人类文明而献身的历史人物,赞颂他们为民族、国家和整个人类做出的贡献,让他们永垂青史,光照万世。史学家也会选择那些阻碍历史进步、抗拒历史进步趋向的历史人物和历史事件,选择那些表现奴役、邪恶、强权、暴政、欺侮、怯懦,为一己私利不惜牺牲国家、民族和人民利益的历史人物,痛斥他们对民族、国家和人类文明所犯下的罪恶,把他们永久地钉在历史的耻辱柱上,遭万世唾弃。总之,史学以真实的历史事实为基础,通过对这些历史事实的价值选择和价值批判,来显示历史进步的过程和趋势,来揭示社会生活的历史发展中真与假、美与丑、善与恶、自由与奴役、正义与奸邪之间的矛盾抗争,展示人的生存与发展的历史命运,使人们能够通过吸取历史的经验和教训,而把握生活的真理,培育人们健康向上的人格精神。这就是所谓"以史为鉴,可以知兴替","前事不忘,后事之师"。

2. 艺术

如果说,历史学是以真实的历史事实来回答人文文化问题,那么,艺术就是通过塑造生动、具体的感性形象来体现、表现或展示人类的生存价值和意义。艺术,不管是绘画、雕塑、音乐、舞蹈、戏剧、诗歌、文学、电影,它们的一个基本特征就是能够而且必须能够在人们的感官面前和头脑中塑造出具体的、生动的感性形象,尽管它们有时也需要概念和理论,但这些概念和理论也是塑造感性形象的工具。艺术所塑造的感性形象首先在于能够满足人们对"美"的追求。而对美的追求恰恰又正是人类生存价值的一个极为重要的方面。"美"就是那种能够使我们产生心理快感和精神愉悦的东西。我们生活在自然中，自然的万事万物，不仅为我们提供可用的东西，而且也是我们的欣赏对象。巍峨挺拔的山峰、清澈流淌的泉水、生机勃勃的绿野、鲜艳夺目的花朵等等，所有这一切使我们赏心悦目，沉浸于其中，使我们忘记世间的烦恼。如果自然的环境不是那么美，我们也可以改造它，按美的尺度重新塑造它，使它成为美的家园。

对"美"的欣赏，往往使我们能够超越对物的功利目的，获得一种纯粹的、自由的精神满足。所以，只有人才能欣赏美，也只有人才能按美的尺度塑造事物。美不仅是自然的美、环境的美，同时也包括人体的美、人格的美、生活的美、社会的美等等。正是因为在我们的生活世界中，充满了美的东西，才使我们更加热爱生活。正是由于我们能够按美的尺度重新塑造事物，才使我们坚定了为塑造美好生活而奋斗的信心。

艺术对感性形象的塑造，不同于历史对真实历史人物和历史事件的记述。尽管艺术形象可以取材于历史和现实生活中的真实人物和真实事件，但艺术本身并不必然地要求它塑造的形象一定是生活中真实发生的事件。艺术源于生活，但它又高于生活。它可以用虚构的手段，克服生活的局限，略去无关紧要的琐碎细节，让人生中最为美好、最有价值的东西凸现出来。所以，文学、戏剧、电影大都是用虚构的方式塑造人物形象，通过故事情节的展开，展现人物的性格和命运。这种虚构，也是一种艺术的抽象，它要使艺术形象凝练概括地表现生活的真实。艺术的虚构，往往允许艺术超越科学的限定，在艺术中我们可以用神话、童话、甚至用神鬼怪异的故事去表现生活中那些美好的东西，鞭挞生活中那些丑恶的东西。艺术的虚构，也使艺术能够突破历史的真实，以更大的自由去表现生活，去感染人、鼓舞人。历史中那些邪恶之徒、佞臣贼子，未必真的获得罪有应得的下场，但我们可以让他们出现在文学作品中，让他们在文学作品中死无葬身之地。历史上那些忠贞之士、英雄好汉，往往一生惨烈、肝脑涂地，但我们也可以让他们出现在文学作品中，让他们在文学作品中获得辉煌的结局。当然，艺术也会用悲剧的方式,揭示生活中痛苦的一面。鲁迅①先生说:"悲剧将人生的有价值的东西毁灭给人看。"当我们在文学作品中,看到那些为祖国、为人民、为真理、为正义、为自由、为爱情、为人间一切美好的东西而奋斗的那些人以及他们的事业,最终被某种邪恶的势力所摧残的时候,我们不禁会痛心疾首,同时又会激发我们对邪恶势力的仇恨,使我们愤然而起,确立与邪恶进行斗争的勇气和信心。总之,艺术塑造的感性形象未必是生活中真实存在的人物或事件,但是这些感性形象却能够使我们更深刻地感受生活中的真与假、美与丑、善与恶、自由与奴役、正义与奸邪之间的矛盾抗争,强化我们对人的生存价值和意义的理解。由于艺术是通过塑造生动、具体的感性形象来表现生活,因而它有着广泛的人民性。

3. 宗教

宗教是一种依靠信仰的力量来引导人们的生活的人文文化。粗略地说,人类文化最早的形态,大概就是宗教文化。在人类社会的初期,即在原始社会中,我们的祖先就像我们一样对周围世界充满了疑问。当然,在那个时候人们还没有学会或者说还没有形成一整套观察、分析和研究自然现象和社会现象的科学方法,也就是说不能像我们今天这样对生活世界中所遇到的种种问题做出科学解答,他们使用一种类似"移情"或"互渗"的方法,把我们人类活动的特征推及外部世界。例如,人们的行动都是受自己的观念和意志支配的,因而他们也会认为,在种种自然现象、自然物中也有某种观念或意志,有某种超自然的神灵在支配着自然物、自然现象的运动和变化。这就是所谓"万物有灵"。特别是当人们还没有能力驾驭自然力反而被各种自然力所强制时,人们就会相信自然力背后有着强大无比的神灵,并对这个神灵产生恐惧和崇拜。这就是"自然宗教"或"原始宗教"的产生。所以

---

① 鲁迅(1881—1936),原名周树人,字豫才,浙江绍兴人,以笔名鲁迅闻名于世。鲁迅先生一生写作计600万字,创作涉及杂文、短篇小说、诗歌、评论、散文和翻译作品等,对五四运动以后的中国文学产生了深刻而广泛的影响。毛泽东评价他是伟大的文学家、思想家、革命家和中国文化革命的主将。

很多人认为，宗教产生于人类的"无知"。这种说法当然有一定的道理，但也不尽然。虽然从科学文化高度发达的今天来看，"万物有灵"的观念显得如此虚幻、幼稚、愚昧，但它毕竟构成了原始人类对世界和万物的"解释"，这种解释同样可以为人们提供一种信念：既然我们的生存所依靠的那些物和那个世界是被神灵所主宰，我们就应当通过敬仰、崇拜神灵，而谋求神灵的佑护和帮助。这种信念，就是最初的信仰。因此，宗教的产生不只是因为无知，更因为在这种"无知之知"中所生成的信仰。这种信仰调节着人与自然的关系，也调节着人们之间的关系。它使人们相信，我们在生活中所遵守的那些习俗、道德、甚至法律，我们所采取的生活方式、行为方式等等都与那无所不能、无所不在的神灵密切相关，都是这个神灵为我们做出的安排，因而它们必定如此。如果不想让神灵震怒以致降灾于我们，那就去服从神灵为我们每个人做出的安排，这就是"命运"。因而在古代社会中，帝王的统治无不以对神灵的崇拜为观念基础，而反抗帝王的斗争，也无不以神灵的支持为思想武器。

随着社会生活的发展，各个民族的宗教观念也在不断演变，并逐渐形成了像基督教、佛教、伊斯兰教等这样一些具有世界性的宗教。时至今日，科学的昌盛、文明的进步，并没有使宗教因人们"有知"而退出文化舞台，就是因为它们至今依然是支撑人的信仰的重要领地之一。当然我们可以不相信任何宗教，我们可以用科学的、哲学的理论去批判宗教观念和宗教教条，但我们却绝不可以没有信仰。信仰是我们对生活的超越，在生活中真与假、美与丑、善与恶、自由与奴役、正义与奸邪总是交织在一起，而信仰则使我们把人类生活中那些最优越的价值、最积极的力量凝聚在信仰对象上，使我们通过对它的信仰获得生存的最高境界。

从历史上看，世界上不同的民族或种族有着不同的文化传统和宗教信仰，但是任何一个民族的宗教信仰作为精神生活和道德情操的总体都是一种能够使其民族成员团结起来、凝聚起来的精神力量和文化机制，而不是去制造人与人之间的隔阂和对立。因此，不管信仰的对象是出于精神的虚构（如宗教神学），还是出于对社会和人生的理论把握（如马克思主义），信仰本身都会成为使人们对道德体系产生价值认同的精神象征。也就是说，一旦人们信仰什么，就会把自身的全部价值寄托在信仰对象上，从中去理解和体验生命的意义，并使之成为自己行为方式的最终依据，从而可以为信仰而道德，甚至为信仰而献身。

三、哲学与人生观

如果说，在探询、思索、展示、回答人的生存价值和意义的问题上，历史学是借助于史实的力量，艺术是借助于感性形象的力量，宗教是借助于信仰的力量，那么哲学就是借助于人类的理性思维的力量。也就是说，哲学用概念来把握人生，用理论思维来揭示人类生存的价值和意义，从而透过事实、透过形象、透过信仰的表层，直视人生的真谛。因此，自有哲学以来，就有了这种对人生的理论思考。"人性论"就是哲学不可缺少的组成部分，甚至可以说，哲学对人和世界关系的反思，归根到底还是为了人，为了使人能够更好地生存于这个世界之中，更好地创造那个属于我们的生活世界。因此，哲学必然要对"人"、"人性"、"人的本质"、"人的生存"、"人的价值"、"人的尊严"、"人的命运"等等一系列问题做出概念界定和理论分析，从而形成一种理论化的人生观。尽管不同的哲学家、哲学派别对这些问题的解答总是充满歧义，甚至互相反对，但以理论思维把握人生却是人类文化中不可缺少的哲学努力。没有这种努力，人的生存所面临的种种问题就不能清晰地呈现在我们的观念中，也就难以使我们对生存的价值选择做出理性的判断。

对于人生的历史的、艺术的把握，最终都要在哲学的努力中得到提炼和升华。哲学对人生的理论思维同样为历史研究和艺术创作提供了不可缺少的思维形式和方法。因此，一个史学家，他的哲学功底越是深厚，他就越是能够在浩如烟海的史料中迅速快捷地发现历史事件的本质和历史过程的线索，从而对历史事件做出可靠的、深刻的分析。一个艺术家，他的哲学功底越是深厚，他所塑造的艺术形象也就更有力度和深度,他的作品也就更具丰富的内涵和耐人寻味的意义。当然,哲学不能代替历史研究和艺术创作,但哲学却可以成为,或本身就是历史研究和艺术创作的灵魂。

就探讨人生的终极意义、终极价值而言,哲学和宗教往往会走到同一个领域中。亦即,哲学和宗教都可以说是对人生的一种终极关怀(ultimate concern),都必须回答那关乎人的"生"与"死"、"存在"与"非存在"的终极性问题。但宗教是把对这些问题的回答隐藏在宗教教条和宗教寓言中,它要求人们去体验、去信奉,而不要求人们,甚至不允许人们去追问、去怀疑。而哲学则把对这些问题的解答,呈现在人们的理论思维中,让人们运用自己的理性去思考,并从中获得答案。因此,只有哲学才能真正提升人的人生智慧。当然,在当代西方宗教文化中产生出了宗教哲学这样一个研究领域,这就使宗教文化突破了以往"只信仰,不理解"或"先信仰,后理解"的信条,把对终极问题的回答放到理论探讨中。而这样一来,这个问题也就成了哲学问题。

哲学就是这样一种理论化的人生观,它是人类对自身生存的理论反思。为此,我国现代著名哲学家冯友兰①先生指出:

> 哲学、宗教都是多义的名词。对于不同的人,哲学、宗教可能有完全不同的含义。人们谈到哲学或宗教时,心中所想的与之相关的观念,可能大不相同。至于我,我所说的哲学,就是对于人生的有系统的反思的思想。每一个人,只要他没有死,他都在人生中。但是对于人生有反思的思想的人并不多,其反思的思想有系统的人就更少。哲学家必须哲学化;这就是说,它必须对于人生反思地思想,然后有系统地

---

① 冯友兰(1895—1990),字芝生,河南南阳唐河人,中国著名哲学家,1924年获哥伦比亚大学博士学位,历任中州大学(现在的河南大学)、广东大学、燕京大学教授,清华大学文学院院长兼哲学系主任、西南联大哲学系教授兼文学院院长、清华大学校务会议主席、北京大学哲学系教授,著有《中国哲学简史》、《新理学》、《新原人》、《新原道》等重要哲学著作,被誉为"现代新儒家"的代表人物。

*表达他的思想。*①

第四节　哲学之为时代精神的精华

从以上分析中，我们大致可以看出哲学在人类知识体系中的作用。由此我们可以进一步探讨哲学在人类精神文化中的地位。

一、哲学的追究

通过分析哲学与科学知识、哲学与人文知识的关系，我们大致可以确定哲学是一种理论化的世界观和人生观。这种看法，也是哲学界比较普遍的看法，当然这个看法并不是没有任何疑问的，但就目前而言，尚没有足够的理由完全改变这个看法。

20世纪初，德国著名哲学家威廉·文德尔班②（Windelband）在他的《哲学史教程》中说：

> 所谓哲学，按照现在习惯的理解，是对宇宙观和人生观一般问题的科学论述。③

文德尔班依然称哲学是一种科学论述，并不表明文德尔班把哲学理解为一种科学。实际上，文德尔班本人是当时最早提出区分科学和人文的哲学家之一。他认为哲学不能脱离价值观念，因为它始终受价值观念的强烈影响，哲学问题就是价值问题。

---

① 冯友兰：《中国哲学简史》，北京大学出版社1996年版，第1—2页。
② 文德尔班：（Windelband，1848—1915），德国新康德主义者，弗莱堡学派创始人，著有《序论》、《哲学导论》、《哲学史教程》等著作。
③ 文德尔班：《哲学史教程》（上），罗达仁译，商务印书馆1987年版，第7页。

20世纪英国著名哲学家罗素（Russell）[①]以明确的方式区分了哲学和宗教，并提出了哲学所关注的一系列问题：

> 哲学，就我对这个词的理解来说，乃是某种介乎神学与科学之间的东西。它和神学一样，包含着人类对于那些迄今仍为确切的知识所不能肯定的事物的思考；但是它又像科学一样是诉之于人类的理性而不是诉之于权威的，不管是传统的权威还是启示的权威。一切确切的知识——我是这样主张的——都属于科学；一切涉及超乎确切知识之外的教条都属于神学。但是介乎神学与科学之间还有一片双方攻击的无人之域，这片无人之域就是哲学。思辨的心灵所最感到兴趣的一切问题，几乎都是科学所不能回答的问题；而神学家们的信心百倍的答案，也已不再像它们在过去的世纪里那么令人信服了。世界分为心和物吗？如果是这样，那么心又是什么？物又是什么？心是从属于物的吗？还是它具有独立的能力？宇宙有没有任何的统一性或者目的呢？它是不是朝着某一个目标演进呢？究竟有没有自然律呢？还是我们信仰自然律仅仅是出于我们爱好秩序的天性呢？人是不是天文学家所看到的那种样子，是由不纯粹的碳和水化合成的一块微小的东西，无能地在一个渺小而又不重要的行星上爬行呢？还是他是哈姆雷特所看到的那种样子呢？也许他同时是两者呢？有没有一种生活方式是高贵的，而另一种是卑贱的呢？还是一切生活方式全属虚幻无谓呢？假如有一种生活方式是高贵的，它所包含的内容又是什么？我们又如何能够实现它呢？善，为了能够值得受人尊重，就必须是永恒的吗？或者说，哪怕宇宙是坚定不移地趋向于死亡，它也还值得加以追求吗？究竟有没有智慧这样一种东西，还是看来仿

[①] 伯特兰·亚瑟·威廉·罗素（Bertrand Arthur William Russell，1872—1970），英国著名的哲学家、数学家和逻辑学家，20世纪逻辑分析哲学的创始人之一，逻辑实证论的主要代表人物，著有《数学原理》、《哲学问题》、《自由之路》、《西方哲学史》、《宗教与科学》等著作。

佛是智慧的东西，仅仅是极精炼的愚蠢呢？对于这些问题，在实验室里是找不到答案的。各派神学都曾宣称能够作出极其确切的答案，但正是他们的这种确切性才使近代人满腹狐疑地观察他们。对于这些问题的研究——如果不是对于它们的解答的话——就是哲学的业务了。①

二、哲学与时代精神

每个时代的人们认识和改造外部世界的活动和结果都包含着人的智慧的发展和运用，都体现人的需要、目的、理想和愿望，因而具有体现时代特征的"文化精神"，或"时代精神"。这种时代精神体现在一个民族的精神文化、知识体系的各个方面。德国哲学家黑格尔把时代精神比作宏伟的殿堂，经济、政治、文化、艺术、科学分别是这个殿堂的门廊、柱子、窗户等等，而哲学则是把殿堂的各个部分统一起来、结合起来的结构或框架。他说：

> 一个民族的这种丰富的精神是一个有机的结构——一个大教堂，这教堂有它的拱门、走道、多排圆柱和多间厅房以及许多部门，这一切都出于一个整体、一个目的。在这多方面中，哲学是这样一个形式，什么样的形式呢？它是最盛开的花朵。它是精神的整个形态的概念，它是整个客观环境的自觉和精神本质，它是时代的精神、作为自己正在思维的精神。这多方面的全体都反映在哲学里面，以哲学作为它们单一的焦点，并作为全体认知其自身的概念。②

这就是说，精神文化的不同部分，从不同角度、不同方面，不同程度地体现自己时代的文化精神，哲学则是从总体上把握时代的内容，集中地体现时代精神的本质特征，使时代精神成为一个统一的整体。

---

① 罗素：《西方哲学史》（上），何兆武、李约瑟译，商务印书馆 1963 年版，第 11—12 页。
② 黑格尔：《哲学史讲演录》第 1 卷，贺麟、王太庆译，商务印书馆 1983 年版，第 56 页。

对此,马克思(Marx)①也指出:哲学是"现世的智慧","是文明的活的灵魂":

> 因为任何真正的哲学都是自己时代精神的精华,所以必然会出现这样的时代:那时哲学不仅从内部即就其内容来说,而且从外部即就其表现来说,都要和自己时代的现实世界接触并相互作用。那时,哲学对于其他的一定体系来说,不再是一定的体系,而正在变成世界的一般哲学,即变成当代世界的哲学。各种外部表现证明哲学已获得了这样的意义:它是文明的活的灵魂,哲学已成为世界的哲学,而世界也成为哲学的世界,——这样的外部表现在所有的时代里都是相同的。
>
> 哲学家的成长不是雨后的春笋,他们是自己的时代、自己的人民的产物。人民最精致、最珍贵的和看不见的精髓都集中在哲学思想里。②

我国著名哲学家陈晏清③教授也指出:

> 不论各个时代人类的知识水平、知识结构如何,哲学总是处在那个时代人类知识体系的最高层次的东西;不论各个时代人类抽象概括的水平如何,哲学总是以最抽象最概括的形式所把握的理论原理。④

哲学理论就是以极高的概括性、抽象性把精神文化的各个部分,

---

① 卡尔·亨利希·马克思(Karl Heinrich Marx,1818—1883),19世纪德国著名的哲学家、经济学家、政治家和无产阶级革命的理论家,被誉为全世界无产阶级的伟大导师、科学社会主义的创始人。著有《1844年经济学哲学手稿》、《神圣家族》、《德意志意识形态》、《共产党宣言》、《法兰西内战》、《资本论》等名作。

② 《马克思恩格斯全集》第1卷,人民出版社1956年版,第121、120页。

③ 陈晏清(1938—),中国著名的哲学家,南开大学哲学院教授,著有《"四人帮"哲学批判》、《马克思主义哲学纲要》、《论自觉的能动性》、《辩证的历史决定论》(合著)、《现代唯物主义导引》(合著)、《当代中国社会哲学》(主编)、《当代中国社会转型论》(主编)等著作。

④ 陈晏清:《马克思主义哲学纲要》(修订本),天津人民出版社1988年版,第2页。

把人的现实生活的各种特殊内容统一起来,通过把握这个时代的哲学,就能把握时代精神的本质,因而,哲学是时代精神的精华。

本章思考题

1. 亚里士多德为什么说哲学是追求最高的智慧?
2. 怎样理解哲学的发展?
3. 怎样理解哲学与科学文化的区别和联系?
4. 怎样理解哲学与人文文化的关系?
5. 为什么说哲学是时代精神的精华?

第二章　哲学的基本特征

通过比较哲学与科学、哲学与人文，我们大致可以看出哲学在人类知识体系中的位置，看出哲学与科学、哲学与人文的区别和联系。在此基础上，我们可以进一步分析哲学作为一种人类的理性思维，它有哪些基本特征。换句话说，怎样一种思维才是哲学的思维。

第一节　哲学的"反思性"

一、哲学"反思性"的一般含义

从哲学和科学的关系上看，哲学思维和科学思维都属于人的理论思维。二者不同的是，科学思维始终是基于对经验中可感知的具体事物的考察，从理论上把握某一特殊领域事物或现象的普遍本质、一般属性和运动规律，而哲学的理论思维则是以科学理论中用以把握事物的本质、属性和规律的那些最基本的范畴或概念为对象，探究和追问这些基本范畴的含义以及它们对人的理论思维的意义。也就是说，哲学不是以具体事物为对象，而是以人们对具体事物的思考为对象，以人们认识和把握具体事物的思维形式和思维方法为对象。简言之，哲学不是以事物为对象，而是以人们关于事物的思想为对象。如黑格尔所说:"哲学是以思想、范畴,或更确切地说,是以概念去代替表象。"①哲学理论思维的这一特征就叫做反思性,亦即,思维以其自身为对象而反身思之、反复思之。所以,黑格尔解释道:"反思以思想本身为内容,力求思想自觉为思想。"②"哲学的内容即是思想,普遍的思想。惟有思想才是第一义;哲学里的绝对必是思想。"③

不仅哲学和科学的关系如此,哲学与人文的关系也是如此。人文文化的各个学科或领域,虽然也都必然包含着对人的生存价值和意义的理论思考,但这种思考总是混合在事实(如历史)、形象(如艺术)或表象(如宗教)中而难以分辨。除非人文学家们能够像哲学家那样在他们的作品中用概念的方式直接把蕴含在事实、形象、表象中的理论思维直截了当地表述出来——这样做通常又不是人文学科所要求的——否则能否从这些事实、形象或表象中悟出生活的真谛,那就要看人们的生活经验的积累、知识结构以及分析和判断的能力。事实上,在很多情况下,史学家对于自己陈述的史实,艺术家对于自己塑造的艺术形象,神学家对于自己讲述的宗教寓言,也并非总是有透彻的领悟,或者他们本人的思考也并非能穷尽其意义。哲学对人生的思考,完全不借助于事实、形象、表象,而是探究和追问人们用以把握人生的那些基本范畴或概念,既用概念的方式揭示人生的价值和意义,又用概念的方式反思人们如何把握人生。对人生的理解原本就是一种思考,哲学要把这种思考作为自己的对象。因此,黑格尔指出:

> 哲学的要求可说是这样的:精神,作为感觉和直观,以感性事物为对象;作为想象,以形象为对象;作为意志,以目的为对象。但就精神相反于或仅是相异于它的这些特定存在形式和它的各个对象而言,复要求它自己的最高的内在性——思维——的满足。而以思维为它的对象。这样,精神

---

① 黑格尔:《小逻辑》,贺麟译,商务印书馆1980年版,第40页。
② 黑格尔:《小逻辑》,贺麟译,商务印书馆1980年版,第39页。
③ 黑格尔:《哲学史讲演录》第1卷,贺麟、王太庆译,商务印书馆1983年版,第89页。

在最深的意义下,便可说是回到它的自己本身了。①因而,哲学的认识方式只是一种反思,即跟随在事实后面的反复思考。

二、哲学的反思性在于对思想的反复追问

哲学的反思性,并不是说哲学的理论思维不关注生活世界中的具体事物、具体问题,或者认为哲学思维是某种不食人间烟火的"纯思",恰恰相反,哲学必须深入到生活世界中,必须有助于人们用理论思维去把握具体事物和具体问题。任何"思想"都是关于某种"思想对象"的思想,尽管哲学是把"思想"作为自己的对象,但是这个作为哲学的对象的思想,依然是关于思想对象的思想。只不过,在科学乃至我们日常的理论思维中,我们是通过观察或实验,把对象放到某种普遍的概念或概念的关系中加以思考,以形成有关这个对象的判断或命题,也就是所谓思想、观念。而哲学的思维,则是要揭示蕴含在这个判断或命题中的最一般的概念和关系,通过这样一种方式追问这个判断或命题,也就是说追问这个"思想"是否成立。例如,当我们说"这片树叶是绿色的"时,这个极为简单的判断就已经包含着实体和属性、个别和一般、存在与非存在的关系。这样,我们就可以追问,如:"这片树叶"是什么意思?树叶是否为一种实体?实体又是什么?"绿色"是否为树叶这种实体的属性?属性又是什么?实体和属性又是什么关系?我们为什么不能说"绿色是这片树叶"?"是"是什么意思?等等。当然,在日常生活中,对这样简单的命题做出如此之多的追问,似乎显得很可笑。但是,不要忘记,恰恰是这些追问把我们引向了哲学的思考。而重大的科学建树,也正是在这种追问中产生的。20世纪上半叶,有关量子力学的科学争论和哲学争论,无非就是由这样一些追问或反思引起的。经典物理学为我们提供了"粒子"和"波"两类物理图景,并提供了分别测试粒子和波的两类实验设备。但是对量子客体进行观测时,量子客体既可以表现为粒子性,也可以表现为波性。

---

① 黑格尔:《小逻辑》,贺麟译,商务印书馆1980年版,第51页。

那么,"量子客体"是什么?量子客体是粒子吗?量子客体是波吗?粒子是什么意思?粒子是指在时间和空间中做非连续运动的物体吗?波又是什么?波是指在时间和空间中做连续性运动的物质吗?那么,连续性与非连续性又是什么意思?时间和空间又是什么意思?同时,科学家们在实验中还确认,量子客体的运动规律(运动方程)可以用因果规律的形式予以描述,但对这种描述又必须加以统计诠释,也就是说量子客体的运动过程具有必须用概率加以描述的或然性。那么,因果关系应当怎样确定?因果关系是否一定具有必然性?抑或说,因果关系根本就不具有必然性,只不过是概率的极限值。量子客体的物理特征是量子客体本身的属性和规律,还是主客体相互作用的产物?科学研究中,主体和客体的关系到底是怎样的?什么是"观测"?什么是理论?科学理论到底是怎样形成和构成的?等等。显然,有关量子力学的哲学争论,不是围绕量子客体的实验结果,而是围绕对这些实验结果的解释,也就是围绕量子力学的思想展开的。

　　从根本上说,哲学的反思性特征,就表现为反复追问"事物本身"(thing in itself)。所谓"事物本身",不是指个别存在的具体事物自身,而是指我们用以把握这些具体事物的那些普遍概念或"理念"。例如,我们的认识活动总是要追求真理,那么"认识本身"是什么?"真理本身"又是什么?在日常生活中,善的行为有着多种表现形式和多方面的内容,但"善本身"是什么?美的事物和感受亦是千姿百态,而"美本身"是什么?人们的信仰多种多样,而"信仰本身"是什么?在政治生活中,我们都追求公平和正义,而"公平和正义本身"是什么?以至"社会本身"是什么?"世界本身"是什么?等等。毫无疑问,对这些问题的追问或反思,就是为了满足我们理性地判断和把握真理、善事、美物、公平和正义的需要,为我们在社会生活中或生活世界中的生存提供最基本的依据。

第二节 哲学的超验性

一、哲学"超验性"的一般含义

哲学的反思性表现为反复追问"事物本身",这就使哲学的理论思维具有一种"超验性"。这里所说的"超验性",不是指那种脱离经验的玄思冥想,更不是指那种来自非经验世界的神秘"感应"或"天启",而是说它源于经验又超越经验的意思。

哲学的超验性首先是指,哲学的理论思维不是直接地针对经验对象的思考,而是针对有关经验对象的"思想"的反思。而我们知道,经验的对象是单一的、具体的、有限的,而关于这个对象的思想(命题或判断),正如我们前面所指出的,则必然包含着思维的普遍形式(如最基本的概念或范畴)和普遍规则(基本范畴或概念之间的关系)。也就是要通过对这个"思想"本身所蕴含的最基本的思维形式和思维规则的反复追问,来确认这个"思想"是否成立,或者确认"思想"本身所蕴含的思维形式或规则是否适合于对这个经验对象的把握。这样一来,哲学的思维既围绕这个经验对象展开,同时又超出了这个经验对象而指向了思维把握经验对象的一般形式和规则。

其次,哲学的超验性也表现在对"事物本身"的反复追问中。我们在前面说过,"事物本身"不是指个别存在的具体事物的自身,而是指我们用以把握具体事物的那些普遍概念或"理念"(idea)。所谓理念就是反映或表达一类事物的最一般特征的基本概念和基本命题(观念、思想),或由若干基本概念和基本命题所构成的一个观念的体系。与单纯的经验观察相比,经验观察总是有限的、局部的,而理念的特征是超越了经验观察的有限性、局域性而把握事物的全体(the Whole)。例如,在我们的日常生活中或科学研究中所能看到的动物,无论在数量上和种类上都是有限的,谁也不能保证世界上的所有动物都已尽收眼底。但是我们关于"动物"的概念及其对动物概念的界定（命题、判断、理念）却是指向动物的全体，既包括了我们看到的动物，也包括了我们没有看到的动物，既包括了现在还活着的动物，也包括已经死去的动物和将来可能会产生的动物。同样，关于"善"的理念，指向了所有善行、善事的全体；关于"真"的理念指向了所有可以被称之为真理的观念的全体；关于"美"的理念指向了所有能够唤起我们美感的事物的全体等等。在这个意义上，哲学就是以"理念"为对象的。甚至可以说，当你超越了对经验中具体事物的观察，而去追问有关事物的概念本身时，你就是在做一种哲学思考。例如，你不是问这张桌子、那张桌子，而是问"桌子本身是什么"或"桌子的概念是什么"时，你就是在从事哲学的思问。尽管"桌子"这个概念不是哲学的概念，但这种思问，却必然是指向桌子的"全体"，指向定义桌子的思维形式或思维方式。

实际上，哲学理念的超验性不是别的，正是我们自身的理性思维、概念思维的本性，即如前所说的那种超越了经验观察的有限性、局域性而把握事物的全体的本性或能力。因此，理念并不是存在于我们经验世界之外的另一个世界中，而是存在于我们的思维中。我们考察现实事物，就是通过思维的抽象形成或构造理念。同理念相比，现实事物似乎总是不如其理念那样完美、纯粹、单一，这也正是哲学理念的超验性特征，因为通过思维的抽象所形成的理念，只能把握同类事物的共性特征，而必然要略去事物本身所包含的各种偶性的、可有可无的、可以这样也可以那样的特征。如现实中的石头，大小不一、软硬不同、形状各异、颜色和成分均不相同，而有关石头的概念或理念却是单一的、纯粹的。再如，我们在生活中常说："金无足赤，人无完人。"也就是说，现实的金子不如理念的金子纯粹、完美，现实的人不如人的理念纯粹、完美。这是因为，在金子的理念中，我们已经通过思维的抽象把不属于金子的"杂质"去掉了，而现实的金子却很难不带杂质；同理，在人的理念中，我们也把不属于人的品性去掉了，而现实的人却难免有些"非人"的品性。

二、哲学的超验性来自理论思维的本性

既然理念具有超验性，也就是说理念与经验中的具体事物之间存在着差异，那么我们为什么不按照事物的本来面目来形成关于事物的观念，却一定要从共性上把握事物，形成关于事物全体的理念呢？这样的理念对我们有什么样的用处呢？理论思维的本性就是从共性上把握事物，而有关事物的观念也必然是共性的观念。这不是说我们不能描述经验中个别存在的事物，而是说我们用以描述个别事物的语词，都是通过理论思维形成的普遍概念。比如我们可以这样描述一个人："这个人，是个男性，高高的个子，宽脸庞，高鼻梁，大眼睛，身着一身蓝色的西服，脚穿一双黑亮的皮鞋……。"不难看出，用以描述这个人的外貌衣着特征的所有名词、动词和形容词都是或者表述实体，或者表述属性的普遍概念。可以说，我们正是用普遍概念的组合来确认和描述经验中的个别事物。所以，理念虽然具有超验性，但它非但没有脱离经验，反而被直接或间接地用于把握经验中的事物，是我们形成经验的思维形式。

从认识世界的角度看，一旦通过理论思维的抽象作用形成了把握事物全体的"理念"，这个理念反过来就成为我们确认事物"是什么"的根本依据（即"根据"）和终极标准。例如，当我们说这个东西是一个动物的时候，就是因为我们观察到这个东西的基本特征符合"动物"这个理念（概念）的一般规定，进而我们还可以通过对这个动物的表观形态和解剖实验，确认这个动物是"脊椎动物"、"哺乳动物"等等，因为我们发现它具有脊椎动物和哺乳动物的一般特征。不仅如此，理念还有助于我们对事物进行定量分析。例如，正是由于"金子"的理念是不含有任何杂质的，所以我们可以把金子的理念视为金子的理想纯度，然后根据现实中的金子所含杂质的多少确认金子的实际纯度。同样，"真"的理念就是我们判断是否为"真理"的根据，以及这个真理是"绝对真理"还是"相对真理"的标准；"善"的理念就是我们判断一种行为是否为"善行"的根据，是我们判断一个人是否

善良以及善良程度的标准;"美"的理念,则是我们判断美的事物、美的程度的根据和标准等等。在这个意义上,理念就是我们从理论上认识和把握事物的思维前提、思维形式,我们就是把经验中的事物放到理念或理念的体系中加以观察、思考,或者说我们就是带着这些理念或理念的体系来观察和思考经验中的事物,由此获得关于这个事物的确切知识,也就是获得关于这个事物的经验。没有理念,我们的观察和思考就是不可能的,除了获得一些杂乱无章的感性知觉外,不会有任何知识,也不会形成任何经验。

如果有人问,自然界中原本没有"桌子"、"房屋"之类的东西,那么人们头脑中为什么会形成"桌子"和"房屋"的理念呢?回答这个问题,更要感谢我们理性思维的超验性。以"房屋"为例,在没有房屋和房屋的理念之前,人们居住在自然生成的洞穴中,洞穴有"四壁"和"天顶"可以避风遮雨,保持适当的温度,有洞口可以出入,有地面可以安放物品等等。但洞穴并不是到处都有的,或者随着人口的增加和个体家庭的出现,自然形成的洞穴总是不够用的。在这种情况下,人们就逐渐思考,是否可以用人工的办法来制造一些"洞穴",而这种思考一定是基于对洞穴的一般特征的抽象把握或超验把握,尽管那个时候人们还不知道什么是哲学。于是,人们开始尝试着用各种材料如石头、树干、苇草搭盖类似洞穴的东西,如草棚、石屋等,进而根据自己的需要考虑和尝试,如何把这个人造洞穴建得更大一些,安放可以开闭的"门",既能遮风挡雨,又便于人们出入;用透明的材料制成"窗"以便采光等等。逐渐地,在人的观念中,房屋的概念就从"洞穴"的概念中生成了,同样地,通过理性思维的抽象作用产生了有关房屋的一般特征的"房屋"概念,即房屋的理念。根据这个理念,人们大量地建造房屋,并且由于房屋的形式是按照人的需要建造的,比洞穴更适合于人的生存,于是人们就彻底地走出洞穴,住进按照自己的理念建造的房屋中。这个例子表明,我们依靠理论思维的抽象所形成的关于同类事物的、具有超验性的"理念"恰恰是我们在观念中构造新的事物的"理念"的素材。正是由于这些理念具有超验性,也就是略去个别事物的偶性特征,仅从共性的方面把握事物的全体,才使我们的思维有更大的自由度,凭借思维的联想和想象,通过各种"理念"在观念中的重新组合,构造出或想象出能够满足人的需求与体现人的意志、目的和理想的新的事物的理念,然后通过我们的实践或反复实践,将这个理念变成现实的存在物。越是复杂的创造物,就越是集合了更多的理念。正如我们是通过抽象概念的组合来描述个别事物一样,我们也是通过抽象理念的组合来构造新的事物。试想,如果我们的观念只能个别地描述个别的存在物,那么事物在我们的观念中就只能是这样,而不能有别的样子,那我们如何去创造新的东西呢?"理念"的作用不只是用于塑造新的物质创造物,同样也是我们塑造社会生活、精神生活的根据。在社会生活中,我们正是按照"善"的理念、"正义"的理念来塑造我们的心灵或人格,来引导我们的行为,使我们成为品德高尚的社会成员和合格的国家公民。理念的超验性是人类创造活动之源。

第三节 哲学的批判性

哲学的反思性表现为哲学以"思想"为内容,以"思想"为对象,反复追问蕴含在"思想"中的、使"思想"成其为"思想"的那些最基本的思维前提、思维形式、思维规则;哲学的超验性表现为哲学的反思必然超越经验而追究"事物本身"或"理念"。由此看来,哲学并不把人们的"思想"、"知识"、"观念"看成是一经形成就理当如此的东西,而是把它们看成是反思和追问的对象,从"合理性"的意义上评判"思想"是否成立。这就构成了哲学的"批判性"。不过所谓哲学的批判不是一味地否定,而是一种研究、审视、追问和反思。

一、哲学的常识批判

"常识"(common sense)亦称"良知",其含义是为普通理智所普遍认同的某种"知识"或"见识"。常识产生于人们长时期生活经验的积累，或者表现为人们看上去不言而喻的共同感受、共同见解，或者表现为人们的观念或行为所依据的共同规则或依据。由于常识产生于人们长期生活经验的积累，凝聚着生活实践中成功与失败的经验教训，因而常识往往可以成为人们的生活指南，甚至成为人们判别观念或行为是否正确的标准。从这个意义上说，常识对于我们的日常生活有着非常积极的作用。正是由于人类在生活实践中不断地积累各种常识，才使人们能够通过运用常识而避免重复前人或他人所遭受到的教训，并使前人或他人积累的经验成为自己的工具。同时，常识的特点是大众化和普遍化，它可以大致体现出一个民族的整体文化水平。在一个民族的历史进步过程中，随着生活实践的不断发展和经验的不断积累，随着科学认识能力的不断增长，人们的常识也会不断地得到扩充、改变或更新。例如，在科学尚不发达的时代，认为神灵支配万物，或者认为太阳围着地球转，都是一种"常识"，但随着科学和科学教育的不断发展及科学知识的不断普及，这种常识就逐渐地被科学知识所取代，并形成了新的、科学的常识。这种情况表现出一个民族科学文化水平的不断提高。

然而，常识又有着与生俱来的局限性。常识的基本特征是"共识性"而不是"真理性"。常识产生于人们经验的共同性和普遍性，某种见识只要能够在人们的直观经验中得到普遍的验证，就成为某种"共识"，并有可能成为某种"常识"。但是由于人们的直观经验未必能够真正反映事物的实质和规律，产生于这种直观经验的常识也就未必是真理性的知识。例如，"太阳围着地球转"这样一种见识是与地球上的人们的直观经验完全吻合的，它也因此在很长一段历史时期中成为人们的不言而喻的常识。但现在我们知道，这个常识并非真理，并且不少人为了确证这个常识的非真理性而付出惨痛的代价。这表明，某种见识能否成为常识，不取决于这种见识本身是否为真理，而是取决于它是否能够为绝大多数的人们所认同。当然，真理性的知识是可以成为常识的，而且越是具有真理性的知识，就越有可能成为常识，但真理要成为常识也必须经过"共识性"这个环节，也就是说，只有当真理性的知识成为人们的共识时，才有可能成为常识。这就意味着，真理性的知识未必一定是常识，而常识未必一定是真理。

就推进人类的知识进步而言，真正的问题不在于常识本身是否具有真理性，而在于我们对常识能否始终保持一种自觉的批判态度。在日常生活中，人们对于常识通常抱有一种"非批判性"的态度，也就是说，某种常识一经形成，就很容易被人们用作不言而喻的真理或标准，人们也常常会不假思索地用"是否符合常识"来评判一种观念或行为的合理性或正当性，而对常识本身是否的确是一种"真知"或是否具有合理性、正当性却很少提出质疑。对于常识的这种非批判的态度很容易成为阻碍人类知识进步的观念障碍和思想惰性力。特别是当某种常识并不具有真理性时，这种态度几乎会无一例外地转变成对真理的抗拒。这就是历史上真理和常识往往会处于对立之中的主要原因之一。

与这种非批判态度不同，哲学是以"思想"为内容的，它必然要把"常识"作为自己反思的对象，因而真正的哲学必然要对常识采取一种自觉的批判态度。这种批判的态度就是把常识放到理性的"法庭"中加以"审判"，追问其合理性的根据，以期确定它是否经得起推论，是否含有自身难以克服的自相矛盾之处，是否具有内在于经验的普遍真理性。而不是把常识当作直接的、现成的真理，并用它去抵制对常识的质疑。关于这一点，18世纪德国著名哲学家康德（Kant）[①]说得好：

> 具有一种正直的（或者象近来人们所称的那样：平凡的）良知确是一个伟大的天赋。不过这种良知是必须用事实，通过慎思熟虑、合乎理性的思想和言论去表现的，而不是在说不出什么道理以自圆其说时用来象祈求神谕那样去求救的。等到考察研究和科学都无能为力时（而不是在这以前）去向良知求救，这是新时代的巧妙发明之一；用这种办法，最浅

[①] 伊曼努尔·康德（Immanuel Kant, 1724—1804），18世纪德国著名的哲学家，著有《纯粹理性批判》、《实践理性批判》、《判断力批判》和一系列关于形而上学、政治哲学、道德哲学、宗教哲学的著作。他的哲学被称之为"批判哲学"，对后世哲学产生了不可磨灭的影响。他也是天文学中星云假说的创立者之一，早年著有《自然通史和天体论》一书。

薄的大言不惭之徒保险能同最深刻的思想家进行挑战,并且还能招架一番。不过,人们只要稍微做一点考察研究,就不会去找这个窍门。而且,认真看起来,向良知求救就是请求群盲来判断,群盲的捧场是哲学家为之脸红,而走江湖的假药骗子却感到光荣而自以为了不起的事情。①

当然,哲学对常识的批判不是以常识为敌,更不是把常识都看成是非真理性的东西予以抛弃。毋宁说它是对常识的一种理性的、健康的态度,它要通过理性的批判或去除习以为常的谬见,或更新常识,或深化对常识的理解,把常识建立在理性的基础上,使之更有效地发挥生活指南的作用。正如罗素所说:

> 哲学的根本特点便是批判,正是这种特点使得它成为一种和科学不同的学问。哲学对于科学上和日常生活上所使用的那些原则都要加以批判地研究,而且要从这些原则中找出它们的不一致来;只有在找不到摈斥它们的理由的时候,才把它们作为批判研究的结果接受下来。②

二、哲学的思想前提批判

哲学既然以思想为自身的内容和反思的对象,那么它的批判性就不是仅仅指向常识,而且也指向包括科学理论在内的任何一种"理论思想",对其进行"思想前提批判"。所谓"思想前提"(premise of thoughts)主要是指蕴含在思想理论之中的使思想理论成其为思想理论的那些最基本的思维形式、思维规则或思维方法。我们的"思想"无非由两个基本的因素构成,一是思想的经验内容,一是思维的普遍形式。例如,当我们说"由于太阳晒,所以石头热"的时候,我们就

---

① 康德:《任何一种能够作为科学出现的未来形而上学导论》,庞景仁译,商务印书馆1982年版,第8—9页。
② 罗素:《哲学问题》,何兆武译,商务印书馆1999年版,第125页。

是把"太阳晒"和"石头热"这两个经验中的事件放到"因果关系"这个普遍的思维形式中,按照因果规则将这两个事件联系起来构成思想。在这里,因果联系的规则就成为这个思想的前提。因为当我们说"由于太阳晒,所以石头热"的时候,我们一定预设了这样一个前提:任何事件的发生都是有原因的。此外,作为思想前提的思维形式、思维规则还包括概念、判断、推理所必须遵循的逻辑规则。在更为广泛的意义上,思想前提还包括了文化传统、价值观念、审美意识、道德准则、法律规范等等。总之,思想前提就是我们形成某种思想所必须依据的普遍根据和普遍形式。这种前提并不总是直接地出现在我们的思想中,而是以默认的方式隐含在我们的思想的深层,是我们形成思想的出发点和内在根据。

对思想前提的默认,使思想前提对我们形成思想起到一种"强制性"的作用。关于这一点,我国学者孙正聿①教授在《哲学通论》中指出:

> 思想构成自己的根据和原则虽然深深地"隐匿"在思想的过程与结果之中,但它作为思想中的"看不见的手"和"幕后的操纵者",却直接地规范着人们想什么和不想什么、怎么想和不怎么想、做什么和不做什么、怎么做和不怎么做。这就是思想前提对构成思想的"强制性"。②

思想前提的这种"强制性"并非全然是消极的,恰恰是由于我们掌握了确切的普遍的思想根据,遵循普遍的思维形式和原则,我们才能形成思想,才能迅速地对经验中的事物做出理论的判断;也恰恰是由于我们所遵循思维形式和规则是普遍的、共同的,我们才能交流思想并达至相互沟通和相互理解。没有任何前提,就不会产生任何思想;缺乏思想前提,我们就会在事物面前犹疑不决,难以做出任何判断。

然而思想前提毕竟也是由思想构成的,作为思想前提的那些"思

---

① 孙正聿(1946—),吉林省吉林市人,吉林大学哲学系基础理论研究中心主任,著有《哲学通论》、《理论思维的前提批判》、《超越意识》等著作。

② 孙正聿:《哲学通论》,辽宁人民出版社1998年版,第176页。

想"本身是否具有正当性、合理性，直接关系到从这些思想前提出发而得到的思想理论是否具有正当性和合理性。如果我们把这些作为思想前提的思想看成是绝对的、凝固不变的，那么这些前提就有可能成为禁锢我们思想的僵死教条或观念桎梏，使我们的理论思维难以突破由这些前提所构成的思想樊篱，甚至不敢面对新的事物。哥白尼在创立了"太阳中心说"之后，踌躇了三十余年，直到临死前才把他的发现公布于世，就是因为当时解释天体运动的思想前提是托勒密的"地心说"，并且这种地心说已被宗教视为不可动摇的教条。1900年德国物理学家普朗克通过对黑体辐射能量分布规律的研究，提出了"能量子"概念，认为能量是分立的，非连续性的，它发射与吸收光只能是一份一份的。这个假设实际上已经同经典物理学强调能量分布连续性的波动理论发生了矛盾，但普朗克本人依然试图把他的能量子假设同经典物理学协调起来，因为经典物理学有关"粒子"和"波"的物理图景长时期被人们当作解释物理实在的思想前提。由此可见，人类知识的进步，特别是人类知识的革命性突破，往往要经历打破由思想前提所造成的思想禁锢的过程。

　　作为对"思想"进行反思的哲学，其主要任务就是对思想进行"前提批判"。如我们在前面反复讲到的，哲学的范畴和理论实际上就是蕴含在任何一种思想或理论中的最基本的思维形式和原则，因而也就是人们思想或理论的最基本的前提。尽管人们并不总是谈论哲学，但哲学从来没有离开过人们的思想或理论。只不过当人们的思想的发展尚不足以突破既定的思维框架和思想前提的时候，哲学的观念和方法只是以隐匿的方式消融在思维的过程中和思想理论的逻辑结构中，而当新的经验事实同这些最基本的思维形式、思维原则和思维前提发生矛盾或冲突的时候，出于建构新的理论的需要，人们就不能不对这些思维形式和原则进行反思，于是哲学便从思想的底层浮升出来，把科学的探讨引向哲学的探讨。这种探讨的目的就是依据新的经验事实来重新审查那些用于理论思维的基本范畴和原则，必要时还要重新界定或更新这些范畴和原则的内涵，以确立能够合理解释新的经验事实的思想前提。这就是所谓思想前提的批判。20世纪，量子力学的产生所引发的哲学争论,正是这样一种前提批判过程,不从哲学上确立思考物理客体的新的思想前提,量子力学就不可能在理论上得到完整的、系统的表述。量子力学的创始人之一、哥本哈根学派物理学家海森堡深有感触地说:

> 在原子物理学中,我们可以从对整个认识论的最基本讨论中吸取营养。这就是关于把世界划分为主体和客体的困难讨论。作为现代物理学特征的许多抽象,我们发现哲学上在几百年前就讨论过了。在当时,只重视实际的自然科学家把这些抽象看作是观念上的游戏而不予理会,但是今天,现代物理学实验技术的提高迫使我们不得不严肃地来讨论它们。①

我们的任何思想都不可避免地要从一定的思想前提出发,而当人们把某种思想前提当作不言而喻的东西予以接受时,哲学则要对这些思想前提进行反思或批判。这个批判不是要消解思想前提,而是要使思想前提经受理性的审视,以确保思想理论的健康发展。

三、哲学的自我批判

哲学亦是思想理论,哲学对思想理论的反思和批判,必然也就包含着哲学对自身的批判,或哲学的自我批判。哲学的这种自我批判既表现为不同哲学派别、思潮之间的相互论战,也表现为哲学家或某一哲学派别、思潮对自身理论的批判。从某种意义上说,批判就是哲学自身的生命和活力。

我们已经知道,哲学与科学是两种不同性质的文化。科学始终是在人类经验范围以内的求知活动,凡是科学的命题一定是含有经验内容并能够在经验中得以证实或否证的命题,凡是不能在经验中或者说不能在科学实验中加以证实或否证的问题,科学就拒绝做出任何回

---

① 海森堡:《量子论的物理原理》,王正行、李绍光、张虞译,科学出版社1983年版,第52页。

答。这也是人们为什么把科学称之为"实验科学"或"经验科学"的原因。而哲学则具有超验性,亦即哲学的理论思维超越了经验的有限性而表现为对事物之全体的把握,超越了科学的局域性、特殊性而表现为对世界之整体的理解。正是由于这一点,哲学的概念、范畴和理论才能为科学的理论思维乃至人们日常的理论思维提供具有最高普遍性的思维形式、思维规则和思维前提。但也正是由于这一点,哲学的命题或观念大都不能在经验中得到证实或否证。例如,唯物主义哲学认为:"世界的本质是物质,世界统一于物质",而唯心主义哲学认为:"世界的本质是精神,世界统一于精神"。这两个命题截然对立,但是由于它们都是对世界整体的论断,因而很难从经验科学中找到对这两个问题进行是非判断的根据。经验科学无论怎样发展,都是局域性的、有限的,它不可能为有关世界整体的论断提供最终的判据。这样,不同哲学派别之间的论战不仅不可避免,而且具有无休无止的特征。每个哲学派别所能做到的就是从自己设定的最基本命题出发合乎逻辑地推导出属于自己的那一套理论体系,并努力去发现与自身不同的、特别是与自身对立的其他哲学派别在理论上所存在的问题,如是否有自相矛盾之处,是否会导致荒谬的结论,能否解释某种应当得到解释的经验事实等等。

但是不管哲学派别之间、哲学观念之间如何对立,哲学论战总是表现为人类理性的自觉运用。因而可以把哲学论战理解为人类理性思维的辩证运动。在这个辩证运动中,不只是存在着相互批判、相互驳斥、相互揭露,而是同时也存在着相互吸收、相互借鉴、相互推进。每个哲学派别在遭受其他哲学派别的批判的时候,就易于发现自身理论中所存在的问题,同时在批判其他哲学的时候,也易于发现其他哲学理论的优长之处,并将其吸收到自己的理论中。这样,人类理性的这种辩证运动,就能有效地抵制理论上的宗派主义、教条主义和独断论,使哲学理论的发展保持充分的活力,并由此推进人类理性思维能力的不断提升。

当然,哲学的自我批判并不仅仅是为了满足哲学自身的发展。哲学的理论虽然具有超验性,但并没有脱离经验,它所研究的那些基本概念、范畴和原理恰恰是人类科学思维和日常理论思维的基本形式、基本方法和基本前提，是人类经验得以形成的思维范式，因此哲学的自我批判实际上也就是前面所说到的思想前提的批判。哲学不管怎样超越经验而表现为对整个世界的思考，但归根到底还是为了人类经验之所用。此外，哲学的超验性也不是闭门造车式的苦思冥想，而是以经验为基础和依据的，因而它也必然谋求经验的证明，也就是谋求经验事实对理论的佐证。一种哲学理论能否在人类理性的辩证运动中占据优势地位，主要地取决于它所提供的思维形式和原则能否有效地统摄迄今为止在人类生活实践和科学实验中涌现出来的巨量经验，取决于这种哲学的产生以及它的理论是否具有充分的经验基础和对经验的理论解释力。

人类的经验以及人类的思想理论的发展是没有止境的。而思想的形成与发展一方面有赖于一定的思想前提，这种思想前提为我们从理论上形成经验和把握经验提供基本的思维形式和原则；另一方面又不能局限在某个思想前提的强制性作用中，因为新的经验、新的问题往往可能同原有的思想前提发生矛盾。哲学的自我批判也就是思想前提批判，这种批判，正如我们前面所说的，是人类智慧发展的环节和动力。这种批判为我们依据新经验、新问题改变或更新思维前提提供了理论的可能性，或者把原有的思想前提置于理论思维的锤炼之中使之更为可靠，从而让思想能够适应和把握不断变化的情况。

四、哲学的生活世界批判

哲学的常识批判、思想前提批判以及自我批判归根到底就是为了理性地把握人与周围世界的一般关系。人们认识世界的目的不仅仅是"解释"世界，更重要的是为了"改变"世界。因此，人与周围世界的关系是否定性的，人不会像动物那样满足于周围世界的既定形态，而是要改变它的既定形态，实现人的理想。而哲学的反思性、超验性和批判性是推进人类智慧不断发展的不可或缺的契机，有助于我们形成、深化和扩展改变世界的种种理念。

凡是经由人类活动所创造出来的事物，都可以说是依据人们关于这个事物的理念而生成的。我们就是按照"桌子"的理念制造桌子，按照"房屋"的理念来建造房屋，而且我们还会根据制作物在多大程度上符合理念来评价其质量。一个蹩脚的木匠造出了一张七扭八歪、坑洼不平的"桌子"，人们就会批评他说："你做的这是什么玩意儿？这叫桌子吗？"意思就是说，"你做的这张桌子符合桌子的理念吗？"同样，在我们的社会生活中，理念更是我们的生活指南。我们是人，有关于"人"的理念，如果某个人行为不端，我们就会批评他说："你这样做还像个人吗？"意思是说，这个人的行为不符合做人的理念。我们也会对某些制度感到愤慨，说："这哪里还有什么民主和自由？"其意是说，这个制度不合民主和自由的理念，等等。由此可见，理念往往是我们评判人类活动及其创造物的标准，它们存在于我们的任何一种创造性的活动中，并成为这种创造性活动的灵魂。

　　因此，理念是我们的思想前提，更是我们改造客观事物或创造新事物的标准，体现着人们的需求、目的和理想。而人们的创造活动又是在既定的历史条件下进行的，受各种现实条件的制约，人类的创造物和由人类的创造物所构成的生活世界同人们的理念相比总是有限的、不够完美的。因此，在人与周围世界的关系中，始终存在着现实与理想、实然与应然的矛盾。哲学的反思就是要揭示这些矛盾，激励人们用自己的创造活动去克服现实的不足和缺陷，实现自己的理想。这就是哲学对生活世界的批判。批判就是审慎地、辩证地对待现实，发现现实的不足和缺陷。它鼓励人们勇敢地创造生活世界，同时它又从来不把人们已经取得的成就理解为生活世界的终极状态。没有这种批判精神，人类是不可能有任何意义上的进步的。为此，马克思在阐明辩证法的实质特征时指出：

> 辩证法在对现存事物的肯定理解中同时包含对现存事物的否定的理解，即对现存事物的必然灭亡的理解；辩证法对每一种既成的形式都是从不断的运动中，因而也是从它的暂时性方面去理解；辩证法不崇拜任何东西，按其本质来说，

它是批判的和革命的。[①]

本章思考题

1. 怎样理解哲学的反思性和超验性?
2. 什么是常识?为什么哲学要进行常识批判?
3. 什么是思想前提?什么是哲学的思想前提批判?
4. 怎样理解哲学的自我批判和生活世界批判?

[①] 《马克思恩格斯选集》第2卷,人民出版社1995年版,第112页。

第三章 哲学的社会生活基础

哲学作为一种理论化的世界观起之于对世界的追问。当人类初有自觉意识之时,亦即当我们的祖先已经能够在观念上把"自我"和"世界"区分开来的时候,"世界是怎样的?这个世界是怎样产生的?"以及"人是怎样的?人是从哪里来的?"这样的问题就已经出现在人们的求知本性中,并蕴含在那些脍炙人口的古老神话传说中。如中国古代神话"盘古开天地"和"女娲抟土造人"[①]等等。事实上,在任何一个民族的古老文化中都有类似的有关世界起源和人类起源的传说。这些神话传说固然是"不经之谈",但它们却体现出古代先民对世界和人本身的认知和理解。这种认知和理解不只是满足人们的好奇心,更是提供了一种对世界和人自身的解释,进而通过这种解释去消除人对世界的陌生感和人对自身的孤独感。

在一定意义上,我们可以把普遍存在于世界上各民族原始文化中

---

① "盘古开天地":远古时天地混沌未分,像一个硕大无比的鸡蛋,盘古就生长在这个大鸡蛋中。经过一万八千年,盘古长大挣破了鸡蛋,于是阳清上升为天,阴浊下沉为地。盘古在天地当中,智慧超过天,能力超过地。天,每日升高一丈;地,每日加厚一丈。盘古的身子也每日伸长一丈。这样又经过了一万八千年,天极高了,地极厚了,盘古的身子也极长了。以后盘古死去了。他临死时,呼出的气成了风和云,喊出的声音成了雷霆,左眼变成太阳,右眼变成月亮,四肢五体变成大地的四极和五方名山,血液变成江河,筋脉变成道路,肌肤变成田土,发须变成天上的星星,汗毛变成草和树木,流的汗水变成了雨等等,盘古用它的身体化成世界万物。我国古代神话中,还有女娲造人的传奇故事。女娲是传说中远古时代的神女,她曾"炼五色石以补苍天,断鳌足以立四极"(《淮南鸿烈·览冥训》),她也是人类之母:"俗说天地开辟,未有人民,女娲抟黄土作人。"(《太平御览·风俗通》)这两则神话是我国远古时期关于世界起源和人类起源具有代表性的传说。

的有关世界起源和人类起源的神话传说，看成是关于宇宙与人类起源和演化的假说，只不过这种假说完全出自于古代先民的猜测和想象，没有科学实验的根据。近代以来，随着实验科学如力学、天文学、物理学、化学、地质学、生物学、考古学、人类学的发展，人们逐渐学会了依据实验科学理论和方法探索宇宙的演化和人类的起源，提出了各种各样的科学假说，并先后创立了"生物进化论"和"现代宇宙学"，从而把有关宇宙演化和人类起源的探索和解答纳入到科学研究的轨道。

根据现代宇宙学中的标准宇宙模型[①]的推测，我们的宇宙起始于大约200亿年（也有说是150亿年）以前的一次大爆炸，这次爆炸使宇宙物质向四面八方均匀地膨胀，从而进入演化时期。在经历了大约200亿年的演化之后，形成了我们今天所能观察到的这种宇宙形态。

近现代生物学中的"生物进化论"为我们提供了有关生命起源和发展的科学见解，认为生命的"化学起源"经历了四个阶段，即由无

---

① 宇宙学是天文学的一个分支，它从整体的角度来研究宇宙的结构和演化。所谓整体的宇宙，就是指直接或间接观测所及的整个天体系统。现代宇宙学的研究课题是现今观测所及的整个天区的大尺度特征，即大尺度时空的性质、物质运动的形态和规律。现代宇宙学产生于20世纪20至30年代。它的产生基于两个基本条件：一是自然科学基础理论的发展，如基本粒子物理学（物质结构理论、量子力学等）为基本粒子的演化和物质构成提供了依据，爱因斯坦的狭义相对论和广义相对论为宇宙演化的时空特征提供了支持等等。二是天文观测手段和理论的发展，其中特别重要的是，1929年美国天文学家E.哈勃总结出的星系距离与谱线红移（可换算成星系退行速度）成正比关系的哈勃定律。根据这个定律，可观察到的河外星系正在远离观察者，而且距离越远的星系，退行速度越大，这可以被理解为至少现阶段可观察的宇宙正处于膨胀之中。在上述科学理论发展的基础上，物理学家和天文学家共同努力创立了研究宇宙运动学和动力学的现代宇宙学，相继提出了若干种描述宇宙结构形态和演化过程的宇宙模型。其中，比较著名的有爱因斯坦于1917年提出的"静态有限无界宇宙模型"，瑞典天文学家沙立叶提出的"等级宇宙模型"（1922年），一些瑞典物理学家提出的"对称宇宙模型"，美国物理学家伽莫夫等人于20世纪40年代末期提出的"大爆炸宇宙论"等等。目前，在关于宇宙起源和演化的现代宇宙学说当中，影响最大的是所谓"标准宇宙模型"，该模型是以宇宙大爆炸模型为基础，结合暴涨宇宙模型和最新的核物理学、粒子物理学以及相对论、量子力学的知识对宇宙起源和演化的一种解释。

机物生成有机小分子①到由有机小分子形成生物大分子②,再到由生物大分子形成多分子体系,最后到由多分子体系形成为原始生命。原始生命产生以后,又经历了漫长的演化过程,产生了植物和动物两大生命形态,进而在动物的长期演化中又产生了人类,由此展开了人类社会的历史发展过程。③

自然科学对于宇宙演化和人类起源的界说,用科学的方式回答了人类最古老的问题,即"世界是从哪里来的"和"人是从哪里来的"。这种界说作为科学假说,固然不是终极的,而是有待于进一步确证、进一步发展的,但它是有科学依据的,它基本上排除了用超自然力量来解释世界起源和人类起源的种种不经之谈,是我们至今唯一可以信赖的答案。

第一节 文明社会的形成与哲学文化的诞生

自然科学所界说的宇宙或世界,只能说是"自然世界"(Nature World)或"自在世界"(World in itself),而不是人类生活于其中的文

---

① 指原始大气层中含有的由碳、氢、氧、氮等元素组成的甲烷、一氧化碳、二氧化碳、氨、硫化物、氰化物等化合物在太阳辐射能(特别是紫外线)、闪电产生的高压电、火山爆发时放出的热量、陨石冲击、宇宙射线、放射线等源作用下形成简单的有机物,如乙炔、乙醛等,继而又合成了糖、嘌呤、嘧啶等组成核苷酸的物质,最后合成了氨基酸、核苷酸等复杂的有机物。这个假说后来得到了实验上的证明。1953年美国青年学者米勒设计了一套模拟原始地球条件的密封实验装置,他将甲烷、氨、水和氢等无机物放入该装置,通过火花放电,合成了11种氨基酸。这个实验不但证明了生命起源的演化假说,更证明了生命物质是可以从非生命物质中产生这一理论。

② 氨基酸、核苷酸这些有机小分子在天然能源温度、光照以及一些高能化合物提供的能量的作用下,产生"缩合过程",经过缩合脱水,形成了蛋白质、核酸等生物大分子。这个过程也在模拟实验中获得成功。特别是我国科学家于1965年在世界上第一次人工合成了由51个氨基酸组成的结晶牛胰岛素(人工蛋白质),从而有力地证明了生命进化的第二步。

③ 有关从动物的产生到人类的产生这条演化路线大致经历了如下主要的阶段:原始单细胞生物——原始多细胞生物——原始动物——腔肠动物——两侧对称动物——棘皮动物——原始脊索动物——原始脊椎动物——鱼类——两栖类动物——爬行类动物——哺乳类动物——灵长类动物——人类。

明世界。我们之所以必须探索或追问这个自然世界,首先是因为我们的文明世界归根到底来自于这个自然世界。但必须指出的是,人和人类社会的产生使地球表面的自然进化过程逐渐被以人类活动为主要内容的文化进化所取代。也就是人类通过自己的活动在自然生成的世界中创造出属于自己的生活世界。因此,探讨文明世界的起源是我们理解和把握这个生活世界的基本方式。

一、哲学对文明起源的理论推测

自古以来,哲人们就对文明社会的起源问题进行了不断的思考。如古希腊哲学家亚里士多德认为文明社会的产生和发展是从"家庭"到"村落"再到"城邦"(国家)这样一个自然过程的不断推进,并认为城邦这种共同体的最高目标就是追求"至善"。中国古代哲学家也曾有类似的思考。例如,先秦哲学家荀子[①]就曾从人性本恶的观点出发,阐释国家政治制度的起源,他说:

> 人生而有欲,欲而不得,则不能无求,求而无度量分界,则不能不争。争则乱,乱则穷。先王恶其乱也,故制礼仪以分之,以养人之欲,给人以求。使欲必不穷乎物,物必不屈于欲,两者相持而长,是礼之所起也。(《荀子·礼论》)

当然,真正系统地从理论上推测和探讨道德、法律、政治、国家起源问题,也就是文明社会起源问题是从近代哲学开始的。在17、18世纪,深受文艺复兴运动和宗教改革运动影响的欧洲进步思想家和哲学家,大都对人类社会的原始状态和文明社会的起源做出过理论上的探索,以期说明道德、法律、国家产生的根源和实质,由此构想出"合理的政府"和"良好的社会"所应遵循的原则。这可以说是有关生活世界生成问题的早期研究,但由于当时有关史前文化和文明起源研究

[①] 荀子(约前313—前238),名况,字卿,战国末期赵国人,著名的思想家、文学家、政治家,儒家学说的代表人物之一,现存的主要作品为《荀子》,共32篇,涉及哲学、逻辑、政治、道德等多方面内容。

的人类学资料极为缺乏，这些研究一般都出于这些哲学家、思想家本人对"人性"的假定。因而他们的观点不尽相同，甚至相互对立。其中17世纪英国哲学家霍布斯的理论和18世纪法国哲学家卢梭的理论比较有代表性。

霍布斯（Hobbes）[①]是欧洲近代比较典型的"人性本恶"论者。他认为，人天生就是利己主义者，是"凶恶的动物"，是"私欲"的结晶。趋利避害、自我保存是人的本性和人从事活动的基本动力和原则。人类社会的最初状态，就是人们依据自己的自然本性和自然权利进行生活的状态，即"自然状态"。在这种"自然状态"中，人类天生是平等的，因为每个人都有权按照自己的愿望用他自己的力量保存自己的自由，以求得美满的生活。但由于人在本性上是自私的，因此，任何两个人如果想取得同一东西而又不能同时享用时，彼此就会成为仇敌。在达到各自目的的过程中，彼此都力图摧毁或征服对方。[②]这样一来，在自然状态中，每个人都力图侵犯他人而又抵御他人的侵犯，结果陷入"一切人反对一切人"（all against all）的"战争状态"之中。这种战争状态最终使人们的生活只能是"孤独、贫困、卑污、残忍而短寿"，亦即使人们原有的"自然权利"实际上等于零，个人的生命和所有物必然处于极度的不安全之中。

霍布斯认为，战争状态决不能使人们过上美好的生活。所幸的是，人类除了有欲望之外，还有感情和理智。由于战争状态使人人自危，因而人们也就产生出对死亡的恐惧和对和平以及舒适生活的愿望。这时理智就引导人们制定方便易行的和平条件，即"自然法"。自然法"是理性所发现的戒条和一般法则"[③]，这种法则确保人们能够保全自己的生命而又不相互侵犯，这就是道德和法律的产生。霍布斯进而认为，只有自然法是不够的，因为自然法对人的约束是内在的，它能

[①] 托马斯·霍布斯（Thomas Hobbes，1588—1679），17世纪英国著名哲学家，机械唯物论的奠基者之一，社会契约论的代表人物之一，著有《论物体》、《利维坦》、《论人》、《论社会》等著作。

[②] 霍布斯：《利维坦》，黎思复、黎廷弼译，商务印书馆1985年版，第93页。

[③] 霍布斯：《利维坦》，黎思复、黎廷弼译，商务印书馆1985年版，第97页。

否被人遵从，要看人们是否有诚意，而人的自私本性却往往会使人不去服从自然法的制约，这就有可能再次回到战争状态。解决这个问题的唯一方案，就是每个人都放弃自己管理自己的权利，通过相互订立契约的方式，把这个权利交给一个人或由一些人组成的集体，大家都把自己的意志服从于这个人或这个集体的意志，使自己的判断服从于这个人或这个集体的判断。这样，经过设约，人们就创造出一个"人"，这个"人"就是"国家"，国家"就是一大群人相互订立信约、每个人都对它的行为授权，以便使它能按其认为有利于大家的和平与共同防卫的方式运用全体的力量和手段的一个人格。"①由此，人们就彻底摆脱了"自然状态"，进入文明社会。

霍布斯的上述观点的重要价值不在于它准确地描述了文明社会产生的根源和过程，而在于它反对封建王权的"君权神授论"，强调国家权力来自于人民的基本权利。在封建势力和宗教神学依然相当强大的时代，敢于把国家形成的原因从天堂搬到人间，从神意转为民意，这是极需要见识和胆量的。

18世纪法国启蒙运动时期最著名的思想家卢梭（Rousseau）②在他的《论人类不平等的起源和基础》一书中，也对文明起源的原因和过程进行了探讨。在卢梭看来，人类最初也是生活在"自然状态"之中，只不过这个自然状态并非像霍布斯所说的那样，是一个"一切人反对一切人"的战争状态，而是一个天真、无知、质朴、平等、自由、善良的状态。它是"自然人"生活的环境。这种自然人是没有任何社会性的野蛮人，他们过着孤独的生活，没有语言文字、政府、财产、宗教、道德理想和善恶观念，但却是纯洁、善良和快乐的。因而"自然状态"是人类的黄金时代。自然状态中的自然人，是孤独的、自由的、满足的、天真善良的，除了在健康、年龄、体力上有所不同外，其余一切都是平等的。

---

① 霍布斯：《利维坦》，黎思复、黎廷弼译，商务印书馆1985年版，第132页。
② 让·雅克·卢梭（Jean Jacques Rousseau, 1712—1778），18世纪法国伟大的启蒙思想家、哲学家、教育家、文学家，法国大革命的思想先驱，著有《论人类不平等的起源和基础》、《社会契约论》、《爱弥尔》、《忏悔录》等著作。

由于人口增多，生活困难，人们就必须发展新的技艺，如制造工具、建筑房屋等。房屋的建筑和使用造成了家庭的建立和划分，不同的家庭互相结合，形成不同的部落。众多部落由于生活在同一区域，其生活内容、食物来源、生活方式、外界影响等必然大致相同，这使它们在性格上和风俗上趋于一致，从而形成一个独特的国家，即民族。进而，随着生产活动的发展，特别是铁器的使用和农业的发展，人类社会就过渡到所谓"市民社会阶段"。随着农业的重要性的增加，引起了人们占有土地的欲望和行动，由此导致土地的私有化。而铁器的使用促进了农业的发展和矿业的开发，带来了财富的增长和社会分工的发展，同时也造成了贫富分化，使一部分人可以奴役另一部分人。有钱人尝到了奴役他人的好处，就用各种方法获取新的奴隶，并把奴隶看成是自己的资本。从这时起，原始的自由、善良、平等就消失了，人世间只有贪婪、野心、竞争、倾轧、冲突、奸诈、伪善和罪恶。人类社会也就从"自然平等"过渡到"社会不平等"的阶段。卢梭指出："这一切灾祸，都是私有财产的第一个后果，同时也是新产生的不平等的必然产物。"①

卢梭认为，这种社会不平等的状态是违反人的自然本性的，因而是暂时的，当它发展到顶点时就必然要过渡到新的社会平等状态。为此，卢梭提出"社会契约"主张。他认为，社会契约的订立，就是"要寻找出一种结合的形式，使它能以全部共同的力量来保卫和保障每个结合者的人身和财富，并且由于这一结合使每一个与全体相联合的个人又只不过是在服从自己本人，并且仍然像以往一样地自由。"②所以这种契约，实际上是"人民是同自己在订立契约"。订约者把自己的权利全部交给社会全体，不是为了去接受压迫，而是以自然的自由换取社会的自由，以自然造成的人类力量上和才智上的不平等，换取道德的与法律的平等。既经订约，人们就不再是个别的个人，而是已经结合成为一个道德的、集体的共同体。这个共同体获得了由全体个人

---

① 卢梭：《论人类不平等的起源和基础》，《十八世纪法国哲学》，商务印书馆1979年版，第156页。

② 卢梭：《社会契约论》，何兆武译，商务印书馆1982年版，第23页。

的结合所形成的公共人格,即城邦或国家。成立国家的目的不是为了毁灭自然的平等,而是以道德的和法律的平等取代自然的平等。国家主权应当体现人民的公意,国家的行政官不是人民的主人而是人民的官吏。如果国家官员变成了专制君主、独裁者和暴君,人们就有权推翻他们。卢梭的这一理论成为后来法国大革命的指导思想。

二、马克思:从"自然形成的社会"到"历史地形成的社会"

无论是霍布斯,还是卢梭,或是其他欧洲近代思想家,他们对史前社会和文明起源的研究尽管有着十分重要的历史进步意义,但他们有关人类"自然状态"的描述并没有实证的历史根据,只能说是一种理论上的假设,其目的是通过这种假设来论证怎样一种国家制度是合理的。19世纪后半叶,随着人类学的发展,特别是以巴霍芬、泰勒、拉伯克、摩尔根、麦克伦南①等为代表的早期人类学家对史前文化的长期考察,使有关社会进化问题的研究逐渐被纳入科学探索的轨道,从而也为哲学对生活世界的追问奠定了科学的基础。1877年,美国学者摩尔根(Morgan)②出版了《古代社会》一书,该书在长时期实地考察的基础上,十分深入地研究了原始部落社会的家庭关系和亲属制度的性质、特征和演变过程,为人们研究史前社会提供了丰富翔实的实证资料。这本书出版后立即得到了马克思和恩格斯的高度重视。在

---

① 巴霍芬(Bachofen,1815—1887),瑞士杰出的历史学家和法学家,著有《母权论》(1861)一书。泰勒(Tylor,1832—1917),英国著名民族志学家、文化史和民族学进化论学派创始人,著有《人类原始历史和文明产生的研究》(1865)。拉伯克(Lubbock,1834—1913),英国民族志学家和考古学家,著有《文明的起源和人类的原始状态》(1870)。麦克伦南(Mclennan,1827—1881),苏格兰法学家、历史学家,著有《古代史》(1876),并写有婚姻和家庭史方面的著作。

② 摩尔根(Morgan,1818—1881),美国杰出的考古学家、民族志学家和原始社会史学家,著有《古代社会》一书。摩尔根一生的大部分时间与美洲印第安人生活在一起,并被一个易洛魁部落收养入族。通过长时期的实地考察,摩尔根十分深入地研究了原始部落社会的家庭关系及亲属制度的性质、特征和演变过程,为人们研究史前社会提供了丰富翔实的实证资料。对此,恩格斯评价说:"摩尔根的伟大功绩,就在于他在主要特点上发现或恢复了我们成文历史的这种史前的基础……他研究自己所得的材料,到完全掌握为止,前后大约有四十年。然而也正是因为如此,他这本书才成为今日划时代的少数著作之一。"

摩尔根以及其他人类学家所提供的丰富资料的基础上，马克思和恩格斯继续深化了对原始社会和文明起源的研究，探讨了人类社会从"自然形成的社会"到"历史地形成的社会"的过渡，阐释了阶级、国家产生的根源和过程，这不仅极大地丰富了他们所创立的唯物史观的理论内容，而且为我们进一步研究文明社会的形成奠定了坚实的理论基础。

1. 自然形成的社会

所谓"自然形成的社会"就是指处在自然状态中的原始社会。在这种社会中，最初的生产活动所依赖的生产条件，不可能是生产出来的，而是"表现为自然前提，即生产者生存的自然条件"。因为对于刚刚从灵长类动物群体转变过来的人类社会来说，最初所能采取的唯一可能的经济形态是采集—狩猎经济，其生产活动只能是以获取自然界所能提供的现成可用的自然产物为主要内容，如采集植物果实，捕猎动物等等，因而自然条件是这种生产的直接前提。

这种"自然形成的社会"的组织结构是一种"自然形成的共同体"，即以血缘关系为基础的原始家族或氏族、部落。原始社会的社会结构之所以以血缘关系为基础，主要是因为原始人的最初的生产能力太低，社会财富太少，因而人们之间的经济联系或经济利益关系还不足以成为社会结构和社会组织的基础，如恩格斯（Engels）[①]所说："劳动越不发展，劳动产品的数量、从而社会的财富越受限制，社会制度就越在较大程度上受血族关系的支配。"[②]也就是说，在生产效率极为低下、个人劳动完全不足以维持个人生计的情况下，要使每个人获得基本的生存条件，社会成员之间就必然要形成以共同占有生产条件、共同劳动和平均分配劳动产品为特征的原始公有制经济关系，而这种经济关系只有在以血缘关系为基础的社会组织形式中才能存在，因为只有血缘关系所带来的人们之间的自然结合和情感亲近才能自然地

[①] 弗里德里希·冯·恩格斯（Friedrich Von Engels，1820—1895），德国著名哲学家和无产阶级革命家，马克思的挚友，马克思主义的创始人之一。著有《神圣家族》、《德意志意识形态》、《反杜林论》、《家庭、私有制和国家的起源》等名作。

[②] 《马克思恩格斯选集》第4卷，人民出版社1995年版，第2页。

产生出这种相互结合的方式。

社会生活作为有组织的共同生活，一开始就需要一种对其进行统一组织、协调和控制的社会管理活动，并形成使社会管理活动得以实施的公共权力。但是，在氏族共同体中，极端落后的生产力和自然形成的公有制经济关系决定了氏族成员之间社会地位上的平等和物质利益上的一致，决定了个体对共同体的绝对依赖，而不存在经济利益相互对立的阶级和阶级矛盾，这就使氏族共同体的社会管理活动不是一部分人对另一部分人的压迫和管制，而是真正代表氏族的共同利益和共同意志对社会生活实施统一协调、组织和控制。公共权力是共同利益和共同意志的体现，它通常由氏族大会公选出来的酋长、军事首领掌握。血缘关系所带来的自然情感有助于用习俗、道德、酋长的威信和公众舆论来维持氏族日常的生活秩序。

氏族共同体的社会管理活动以自然形成的原始宗教观念为观念基础。以图腾崇拜为特征的原始宗教观是氏族成员在共同生活中形成的集体意向。它通常包括对宇宙起源、宇宙本性、宇宙秩序（包括社会生活秩序）等虚幻的理解和共识。这种集体意向是氏族共同体成员理解或解释自己的行为、确定自己活动信念和处理自己与周围世界的关系以及个人与群体的关系的根据。公共权力在这种集体意向中被神话化，共同活动或共同生活的目标以及体现在习俗、礼仪、习惯、道德中的生活规范在这种集体意向中得到最终的解释。因而，这种集体意向是氏族共同体实现社会整合的文化机制。

2. 历史地形成的社会

随着社会生活漫长的进化或发展，人们逐渐学会了种植农作物和饲养牲畜，由原始的采集—狩猎经济进入到农业和牧业经济。农牧业的发展使生产工具的制造和使用有了越来越重要的意义，以至成为生产的前提和必要手段。这意味着，生产活动不再完全取决于生产的自然条件，而是同时也取决于由生产所创造的物质条件。土地、牲畜、生产工具等生产生活资料都不是自然产生出来的东西，而是前人劳动或活动的结果，是前人创造出来的生产或生活条件，因而是历史的产物或结果。

　　农业、畜牧业和手工业的发展一方面创造了前所未有的财富来源，另一方面也在原始共同体内部引起富有决定意义的变化。

　　首先，生产工具的进步、农业和手工业的发展，提高了劳动生产率，从而使个体劳动成为可能。这样，集体劳动逐渐过渡为个体劳动。在劳动方式的转变中，生产资料（土地、畜群等）起初归个体家庭使用，后来便永久地归个体家庭所有，私有制代替了原始公有制。

　　其次，当生产力的发展达到"人的劳动所能生产的东西超过了单纯维持劳动力所需的数量"的程度时，劳动力获得了价值。部落间的战争所得来的战俘被当作劳动力保留下来；氏族内部个体家庭之间的贫富分化，使贫穷的氏族成员因债务关系逐渐丧失生产资料和生活资料而沦为奴隶。这样，社会成员便按其是否占有生产资料而分为两大基本阶级，即奴隶主阶级和奴隶阶级。由于经济利益上的根本对立，这两个阶级之间的矛盾和抗争无法调和，氏族共同体及其处理公共事务的方式和机构已没有能力调解和处理日益加深的阶级对抗和冲突。为了能够有效地维护奴隶主阶级自身的经济利益和对奴隶的阶级统治，便产生了凌驾于社会之上的公共权力机构，即国家。这意味着，社会结构、社会组织形式的发展也一般地表现为生产发展亦即历史发展的结果。

　　最后，脑力劳动已随着劳动生产率的提高和社会分工的发展从体力劳动中分离出来，成为社会生活的一个相对独立的领域。社会意识借助专门的精神劳动而成为有着自身发展规律的相对独立的历史过程。通过对前人思想材料的继承和发展，观念活动得以积累和传递，从而形成对后代人的观念活动产生指导、制约和限定作用的思想文化传统。

　　从"自然形成的社会"过渡到"历史地形成的社会"，实际上可以说是人类社会自身的进一步完成，它标志着文明社会在人的实践活动中的诞生。当人们的物质生活、社会生活和精神生活不再取决于直接的自然前提，而是取决于人类自身劳动的历史结果时，人类才真正开始了创造自身历史的过程，开始了文明的发展过程，同时，也就是开始了创造和发展自身的"生活世界"的过程。

三、哲学文化的诞生

哲学文化是随着文明社会的形成而诞生的。从约公元前四千年开始，西亚的底格里斯河和幼发拉底河构成的两河流域、北非的尼罗河流域，南亚的恒河和印度河流域、东亚的长江黄河流域和南欧的爱琴海沿岸，相继形成了美索不达米亚文明、古埃及文明、古印度文明、中华（华夏）文明和希腊文明。在这些古老的文明形态中，经济生活、政治生活、宗教生活、艺术生活、语言文字和文化教育不断发展，最终孕育出哲学文化这一人类文明的璀璨明珠。哲学文化的诞生标志着人类文明的自我觉醒，意味着人类开始运用自己的理性能力来探索、追问人和世界的关系，由此逐渐地从朦胧模糊的原始意识中走了出来。

1. 哲学文化产生的社会生活基础

哲学文化的产生必有一不言而喻的前提条件，即在社会生活中产生出一批有时间、有能力、有热情的学者，他们乐于把自己的主要时间和精力用于理论思索，并按照自己的理解向人们提供有关人和世界的各种知识。显然，生产力水平极其低下、经济生活极其困难的原始社会或自然形成的社会不可能提供这种条件。因为在没有任何剩余产品或剩余产品的数量不足以使一部分人供养另一部分人的部落社会中，没有人能够脱离生产劳动而专门从事精神文化的创造。只有当自然形成的社会过渡到历史地形成的社会后，这种条件才被逐渐创造出来。

首先，农业和畜牧业的发展，大大提高了劳动生产率，剩余产品日益增多，这就为一部分人脱离生产劳动提供了可能。其次，生产资料的私有化和生产活动的个体化，不可避免地导致社会成员之间的贫富分化，使社会财富日益集中在少数富有者手中。这些富有者也就日益脱离繁重的生产劳动，成为依靠剥削其他社会成员而生存的社会阶级或阶层。这就使一部分人脱离生产劳动成为现实。这就是人类历史上最为重要的社会大分工——体力劳动与脑力劳动的分工。显然，在这样的社会分工中，从事脑力劳动的通常都是有相当数量的奴隶为他们劳作的贵族、奴隶主，他们是社会的统治者或所谓"名门望族"，能够凭借国家力量来维护他们的财富和地位。他们家境富足，地位优越，子女都能受到良好的教育，因而有条件从事纯粹的精神生产活动。古代哲人一般都来自于这样的社会阶层。

哲人的哲学研究不仅仅是哲人自身的兴趣和爱好，而是同社会生活的内容息息相关的。哲人的兴趣就在于对那些困扰人们生存境遇的各种问题做出清晰的理论解答，排除那些含混不清、充满歧义的常识或意见，达到对真理的理解和把握。在物质生活中，人们面对的是一个广阔无垠的自然世界。人们要从这个世界中获取自己所需要的一切，就不能不去理解这个世界，探索自然界万事万物的构成因素或基质，追究世界的本原和动因，使各种左右人们的生产活动的自然力得到合理的解释。这些努力就构成了古代自然哲学的主要内容。在社会生活中，由于文明社会起步于社会分化和社会对抗的过程，各个阶级、阶层或利益群体都力图使自身的利益要求合法化，并谋求从宇宙本性或神灵意志中获得终极性的论证。同时，面对纷繁复杂的社会矛盾和频繁发生的社会冲突，人们也不能不思考如何才能建立起良好的社会秩序，不能不追问人们的社会行为应当持守哪些基本的道德原则以及这些道德原则是否有某种永恒不变的根据。这些思考就推进了古代哲学中道德哲学和政治哲学的产生和发展。在精神生活中，精神现象也和自然现象一样包含着亟待破解的疑团。灵魂或心灵是独立的实体吗？灵魂和肉体的关系是怎样的？灵魂是有生有灭的还是不死的？人们能否以及怎样获得对外部世界的认识？等等。对这些问题的探究就构成了古代哲学中的认识论和心灵学说。

哲学文化产生的社会生活基础表明哲学研究原本就是根植于社会生活的土壤之中的。尽管哲人的思索表现出高度的抽象性和思辨性，往往非一般人所能理解，但它归根结底不外是社会生活内容在思想中的折射。而且哲学思维的高度也恰恰体现出社会生活的深度，如果我们不想在扑朔迷离的生活表层中迷失自己，那就只能借助哲学的思维达到对生活世界的深度理解。

2. 哲学文化的传统之源

哲学文化的产生不仅有深刻的社会根源，而且有不断积累起来的文化资源。我们前面提到的那些人类文明的发源地，都在精神生活、语言文字和思想观念上为哲学文化的诞生创造出文化条件，并造就出各具特色的哲学文化传统。

（1）中国哲学的传统之源

根据可考的文字资料，中国哲学思想的出现可上溯到殷代（约公元前16世纪至前11世纪），它是同殷人的占卜巫术结合在一起的。在殷商时代，生产力水平低下，社会矛盾复杂，人们对生产活动和政治生活所面对的各种自然力量和社会力量没有科学的认识，而普遍相信这些力量来自"上帝"或神鬼，生产的丰歉、战争的胜败、做事的顺逆均取决于上帝或神鬼的意志，因而占卜之风盛行。占卜就是一种灼烧龟甲（或兽骨）以测凶吉的方法。用一正一反的观念来表示做事情的可行和不可行。到了殷周之际，这种占卜观念就逐渐演化为更为抽象、更为复杂的"八卦观念"①，即"易经"。这种观念"近取诸身，远取诸物"，以"阴（--）阳（—）"为基本概念和宇宙运动的基本法则，用阴阳的组合构成八个卦象（乾、坤、震、巽、坎、离、艮、兑），分别对应自然界中八种常见的自然现象（天、地、雷、风、水、火、山、泽），再将八卦两两相叠，形成六十四卦，每卦六爻，共三百八十四爻，用以解释宇宙间万事万物的运动变化及其征兆。显然，八卦观念包含着中国古代文化中的自然哲学思想，并对后世哲学思想的发展产生了极其深刻的影响。

到了春秋战国时期，周王朝威权旁落，诸侯国连年征战。各诸侯国为谋富国强兵之策，招贤纳士，无形中为知识分子施展自己的才华创造了广阔的空间，一时学术兴盛，产生了所谓"诸子百家"之说，如儒家、道家、墨家、名家、法家、纵横家、阴阳家等等。在这些学

---

① 《易传·系辞下》载："古者庖牺氏之王天下也，仰则观象于天，俯则观法于地，观鸟兽之文与地之宜，近取诸身，远取诸物，于是始作八卦，以通神明之德，以类万物之情。"庖牺氏（即伏羲）作八卦乃传说，未必可信，而周文王演八卦则是大致可确定的事实。

派的理论中,有关世界本体的思想达到了系统化的程度。如儒家创始人孔子受占卜文化中天命观的影响,相信天命和鬼神的存在,认为天命主宰了自然和人世中万事万物的变化。道家的创始人老子则不把天看成是最高的主宰,而是认为天地都是由更高的本体"道"产生的,道的本性是自然,万物的产生是道自然运动的结果,即"道生一,一生二,二生三,三生万物。万物负阴而抱阳,冲气以为和"。春秋时期的政治家管子,还提出过水是万物的本原的思想和"精气说",认为万物和人都产生于精气,并由精气所构成。各家学说相互碰撞又相互吸收,在思想交锋的过程中衍生出中国哲学文化的各种主题,如探讨天道或自然与人的关系的"天人关系"说,探讨心灵和肉体或精神和物质的关系的"形神关系"说,探讨人的思想与行为或认识与实践的关系的"知行关系"说,以及探讨名称、概念与实在事物之间关系的"名实关系"说等等。

面对春秋战国时期混乱不堪的政治局面,各家学说也都竭力寻求治国安邦之道,以期结束战乱,建立和维护长治久安的社会秩序。在这方面,儒家注重人的心性的修养,以"仁"为最高的道德境界,希望通过培养人的良好德性,来恢复或重建已经衰败的礼教秩序;道家则以"道法自然"为据,主张清静无为、绝圣弃智,回归原始的、自然的淳朴生活;墨家则把"兼相爱,交相利"作为治理国家的基本原则,反对战争,反对统治者暴敛民财;法家则强调"以法治国",用法治代替人治。所有这些就构成了中国古代哲学文化中的道德哲学和政治哲学。

之后,秦统一中国,百家争鸣的局面也随之结束。而在汉代,儒家学说占据了统治地位,成为中国哲学文化的主流。以后印度佛教的传入,给中国哲学文化的发展提供了新的资源,促成了中国佛教哲学的产生。与此同时,道教哲学也有了一定的发展。各种哲学思潮的相互对抗、相互吸收,起伏张弛,形成了中国哲学发展的历史长河。

(2)印度哲学的传统之源

南亚恒河和印度河流域孕育出的古印度文明也是哲学文化的发源地之一。印度的哲学也是同古老的印度宗教结合在一起的。产生于公元前 20 世纪左右的"吠陀教"可能是印度最古老的宗教意识形态。最初的哲学思想就包含在吠陀教的历史文献"吠陀"中。"吠陀"的意思就是"知识"、"启示",它是由大量的神话故事、赞美诗、祈祷文和咒语构成,其中也包含了一些哲学观念,如认为世界是由水、火、土、风构成,或认为世界的本原是"水"等。有的诗章也讲到了非存在(无)、原人、太一、气息等更为抽象的哲学观念。

大约在公元前 8 世纪至公元前 7 世纪,在对吠陀教的信奉中产生了印度历史上第一个宗教哲学门派——婆罗门教哲学。婆罗门教哲学以"吠陀"为基本经典,信奉多神,将梵天、毗瑟拿和湿婆尊为主神,分别代表宇宙的创造、护持和毁灭,并相信轮回业报说。婆罗门教哲学在后来的发展中又形成了许多哲学学派,主要有数论、瑜伽、胜论、正理论等等。数论认为世界由"神我"和原初物质(自性)结合产生。神我是一种精神实体,既不创造,也不被创造,永恒不灭。原初物质处于混沌状态时有喜、忧、暗三种德性,与神我结合后,三德的平衡遭到破坏,使原初物质发生变异,故产生了世界上的各种事物。数论是瑜伽的世界观,瑜伽则是数论的修行方法。瑜伽派认为原初物质和神我的结合是一切痛苦产生的根源,所以它把断绝痛苦的根源,使神我重新获得独存作为自己的根本目的。

值得一提的是,印度宗教哲学倡导用极端的苦行来解脱烦恼和痛苦。"梵天"是一个绝对不可感知的最高本质,即理智。苦行所要达到的是一种禅定,即返回到自己的思想中,沉浸在自身中,达到一种精神凝聚。这种精神凝聚状态所达到的境界就是"梵"。因此,印度哲学的一个特点就是讲究返回自身的沉思,通过这种沉思而获得精神上的解脱。

到了公元前 6 世纪左右,又产生了由释迦牟尼创立的佛教。最初的佛教把世界上一切现象的原因归结为各种相互依存的关系和条件(因缘)。它不同意婆罗门教所谓的世界的终极原因和主宰人生的"神我"或理智(灵魂),认为万物是由"五蕴"(色、受、想、行、识)构成的。佛教也声称"一切皆苦",有生苦、老苦、病苦、死苦、怨憎会苦、爱别离苦、求不得苦和五取蕴苦。这些痛苦是由"十二因缘"

引起的。十二因缘之首是"无明",即无知,所以消除痛苦的途径在于消除无明,求得觉悟。佛教在以后的发展中产生了许多分支和流派。

(3) 西方哲学的传统之源

地中海沿岸的古希腊文明历来被认为是欧洲文明的源头,也是整个西方哲学的故乡。黑格尔曾说:"一提到希腊这个名字,在有教养的欧洲人心中,尤其在我们德国人心中,自然会引起一种家园之感。"[①] 古希腊哲学的产生要晚于中国和印度,其文化来源有两个方面。一是古代东方各国文化对希腊的影响。古希腊早期有许多学者到过埃及、印度、波斯等东方国家进行学习、考察,使东方各国的文化观念,特别是其中的宗教观念,传入古希腊。二是古希腊神话。古希腊神话是古希腊部落社会晚期的精神产物,大约产生于公元前8世纪以前,原本是口耳相传的口头文学,直到公元前7世纪,才由著名的盲诗人荷马以弹唱脚本的形式记录下来,即《荷马史诗》,除此之外还有赫西俄德的《神谱》以及古希腊的诗歌、戏剧等等。古希腊神话内容丰富生动,主要包括神的故事和英雄的传说两大部分。

古希腊神话把世界的本原归结为超自然的神灵,在有关神的故事中包含了天地的开辟、众神的诞生、人类的起源以及社会和国家的形成等诸多猜测和理解。有趣的是,在古希腊神话中,神灵并不像在中国和印度的古代文化中那样神圣、纯洁,而是与人同形同性,既有人的体态美,也有人的七情六欲,懂得喜怒哀乐,并参与人的活动。神与人的区别仅仅在于前者永生,无死亡期;后者生命有限,有生老病死。希腊神话的美丽就在于神依然有命运,依然会为情所困,为自己的利益做出坏事。这就大大降低了希腊人崇拜神灵的强度。因而在希腊神话的英雄故事中处处表现出人与神的对立。在这个对立中,包含着善与恶、光明与黑暗、正义与邪恶的激烈抗争。这也正是后来希腊哲学的理论主题,而且希腊哲人也乐于用希腊神话中的典故和隐喻来阐述自己的哲学观点。

古希腊哲学产生于公元前7世纪至公元前6世纪。从总体上看,

---

① 黑格尔:《哲学史讲演录》第1卷,贺麟、王太庆译,商务印书馆1983年版,第157页。

古希腊哲学的产生和发展有两条基本线索。一个是自然哲学。希腊最早的哲学派别米利都学派就是一批自然哲学家。他们力图用自然界本身的因素或原因来解释自然,以破除对宇宙本体的神秘理解。如米利都学派的创始人泰勒斯把世界的本原归结为"水",爱菲斯学派的代表人物赫拉克利特把世界的本原归结为"火",以后又产生了留基波—德谟克利特的"原子论"等。自然哲学家们探讨自然物质的"始基"、结构和生灭的原因,这实际上为后来欧洲自然科学的发展奠定了思想前提。古希腊哲学的另一条线索,则是从思维本身出发来探讨和界说世界本原的形而上学。如爱利亚学派的创始人巴门尼德认为世界的本原是"存在",而存在和思维是同一个东西,因此要把握存在的真理,就不能相信感官给我们的见识,而只能靠思维本身。在他之后,柏拉图则把"理念"视为世界的真实本质,而对理念的把握也只能靠思维本身。希腊哲学的这两条线索对整个西方哲学的发展所产生的影响是极为深刻的。从欧洲近代哲学中的经验论和唯理论之争以及现代西方哲学的分析哲学运动与现象学运动中都可以看出这两条线索的影子。

第二节 "感性世界"的实践本质

哲学文化的产生和发展有着深厚的社会生活基础。无论哲学的理论看上去多么抽象,在它的深处始终跳动着人类社会生活实践的脉搏。因此,要了解哲学文化发展的动力和机制,把握哲学理论与社会生活的真实关系,就必须对社会生活的本质有准确的理解。

从宽泛的意义上说,人类的社会生活实践既包含着人与自然的关系,也包含着人们之间的社会交往活动和关系,因而可以说,人类社会生活实践的过程和成果就构成了人们生活于其中的"感性世界"。马克思在《关于费尔巴哈的提纲》一文中指出:"社会生活在本质上是实践的。"①这一重要论断是我们对生活世界进行哲学追问的基本出发点。

一、人的感性活动是现存感性世界的深刻基础

马克思所说的"感性世界"不是指外在于我们的、与我们的生活或活动无关的、自在的自然界,而是以人的感性活动或实践活动为基础的属于人的生活世界,同时也就是完整意义上的社会生活本身。

感性世界或社会生活的实践本质首先体现在人与自然的关系上。当人们通过自己的物质生产活动来创造自己的社会生活所需要的一切时,他们也就把自己的意志和目的嵌入到自然物的因果联系中,改变自然物的既定形态,赋予它新的存在形式,使它的变化具有人的目的性。因此,人们所进行的物质生产活动必然会在自然界引起单凭自然界本身的运动所不能发生的变化,亦即通过实践创造出"人化的自然"。生产活动越是持续不断地向前发展,自然界也就越是在广度和深度上脱离自在状态,成为"人化自然"。这样,在人类历史的发展中,作为人们生活于其中的感性的世界"决不是某种开天辟地以来就直接存在的、始终如一的东西,而是工业和社会状况的产物,是历史的产物,是世世代代活动的结果"②。

自然界被历史进程所改变这一基本事实表明,只有从人们的物质生产活动出发,把人们周围的感性世界理解为人们的历史活动的产物和结果,才是真正地"按照事物的本来面目及其产生情况来理解事物",才能真正解决人对自然的关系,从而也是社会对自然的关系这一重要问题。人类通过自身的物质生产活动实现自然和社会历史的统一,这个统一也就必然会随着生产的发展而不断具有新的历史水平。例如,在以自然经济为基础的传统社会中,人们在自己的"感性世界"中所能看到的只是农田、草地或荒野等,而在以市场经济为基础的现

---

① 《马克思恩格斯选集》第1卷,人民出版社1995年版,第60页。
② 《马克思恩格斯选集》第1卷,人民出版社1995年版,第76页。

代社会中,人们到处可以看到发达的工业、商业和大都市。感性世界的这种变化表明,人的自觉活动在自然界引起的变化体现着人类改造自然的程度的不断深化和扩大,体现着人类智力和能力的历史性积累和扩展,体现着不同历史时代的人们的生活情趣、价值追求和信仰。因此,这种变化不是自然界自在的变化,而是体现人类社会历史进步程度的变化,是内在于人类社会历史的"历史的自然"。为此,马克思和恩格斯精辟地指出:

> 这种活动,这种连续不断的感性劳动和创造、这种生产,正是整个现存的感性世界的基础。它哪怕只中断一年,费尔巴哈就会看到,不仅在自然界将发生巨大的变化,而且整个人类世界以及他自己的直观能力,甚至他本身的存在也会很快就没有了。①

二、社会生活的物质性和客观性

社会生活的实践本质首先深刻地体现出社会生活的物质性和客观性。最基本的实践活动是表现人与自然相互作用的物质生产活动。这种活动作为人的自由自觉的活动虽然服从人主观设定的目的,具有超越性和创造性,但这种活动并没有创造物质本身,而是依照物质运动变化的可能性改变物质的存在形式。正如马克思指出的那样:人并没有创造物质本身,甚至人创造物质的这种或那种生产能力,也只是在物质预先存在的条件下才能进行。这意味着,尽管人们凭借自身的语言意识可以自由地想象可能的世界或理想的目标,但如果人们不掌握实际的物质条件和物质手段,人在自然界面前便无能为力,其想象或理想就不能转变成现实,因为对于物质对象,只有用物质力量才能加以改变。人们的物质生产活动就是运用一定的物质生产手段作用于物质对象的过程。而社会生产力就是人们运用物质手段改造自然的能

---

① 《马克思恩格斯选集》第 1 卷,人民出版社 1995 年版,第 49 页。

力，本质上亦是一种具有不以人的意志为转移的客观属性和规律的物质力量。

物质生产活动是全部社会生活及其历史发展的现实基础。生产活动虽然直接地表现为人或社会与自然的关系，但这种关系又是以人们之间的社会交往活动为前提的，生产力则是通过人们之间的交往活动（通过活动的交换）而形成的社会力量。因此，生产活动一开始就包含着人们在交往活动中形成的关系，即生产关系，它存在于社会生产的各个环节之中，是人们之间的一种物质联系。这种生产关系在历史上能够采取什么形式，也不是取决于人们的主观意愿，而是首先取决于物质生产力的发展水平或状况。历史上，资本主义生产关系之所以取代了封建主义的生产关系，从根本上说，就是机器大工业发展的结果。

人类社会是人们之间所发生的各种社会关系的总和，而最基本的社会关系就是这种在生产活动中所发生的物质性的生产关系。随着物质生产活动的发展，社会生活日益多样化和复杂化。起先，物质生产活动还仅仅是满足生存需要的活动，但生产的发展不仅满足人们的最基本的需要，而且还不断引起新的需要，从而引起满足新的需要的历史活动。因此，需要的增长必然引起社会分工的产生和发展，并由此在社会生活中划分出越来越多的特殊的社会生活领域，促使社会结构分化，产生出不同层次的、各有其独特性质并自成体系的社会结构，如经济结构、政治结构、思想文化结构等等。在物质生产活动发展的推动下，社会生活的内容和形式不断更新，社会生活现象也日趋复杂，以至造就出现代社会这样高度复杂的社会生活体系。

从上述分析可以看出，人类社会生活的本质，既不是纯粹的精神，也不是单纯的自然，而是人们每日每时都在进行着的有意识、有目的地改造自然并在这个基础上改造社会本身的客观物质活动，是在这种物质活动中结成的物质关系并通过这种物质关系而形成的社会性的物质力量。这种物质力量当然包含着自然的力量，但正是人的实践活动扬弃了自然力量的自在性，使之成为体现人类历史进展的社会力量。因此，"社会生活在本质上是实践的"。

三、社会生活的精神特质和文化属性

社会生活在本质上是实践的,这不仅意味着人类社会生活的总体即社会系统具有物质性和客观性,同时也意味着不能把社会系统归结为类似自然系统那样的单纯的物质系统。任何意义上的实践活动,包括物质生产活动,本身都是包含着人们主观设定的意义和目的的自觉活动。人类通过自身的这种自觉的活动改变着自然界的既定状态,并在这个基础上组织、调适、控制、变革和发展自己的社会生活,从而创造出一个以人的实践活动为深刻基础的、体现着人的内在目的和价值追求的、不断发展着的"感性世界"。这表明,社会生活或社会系统在一开始就具有源于人类实践活动本性的精神特质,这种精神特质充分地体现在人类的文化创造活动中。

1. 社会文化的一般概念

从广义上说,"文化"概念是与"自然"相对应的。自然之物、自然属性、自然规律是天然造就,非人类所为,而广义的文化则是指人类的活动及其成果,它应当包括人类社会实践活动所创造出来的各种物质产品和精神产品,包括人们的行为方式、思维方式、习俗、道德、法律、制度和社会组织等等。从这个意义上说,社会文化可以有物质的存在形态,也可以有精神的存在形态,它不是社会生活的某一个部分,而是涉及社会生活的各个层次、各个方面。

社会文化的形态多种多样,但其实质则体现着社会生活的实践本质。人类实践活动的一般性品质决定了社会文化的普遍性、共同性特征。社会文化的各种存在形态一般具有双重意义。一方面,任何文化形态都有其直接的实际效用。一把石斧、一台机床、一件艺术品、一条法律、一种制度、一种理论都是一定时代的人们根据自身物质生活和精神生活的直接需要而创造出来的。这种直接的实际效用通常是个别的、具体的,甚至是暂时的,它构成了每一种文化形态的个性特征和具体内容。很明显,我们不能根据文化形态的直接效用来确定文化的实质,因为它不能体现文化的普遍价值。文化形态的另一方面意义,则是它作为人类实践活动的产物具有为实践活动的一般品质所决定的普遍性、共同性特征,这就是,无论文化形态的实际效用是什么,它们作为人们有意识、有目的活动的产物,都必然包含着人们对自然界和社会生活的观念上的把握,包含着内化于人类实践活动的过程和结果中的人类精神,也就是说,文化形态体现着人的存在的自为性、人的活动的自由性以及人与自身活动结果的自我相关性。例如,人们在物质生产活动中创造出来的各种物质产品,作为文化,就在于它们是人类精神的对象化、客观化。一把石斧被称之为文化,不仅是因为它有实际效用,更重要的是因为它表明了人们在何种程度上把握和利用了自然物的属性和规律,表明人们是怎样通过使自然物质发生形式变化,从而在自然物中实现了自己的目的,发展和发挥出自己的能力。那些出于对神灵的崇拜和迷信所建造的神殿庙宇,为战争制造出来的武器,为美化社会生活而生产出来的服饰、化妆品,为艺术生活和娱乐事业提供的各种设施和装备,为科学研究而制造出来的各种仪器和设备,无不是在实践活动中被物化或客观化的人类知识、智力、价值、信仰。人类实践活动所创造出来的物质成果,正是凝聚着人类精神、打上了人类意志的烙印而被称之为有别于自然的文化。总之,无论社会文化是以物质的形态存在,还是以非物质的形态存在,在实质上必然是内含于人们的实践活动之中、并在实践结果中变成现实的人类意识、意志和目的,是凝聚在人类产物中的人类精神。

2. 文化价值观对社会生活发展趋势的引导作用

人类社会这个有机系统应当被确切地表述为物质—文化体系。人不仅生活在社会中,而且意识到自己生活在社会中。对人的生活的社会性的自觉意识,一方面使人们在交往活动中构成一定的社会群体和社会组织,另一方面通过对交往关系的把握创造出一整套语义符号系统,即习俗、道德、法律、制度等社会规范来约束个人和社会组织的行为,协调人与人之间、社会组织或群体之间的行为。个人、社会群体、组织以及各种社会规范总和起来就构成了所谓的社会休制,也就是社会的存在的现实样态，或者说构成了人的现实的生活方式、生存方式。人们就是通过调整和改变社会的组织体系和规范体系来改变自身的存在方式或生存方式的，这就使人类社会的发展彻底摆脱了生物进化的模式，而采取了文化进化的模式。因而无论是人类实践活动所创造出来的物质的和精神的成果，还是在人类实践活动中所形成的社会组织、社会制度等都可以被称之为有别于"自然"的"文化"。从这个意义上说，人类历史就是文化创造活动的历史。这种文化创造活动，既体现在改造自然和社会的历史变革活动中，也体现在人们的日常生活中，体现在人们的生活方式、行为方式和思维方式中，体现在宅居、服饰、饮食、娱乐等等的享用和欣赏中。各种各样的文化创造活动使我们生活于其中的世界日益丰富多彩、情趣盎然。

然而，当仔细考察人们的文化创造活动时，我们又不难发现，人们的文化活动又是如此不同。如对于宅居装饰，有人喜欢古朴厚重，有人欣赏豪华亮丽；对于梳妆打扮，有人喜欢简约质朴、顺其自然，有人则乐于浓妆艳抹、穿金戴银；面对他人的困境，有人乐善好施、慷慨相助，有的人则斤斤计较，不愿"拔一毛而利天下"；在生活追求上，有的人视金钱为生命和目的本身，倾其全部身心去赚钱守财，有的人则把金钱仅仅看作手段或条件，毕其一生去追求科学、艺术、发明创造等人类的进步事业。这些文化情趣、文化追求上的差异，包含着人们对生活意义或生活价值的不同理解。这表明，社会文化作为一种在实践的过程和结果中被社会化和客观化了的普遍精神，其核心就是反映社会主客体价值关系的文化价值观念。

所谓价值关系，就是指实践过程中，主体的需求与客体对主体需求的满足这样一种关系。任何一个实践的主体都是一个价值主体。这个价值主体有自己的主观需求和目的，他认识客体的最终目的也是力图通过改变客体来满足自己的需求和目的。如果客体以及改造客体的行动能够满足主体的需求和目的，这样的客体和改造客体的活动就是有价值的、有意义的，而且满足主体需求和目的的程度越高，其价值或意义就越大，反之就没有太大的价值或意义，甚至是完全没有价值或完全没有意义的。这种价值关系反映在人们的头脑中，就形成了价值观念。价值观念引导实践主体确定自己的行为取向,并赋予实践的客体和实践的结果以一定的意义。因此,人们在一生中总是要去做自己认为有意义的事情,过有意义的生活,差别就在于对生活意义的理解不尽相同。受价值观念的引导,人们在实践活动中按照自己的目的来改变客观世界,这是人的活动的自主性。这种自主性并非摆脱客观世界的属性和客观规律的制约而独立,人的价值追求和理想目标只有在符合客观世界的本性时才有可能实现。但人的活动是否有目的与人的目的能否实现是两个不同的问题。客观世界的属性和规律总是不断地修正、改变着人的目的,但决不是取消人的目的,更不会代替人的目的去直接支配人的社会行为。

人类的物质生产活动作为生活世界的现实基础,对生活世界发展的决定作用本身,就内在地包含着人类文化价值的选择作用。把黏土烧制成砖瓦,这是生产力发展的结果,是人创造出来的建筑材料,但这些砖瓦是用来建造居所厂房,还是被用来建造神堂庙宇,则不取决于生产过程的技术要求和生产效率,而是取决于人们在文化价值上的选择,也就是说文化价值观念决定着或引导着人们对物质条件和手段的使用,人们在物质生产活动中赋予物质的质料以何种新的存在形式,取决于人们主观设定的目的。正是由于人们的文化价值观念,也就是人们对生活的意义的理解有诸多不同,文化创造活动才是多种多样的。

然而,尽管人们的文化价值观念是多层次、多方面、多样化的,但由于社会的文化精神及其核心——文化价值观念——根源于社会生活的实践本质,因而在多层面的文化价值体系中必然存在着与人类实践活动的一般性或普遍性品格相吻合的、最基本的同时也是永恒的价值追求,这就是追求人的活动的自主性和自由性的价值观念。这种价值观念内在于人们的生活实践中,而且首先深深地根植于人们的物质生产活动中。物质生产活动不仅是满足人的生存的物质需求活动,而且作为人类最基本的实践活动就是一种自由自主的活动。说它是自由的,是因为它能够打破一切物质对象自在形态对我们的限制,使其满足我们的需求和目的;说它是自主的,是因为这种活动归根到底是出于人的决定、人的选择和人的目的,是人的自觉活动。因此,物质生产活动的发展归根到底就是人的自主性和自由性的增强和扩大。以物质生产活动为基础的其他的社会实践活动同样是人们自主自由活动的各种方式。总之,人类的一切实践活动本质上都是自主自由自觉的活动,这种活动就是人的本质,或者说人在本性上就是自主的、自由的。作为实践活动结果的各种文化形态,是人的本质的实现和确证,是人的这种自主性和自由性的彰显。一旦人们意识到这一点,就不仅会在实践活动中创造出具有实际效用的文化产品以满足自己的直接需要,而且还会超出这种有限的实际需要,去追求自己的自主性和自由性的全面发展,并为自己的本质、能力、智慧能够在其创造的文化产品中得到显示和确证而获得极大的满足和喜悦。在这个意义上,人本身就成了最高的价值,成为社会文化创造活动的终极目的。任何一个实践的领域都可以说是人们追求自我完善、自我实现和全面发展的场所,任何一种文化产品都具有实现这种终极目的的意义。这就不难理解千百年来,那些仁人志士为科学真理、为艺术、为社会公德、为政治民主、为物质财富的创造不惜劳其筋骨、饿其体肤、抛头洒血的壮举了。

人们不断地提高自己的生产力并在此基础上改造社会的经济、政治和思想文化关系,归根到底是为了打破束缚人的自主活动的自然障碍和社会障碍。当人们对自主性、自由性的追求遇到来自自然和社会的阻力时,人们就会感受到痛苦和烦恼,就会产生消除这些阻力的动机和努力。因为没有人愿意在一种受屈辱、受压迫的社会中生存,而总是力求深化和扩展自己的自由空间。从这个意义上说,体现人的自由价值的文化精神是社会进步的灵魂。如果说,物质生活是凭借物质条件、运用物质力量而展开的现实过程,那么,内含于物质生活中的文化精神、文化价值观、人的智力和目的则在现实发展的种种可能性中确定发展的方向,使人类的社会生活能够不断超越现实的局限,由低级形态向高级形态跃迁。因此,离开了人的目的和价值选择,离开了产生于人们共同社会生活实践的"文化精神",不从主体的角度来考察生活世界及其历史发展,就不能理解生活世界的实质。

第三节 现代哲学中的"生活世界"观念

依据马克思的"感性世界"理论，我们可以建立一个含义宽泛的"生活世界"概念：其一，这个生活世界是由人们的生活实践的对象、手段、过程和结果所构成的世界；其二，它是由人们的广泛的社会交往活动和社会交往关系构成的世界；其三，这个生活世界既以人的实践活动为基础，因而又必然是一个具有精神特质和文化属性的世界，一个体现着人的生存价值或意义的世界。

当然，"生活世界"这个概念是西方哲学在现当代的发展中逐渐形成的，不同的哲学家从不同的角度，针对不同的问题阐释了他们对"生活世界"的不同理解。这些不同的理解可以说是对"生活世界"不同方面的内容、意义的深度把握。

一、胡塞尔："返回生活世界"

在现代西方哲学中，"生活世界"作为一个哲学概念最初是由德国著名哲学家、现象学的创始人胡塞尔（Husserl）[①]首先提出来的。他提出这个概念，主要是针对他所认为的"欧洲科学的危机"。他所说的"科学危机"不是指科学本身的危机，而是指科学在人类生活中的负面作用而导致的文化危机。在他看来，近代以来科学、特别是自然科学的凯歌猛进，造就了唯科学主义的观念和信念，以为任何问题只有被纳入到科学的轨道中才能真正得到解决，而当科学观念被实证主义者进一步简化为纯粹事实的科学后，现代人的整个世界观就被这种有关事实的科学观所支配，结果，人生的意义不仅在这种科学主义的强大声势中黯然无声，甚至人的问题也被排除在科学世界之外，导

[①] 埃德蒙德·胡塞尔（E. Edmund Husserl, 1859—1938），德国著名哲学家，现象学创始人，著有《作为严格的科学》、《关于纯粹现象学和现象学哲学观念》、《形式的与先验的逻辑》、《欧洲科学危机和超验现象学》等著作。

致了片面的科学理性和事实的客观性对人的统治。因此，这种科学危机，实质上是哲学的危机和人自身的危机。他在 1936 年出版的《欧洲科学危机和超验现象学》一书中说：

> 哲学的危机意味着作为哲学总体的分支的一切新时代的科学的危机，它是一种开始隐藏着，然后日渐显露出来的欧洲的人性本身的危机，这表现在欧洲人的文化生活的总体意义上，表现在他们的总体的"存在"上。①
> 实证科学正是在原则上排斥了一个在我们的不幸时代中，人面对生命攸关的根本变革所必须立即作出回答的问题：探问整个人生有无意义。②

胡塞尔认为，科学危机的根本性质就是科学与人的存在的分离，从而使科学失去了其应有的意义，甚至危害人类，使迷信实证科学的人们失去了意义和价值世界。为此，他大声疾呼"返回生活世界"，认为这是哲学家对人类所承担的真正的责任。胡塞尔提出的这一思想，是出于对当时欧洲社会危机的沉重反思③，并且也预感到更大的灾难即将降临。作为一个对人类负有责任的哲学家，他提出"返回生活世界"的口号，就是试图让哲学承担起使人类摆脱危机的崇高义务。

然而，尽管胡塞尔提出了"生活世界"的概念，但他并没有对这个概念做出明确的界定，而是轮换地使用"周围世界"、"日常生活世界"、"实践的周围世界"、"经验的直观世界"、"自然态度中的世界"等概念来说明"生活世界"思想中所包含的各种问题。在胡塞尔看来，近代以来的科学主义观念一直在强化人们的一种信念，即只有科学的世界或被科学所理解的世界才是真实的、客观的世界，而人们的日常

---

① 胡塞尔：《欧洲科学危机和超验现象学》，张庆雄译，上海译文出版社 1988 年版，第 13 页。
② 胡塞尔：《欧洲科学危机和超验现象学》，张庆雄译，上海译文出版社 1988 年版，第 6 页。
③ 胡塞尔目睹了第一次世界大战的浩劫，并在这次战争中痛失一爱子。战后德国作为战败国承担大量的战争赔款，使其经济陷入严重困境。而当德国经济稍有恢复，美国又爆发了大规模经济危机，并波及德国，使德国经济再次崩溃。德国的经济危机又引发了政治危机，纳粹势力逐渐嚣张起来，1933 年希特勒上台后，作为犹太人的胡塞尔处境十分困难，他被禁止在德国参加学术活动和发表任何作品。

生活世界则是充满错误的、主观的、不真实的世界。胡塞尔认为，事情恰恰相反，和科学世界相比，生活世界才是在先被给予的有效的世界：

> 生活世界始终是一个在先被给予的、始终在先存在着的有效世界，但这种有效不是处于某个意图、某个课题，不是根据某个普遍目的。每个目的都以生活世界为前提。①

也就是说，生活世界才是科学世界的前提和经验基础。因此，"返回生活世界"就是要说明科学理论和科学的世界是如何从"生活世界"中产生，就是要去发现和理解生活世界中被科学所遗弃或忽视的世俗现象，并由此说明"生活世界"的经验是如何可能的。

从其对"生活世界"的论述中，我们可以了解或体味到胡塞尔讲的"生活世界"的大致含义：它不是一个原始的自在的世界，而是一个人参与其中的世界；它不是主客体分离的科学世界，而是主客体和谐统一的世界；它不是体现着科学定律和符号的世界，而是有生动鲜活意义的整体世界；它是人们生活于其中的、可以被直接经验到的、体现着主体的生存价值的世界；它是直接给予我们的而不是以科学的理论为前提的，相反它是一切科学和哲学得以产生的前提。因此，一切科学和哲学都必须立足于"生活世界"，为"生活世界"的意义服务。

二、维特根斯坦：生活形式

奥地利哲学家、分析哲学奠基者之一维特根斯坦（Wittgenstein）②从另一个角度提出了有关生活世界的理论。

维特根斯坦早年把哲学归结为语言分析活动，认为哲学的任务就是使命题意义明晰，把能够说的表达清楚，而对于不能说的东西，则

---

① 转引自倪梁康：《现象学及其效应——胡塞尔与当代德国哲学》，生活·读书·新知三联书店1994年版，第135页。

② 路德维希·维特根斯坦（Ludwig Wittgenstein, 1889—1951），出生于奥地利，后入英国籍，20世纪著名的哲学家、数理逻辑学家和语言哲学家，分析哲学的主要代表人物之一，著有《逻辑哲学论》、《哲学研究》等著作。

要保持沉默。他的名言就是：

> 凡是能够说的事情，都能够说清楚，而凡是不能说的事情，就应该沉默。①

他在早期著作《逻辑哲学论》中认为，要使语言能够清晰地表达命题的意义，就必须建立一种科学语言或人工语言，并相应地建构一种数理逻辑体系，以便更好地构造人工语言。但是后来，他在科学语言的研究中逐渐发现自己犯了一个严重的错误，即没有看到语言的逻辑形式并不能保证语义的精确性，而语言的意义是由日常使用语言的人赋予的，也就是说，语言的意义在于使用。这样，他就放弃了人工语言的研究，转而研究日常语言，并提出了一个与胡塞尔"生活世界"概念相近的"生活形式"概念，指出生活形式是语言和实在的意义的来源，语言的真正意义只能呈现于丰富多彩的生活形式中。他在其后期著作《哲学研究》中明确地说：

> 想象一种语言就是想象一种生活形式。②

与胡塞尔一样，维特根斯坦也没有给自己提出的"生活形式"概念做出一个明确的定义。但从他的有关生活形式就是语言游戏的比喻中可以看出，维特根斯坦的生活形式就是指现实生活，即同胡塞尔的前科学、前逻辑、直接给予的生活世界一样，生活形式就是人们"必须接受的东西、给定的东西"。胡塞尔提出要从科学世界返回生活世界，维特根斯坦则通过回归生活形式，把语言从抽象的逻辑王国回归到日常生活中，因而他也是试图为陷入科学危机中的人文世界提供一个内在于生活世界中的意义世界，为被实证科学遗忘了的人的世界找到一条解放之路。

---

① 维特根斯坦：《逻辑哲学论》，郭英译，商务印书馆 1962 年版，第 20 页。
② 维特根斯坦：《哲学研究》，汤潮、范光棣译，生活·读书·新知三联书店 1992 年版，第 15 页。

三、哈贝马斯：系统与生活世界

当代著名德国哲学家尤尔根·哈贝马斯（Habermas）[①]是著名的法兰克福学派的第二代领袖人物。法兰克福学派以"社会批判理论"而著称于世。所谓社会批判理论，主要就是指对现代资本主义社会或现代社会的批判，或称对现代性（modernity）的批判。哈贝马斯就是从对当代资本主义的批判性研究中，阐发他的生活世界理论的。

哈贝马斯的生活世界理论是以他所创立的"交往行动理论"为基础的。受马克思社会交往理论的影响，哈贝马斯提出了"交往行动"（Communicative Action）概念。不过他与马克思不同，马克思是从物质生产活动出发，把交往活动首先理解为人们在物质生产活动中所发生的社会交往关系，即生产关系，并以此为基础阐释社会政治的、思想文化的交往关系。哈贝马斯则把交往活动从物质生产活动或劳动中独立出来，认为生产活动是以工具为媒介的目的性活动，而交往行动则是以符号为媒介的。所谓符号就是指各种社会规范（习俗、礼仪、习惯、道德、法律、语义象征物等等）。也就是说，交往行动是按照必须遵守的规范而进行的。而交往的目的是使参与交往的人们彼此间达到相互理解并达成共识，因此交往行动的媒介就是语言。在这方面，哈贝马斯吸收和借鉴了维特根斯坦后期关于语言意义的理论。维特根斯坦认为语言的意义在于使用，哈贝马斯则直接把语用学作为他的批判理论的基础，从而推动法兰克福学派的社会批判理论发生语言学转向，也就是语用学转向。

在交往行动理论的基础上，哈贝马斯提出了生活世界的理论。在这方面他又深受胡塞尔现象学的影响。他说："在交往行动中作为关系表现出来的生活世界的概念，应当按照现象学生活世界分析的线

[①] 尤尔根·哈贝马斯（Jurgen Habermas，1929—），当代德国著名哲学家、社会理论家，德国法兰克福学派的第二代代表人物，著有《公共领域的结构变化》、《历史唯物主义的重建》、《交往行动理论》、《认识和智趣》、《事实与价值》、《后现代哲学话语》、《合法性危机》等重要著作。

索。"① 他赞同胡塞尔的观点,认为生活世界具有直接经验性、自明性、直观性、前科学性和前逻辑性。同时,他又把生活世界理论建立在他的交往行动理论的基础上,从而认为生活世界又具有总体性和主体间性。所谓总体性,就是指生活世界是一种总体化的力量,个人既受制于这种总体化,又参与着这种总体化;而所谓主体间性,是指生活世界中的主体是在参与语言互动过程中形成的、具有语言能力和行为能力的主体,因而这种主体不是孤立、自足的。也就是说,主体之间互动的语言结构所建立起来的主体性是主体之间的,或具有主体间性,"一切称得上是主体性的东西,哪怕是还十分原始的自在存在,都是教化过程中语言媒介不断强迫个体化所造成的结果。"②

在创造性地吸收前人生活世界理论的基础上,哈贝马斯提出了自己的生活世界概念,他说:

> 生活世界仅仅是由文化传统和制度秩序以及社会化过程中出现的认同所构成的。……生活世界是日常交往实践的核心,它是由扎根在日常交往实践中的文化再生产、社会整合以及社会化相互作用的产物。③

这个生活世界有以下几个主要特点:(1)生活世界的主要因素是文化、社会和人格。(2)生活世界是我们日常交往实践活动的核心。(3)在生活世界中人们使用语言相互交流,人们这种行为目标是为了达成理解,并形成共识。生活世界是"达成理解的过程的集合",因此人们的行为必然要遵循一定的价值和意义,这当中也包含了以前时代的人们对于价值和意义的解释。

哈贝马斯进而把自己的生活世界概念用于对现代社会的批判,提出了"系统"与生活世界关系的理论。所谓的系统原来属于生活世界。在现代社会的形成过程中,经济和社会管理活动的复杂性大大增加,这些活动逐渐从人们的生活世界中独立出来,形成具有自己特定制度

---

① 哈贝马斯:《交往行动理论》,洪佩郁、蔺清译,重庆出版社1996年版,第165页。
② 哈贝马斯:《后形而上学思想》,曹卫东译,译林出版社2001年版,第26页。
③ 哈贝马斯:《后形而上学思想》,曹卫东译,译林出版社2001年版,第86页。

和运行规则的系统。系统是多种多样的，其中主要有经济系统和国家管理系统。这些系统和生活世界通过一些媒介进行联系，把生活世界作为自己的环境。经济系统和国家管理系统运作的媒介是货币和权力，主要机制是市场和科层制度，在这些系统中人们的行为指向成功，而不是指向理解。系统自身能够形成一定的使系统有序运行的整合力量，这种整合是针对系统的，但也影响生活世界。

哈贝马斯认为，在早期资本主义社会发展中，生活世界转向合理化，这是社会现代化的起始条件。在现代化过程中，货币和权力作为系统的媒介并未脱离生活世界，而是挂靠在生活世界中，通过各种途径对生活世界施加影响，用制定法律的手段将货币和权力制度化。当生活世界合理化达到了一定的程度的时候，经济系统和国家管理系统就逐渐分化出来，成为相对独立的系统，系统彼此之间形成互补关系，而后通过媒介和作为其环境的生活世界形成交换。在这个分化的水平上，现代社会产生了。随着资本主义现代化的发展，经济系统逐渐获得自己的增长动力，并且在整个社会中占据优先地位。这种优先地位对于生活世界产生重大影响，并形成压迫，要求生活世界适应自己。但是生活世界和系统所遵循的逻辑是不同的，各自具有在一定范围内保持秩序的整合力量。这样生活世界和系统之间就产生了脱离，相互之间产生了矛盾，而系统开始侵犯生活世界。

系统对于生活世界的侵犯表现为社会异化和社会危机的产生。最早的社会性经济危机是商业循环中的需求不足和商品过剩，后来表现为经济停滞、通货膨胀或者二者并存。这种危机产生的原因是，市场对于生活世界做出反应，必须通过货币这个媒介。如人的需求只有表现为有效的货币性的市场需求或者价格变化时，市场才会做出反应，人服从市场的规则，就是要服从货币的规则和交换的规则。而人在生活世界的交往中所奉行的相互理解和达成共识规则，在市场制度中不能实现，这样人的物化或者异化就产生了。另外，科层制度作为国家管理机制，要良好运转，从内部来看，需要以权力而不是语言作为媒介，需要解决的问题必须经过一定的程序进入权力系统，然后才有可能利用国家资源解决。仅仅具有语言能力和一般行为能力的人没有足够的货币和权力,无法或者不愿意对市场或者科层制度做出反应,这样社会的危机和人的异化就产生了,所谓经济秩序和管理秩序等就会遭到破坏。总之,货币、权力一类的媒介,应该具有自己的活动范围,在人的生活世界因其侵犯而不得不顺应但是又难以适应的时候,人的异化和社会危机就发生了,即"或者直接形成危机,或者形成生活世界的病态"。

所以,社会如果要形成良好的秩序,避免危机的发生和异化的蔓延,必须限制系统对生活世界的入侵,使得系统及其媒介在一定的范围内活动。要明确认识到,社会规范和秩序的基础是生活世界中的交往行为,这种行为以语言作为媒介,把追求理解、达成共识作为目的,最后能够形成合理的人际关系。这样才有助于危机和异化问题的解决。

四、哲学的理论思维与生活世界的关系

生活世界是哲学理论的发源地。尽管哲学采取了高度抽象的理论形态,因而看上去似乎远离了生活实际,但它本质上必然是深深地根植于现实生活的土壤中的,是对现实生活及其历史发展的深层本质的理论把握。无论是马克思的"感性世界"理论,还是胡塞尔、哈贝马斯的"生活世界"理论或维特根斯坦的"生活形式"理论,都是对生活世界本身所蕴涵的那些基本矛盾和基本问题的总体理解。

尽管哲学家们对生活世界的理解各不相同,但有一点是肯定的,即我们生活于其中的这个生活世界,不是纯粹意义上的"自然世界",也不是纯粹意义上的"精神世界",而是由人的生活实践创造出来的,从而是以人的生活实践及其历史发展为基础的感性世界。因而生活世界在本质上是实践的。我们在生活世界中看到的各种自然现象和社会现象都是在人与周围世界相互作用的实践中发生的。各门自然科学和社会科学对这些现象做出了分门别类的研究,为我们提供了关于这些现象的丰富的知识。然而,我们的生活实践以及以我们的生活实践为基础的生活世界本身是一个辩证的总体。所谓辩证的总体,就是说,

发生在生活世界中的任何现象、任何过程以及由这些现象和过程所引发的任何问题都不是各自孤立的,而是彼此相互关联、相互作用构成一个整体,并且,每一种现象、每一种过程或每一个问题具有什么样的性质或发挥什么样的作用,都只有在它与这个整体的关联中才能得到充分的理解。因此,如果我们要想从总体上把握我们的生活世界,就必然需要一种不囿于具体科学的学科视域,或者说能够超越学科界限的辩证的理论思维。只有哲学才能提供这种辩证的理论思维。正如恩格斯当年指出辩证法对自然科学的重要性时所说的那样:

> 对于现今的自然科学来说,辩证法恰好是最重要的思维形式,因为只有辩证法才为自然界中出现的发展过程,为各种普遍的联系,为从一个研究领域向另一个研究领域过渡,提供了模式,从而提供了说明方法。①

哲学的理论思维的重要性不仅在于把握作为总体的生活世界,更在于改变这个世界。马克思在 1845 年春天写下的《关于费尔巴哈的提纲》中有一句名言:

> 哲学家们只是用不同的方式解释世界,而问题在于改变世界。②

既然生活世界是以人们的生活实践为基础的,它就必然会随着人们的生活实践的发展而不断变化。这个变化是一个充满矛盾的发展过程。哲学的理论思维一方面要从总体上认识和把握这个过程中的各种矛盾和问题,另一方面则要通过对现实的这种理论把握探究人们改变世界所应具备的最基本的实践理念和价值准则。哲学的理论思维绝不仅仅满足于在"事实"的意义上说明这个世界,而必然要承担起推进和引导人类文明健康发展的重大责任。在这方面,马克思和恩格斯无疑是我们的榜样。他们并不像以往的哲学家们那样满足于构造一个形

---

① 《马克思恩格斯选集》第 4 卷,人民出版社 1995 年版,第 284 页。
② 《马克思恩格斯选集》第 1 卷,人民出版社 1995 年版,第 61 页。

而上的哲学理论体系，而是把哲学探索同对现实社会的批判研究紧密地结合在一起，同他们献身于其中的改变社会的革命实践联系在一起。正因为如此，他们创立的新的哲学理论，特别是他们创立的历史唯物主义理论，使我们能够深刻地感受到哲学与生活世界的内在联系。海德格尔曾高度赞扬马克思主义的历史观，认为马克思主义的历史观点要比其余的历史学优越，因为它"深入到历史的本质性的一度中去了"，并称，只有在此一度中才有可能、有资格和马克思主义交谈。①

哲学只有在自身与生活世界的相互作用中才能获得不断增长的活力，生活世界也只有在哲学的理论关照中，才能把自身的内在本质和跳动的脉搏呈现在人们的思想世界中。哲学不是哲学家手中的玩物，它是人们认识、把握和改变生活世界的思想利器。

本章思考题

1. 什么是"自然形成的社会"和"历史地形成的社会"？
2. 为什么说"社会生活在本质上是实践的"？
3. 什么是社会文化？怎样理解文化价值观念在社会发展中的作用？
4. 现代哲学中有关"生活世界"的理论有哪些基本的思想特征？
5. 怎样理解哲学理论思维与生活世界的关系？

---

① 《海德格尔选集》上卷，孙周兴译，上海三联书店1996年版，第383页。

第四章 认识论：追寻求知之路

哲学之所以以生活世界为基础，归根到底是由于人生存于生活世界之中，而哲学是人把握这个世界的基本方式。生活中，我们常用"人生在世"四个字来述说人的存在和人生的意义，实际上"人生"的基本存在状态用德国哲学家海德格尔的话说就是"在世"，即"在世界之中"。既然生存于世界之中，人就不是一个孤立的、单独的存在物，而是必然要同周围世界中各种各样的人、各种各样的事物打交道。因此，要成功地生活在世界中并成功地创造自己的人生，就必须成功地获得对生活世界中各种事物的知识。亚里士多德之所以称"求知是人类的本性"，说到底，就是因为求知是人的最基本的生存方式。人从孩童时代起就总是在自觉或不自觉地探索他生活于其中的世界，追问那些令他感到惊异的事情，这在我们日常的生活中被称之为"求知欲"。无论是个体的生命历程还是整个人类文明的发展靠的就是这种"求知欲"。

求知是人类的本性，然而求知的路途又是如此曲折坎坷。既求知，就要求得真知，即获得真理性的知识，但在人类的求知过程中，受到各种主观因素和客观因素的影响和制约，真理的获得不仅艰难曲折，而且漫长久远，以至于古希腊哲学家德谟克利特发出这样的感慨："只找到一个原因的解释，也比成为波斯人的王还好。"面对求知的困境，人类的求知欲不仅指向生活世界中的种种事物，而且也指向了"求知"本身，亦即对求知本身进行反思，探究人类能否以及如何获得真理性知识，追问人类获得知识的方法或途径。这种对求知本身的探索，在哲学上就是认识论（Epistemology）或知识论（The Theory of

Knowledge）的工作。

求知是一种探索，对求知本身的追问同样是一种探索。1693年，英国哲学家洛克出版了《人类理解论》，该书是认识论研究的第一部专著。1854年，英国哲学家费雷（I.E. Fernier）在其《形而上学基构》（*Institutes of Metaphysics*）一书中明确地提出"认识论"（Epistemology）一词，并将认识论与本体论（Ontology）并作哲学的基础学问。从词源上看，"Epistemology"由两个词合并构成。一个是"episteme"，一个是"logos"。前者有"学识"、"智能"等含义，后者则有"理论"、"言辞"、"论述"与"理性"等含义，侧重于指称一种与神话或象征性叙事相区别的言说方式，或者说是指一种逻辑严谨的理论。两个词的合成就是说，认识论是关于知识本身的一种理论，或者说，是探讨人们如何获取知识的理论学说。

由于人的求知过程或认识过程是相当复杂的，因而哲学认识论所要探讨的问题也是繁复多样的。在这里，我们沿着哲学认识论的历史发展线索，将认识论的基本问题概括为如下三个方面：（1）认识的本质和来源问题；（2）人的认识如何可能的问题；（3）检验认识的标准问题，或真理的标准问题。哲学认识论的这三个方面的基本问题当然没有囊括认识论问题的全部，但从这三方面问题中，我们大致可以了解哲学认识论所研究的究竟是什么及其是如何被哲学家们研究的。历史上的哲学家们不断地对认识论的这些基本问题提出自己的看法，他们的工作自觉或者不自觉地推动了认识论沿着某条道路发展下来。

第一节 认识的本质及其来源

人何以能够获得关于外部世界的种种知识，这的确是一个值得人们深思的问题。我们人类的祖先事实上很早就接触到这个问题。只不过在原始的宗教文化中，认识的来源问题连同对梦境和情感的解释一并被归为"灵魂"问题而获得超自然的神秘理解，如神灵感应、上天启示等等。当哲学文化逐渐地从原始宗教文化中脱胎出来以后，哲人们便开始用一种理性的眼光看待世界，追究世界的"本原"，以破除原始文化留给人们对世界的神秘理解。随着这种理性探讨的不断深入，认识的来源问题也逐渐地进入到哲学家的视野中，而有关认识来源的最初的哲学探讨也同样明显地包含着打破神秘主义的努力。

一、古希腊哲学中关于认识来源的朴素观念

1. 恩培多克勒和德谟克利特：流射说和影像论

对认识来源的探讨最早出现在公元前5世纪古希腊的自然哲学中。主张用"水"、"火"、"土"、"气"四种元素的结合与分离来解释万物生成变化的哲学家恩培多克勒（Empedocles）①，提出了著名的"流射说"。他认为，人之所以能够认识事物，就在于人和万物一样都是由四种元素构成，因而"同类相知"。例如，人的眼睛里有水，也有热度（火），眼睛的水同外部的水相接触就形成了水的感觉。其他感觉也是一样，凭土而知土，凭气而知气。外界物体不断地流射出微小的粒子（元素），这些微粒通过人的感官中的孔道，同人自身流射出的微粒相接触，从而产生各种感觉。由于每个感官有着不同的"孔道"，有的宽，有的窄，因此有些流射粒子可以通过，有些则不能通过，换句话说，每个感官只能接受那些与自身孔道相符合的流射粒子。因此，每个感官所能感受的东西是不同的，例如视觉只能依赖看，听觉只能依赖听，味觉只能依赖品尝，等等。

在恩培多克勒之后，原子论学说最著名的代表人物德谟克利特（Democritus）②从他的原子论出发进一步发展了"流射说"。他把被

---

① 恩培多克勒（Empedocles，前490—前430），生于西西里阿克拉噶斯（今阿格里琴托），古希腊早期著名的自然哲学家。他认为世界的本原是水、火、土、气四种元素，这四种元素因"爱"而相互结合，又因"恨"（斗争）而相互分离，由此解释万物的生成与变化。

② 德谟克利特（Democritus，前460—前370），古希腊属地阿布德拉人，著名的自然哲学家，古代原子论的创始人之一。他认为，万物的本原是原子和虚空，原子在虚空中的运动构成了万物生成变化的原因。

感知的物体表面发出的流射物更准确地称之为"影像"。影像从物体飞出,透过空气,传到人的感官。感官之所以能够接收影像,是因为感官具有大小不同的孔道,外物的影像如果与感官的孔道相合,就能产生关于外物的感觉,如果不合就不能接受影像,也就无从感知。在德谟克利特看来,人的灵魂其实是人认识世界的工具。而灵魂与外界事物一样都是由原子构成的,分为感觉和理智两个部分。人的所有认识的来源都是由外界物体所流射出的原子对身体的作用,刺激了身体中的灵魂原子而产生的。

"流射说"和"影像论"都是对认识来源的最朴素的猜测和界说,从现在看来,没有多少科学依据。但不能否认,这两种说法都力图将认识的来源归因于自然,而排除人们久已习惯了的对人的精神活动或灵魂的超自然解释。这可以说是哲学向常识挑战的最典型的例证。当然二者的缺陷也是十分明显的。当流射说和影像论把人的感觉看成是外物的流射物进入人的感官时,也就在实际上把人对外物的认识等同于外物,或者说把精神的东西归结为物质的东西,这就不能真正说明人的认识、知识或精神活动的真实性质。

2. 柏拉图与亚里士多德:回忆说和蜡块说

柏拉图(Plato)①是古希腊著名的理念论哲学家。他注意到,人们的观念是由各种各样的理念所构成的。理念作为事物的"共相"当然是指称一定的具体事物,但理念与具体事物是不同的。具体事物是有生有灭的,而关于事物的理念是不会随着具体事物的生灭而生灭的。例如,具体的桌子早晚都会变成一堆朽木,但"桌子"的理念却永远不会消失。也就是说,具体事物是相对的、有限的、暂时的,理念则是绝对的、无限的、永恒的。然而,在现实世界中,人们能够看到的或感受到的事物都是具体的、有限的、暂时的,而人们的头脑中为什么会有绝对的、永恒的、无限的理念呢?显然,这是流射说和影

---

① 柏拉图(Plato,前427—前347),古希腊雅典著名哲学家,客观唯心主义学说理念论的创立者,认为理念是真正的实体,而感性的事物不过是对理念的模仿或分有。著有《巴曼尼得斯篇》、《理想国》、《智者篇》、《法律篇》、《政治家篇》等著名著作。

像论不能解释的。为了说明这个问题，柏拉图在他的理念论哲学中设定了两个世界，一个是可知的世界，一个是可见的世界。前者是由理念所构成的世界，是不生不灭、永恒、绝对的世界，后者则是由具体事物构成的世界，是相对的、暂时的、有限的世界。可见世界中的具体事物是由理念派生出来的，是对理念的"模仿"或"分有"。接下来，柏拉图借助"灵魂不死"的观念来说明人的认识的来源。他认为，人在出生之前，也就是灵魂和肉体结合之前，灵魂存在于理念世界中，非常熟悉各种理念的知识。但是在人出生后，灵魂便与肉体相结合，并受到肉体的制约。人为了满足肉体的欲望四处奔忙，结果把关于理念的知识忘掉了。但是，如果一个人受到了良好的教育和指引，克制自己的欲望，还是能够重新获得理念的知识。因为，他所接触到的具体事物都是对理念的模仿，只要他一心追求智慧，就可以通过对具体事物的考察将理念回忆起来。因此，在柏拉图看来，理念的知识即关于事物的"共相"的普遍性、必然性的知识，原本是人的心灵所固有的，只不过由于现世生活中人们对满足感性欲望的不歇止的追求，使这些知识被遮蔽起来，因而学习或获得这些知识的过程就是一个回忆的过程。这就是柏拉图著名的"回忆说"。

柏拉图的回忆说，看起来十分荒唐，但它确实显示出人类知识的内在矛盾，即"共相"与"实在"的矛盾，或者说普遍的、必然的观念形式与具体的、相对的经验内容的矛盾。当然，用回忆说来解决这个矛盾是相当不成功的，这不仅是因为它必须借助灵魂不死这个神秘观念，而且它也不能很好地解释人的认识能力的差距。例如同样都是在回忆，为什么有的人——如哲人——就能达到对理念的完整理解，获得真理性的知识，而有的人则始终沉溺在"意见"或不确切的知识中不能自拔。柏拉图晚年似乎也意识到这个问题的存在，并提出"蜡块说"对"回忆说"进行补正。他说："假设我们心灵中有块腊[蜡]版，或较大较小，或较刚较柔，或各方面适宜。"①人所感知到东西被印在蜡块上，因而可以"回忆"起它，有些印得很好，有的则印得不

---

① 柏拉图：《泰阿泰德篇》，《泰阿泰德·智术之师》，严群译，商务印书馆1963年版，第88页。

好，所以人的知识就有了很大差别。他的这一比喻，确实强调了感性经验的重要性，多少冲淡了"回忆说"所具有的超验性。但是，由于柏拉图将人心中的这个蜡块视为希腊神话中的记忆女神谟涅谟西涅（Mnemosyne）的礼物，因此"蜡块说"并没有排斥"回忆说"，而是将人的认识看成是一个由感性世界的刺激与对固有理念的回忆共同构成的过程。

到了柏拉图的学生亚里士多德那里，对于认识来源的理解又发生了很大的变化。亚里士多德比较充分地吸收了他之前希腊哲学的发展成果，堪称古希腊哲学的集大成者。他从柏拉图手中接过来"蜡块说"，但对之进行了比较彻底的改造，剔除了其中"回忆说"的成分，使之更加接近反映论。他说：

> "感官"是指这样一种东西，它能够撇开事物的质料而接纳可感觉的形式。这正像一块蜡接纳图章的印迹而撇开它的铁或金子。①

在这里，他把感觉比较巧妙地理解为对事物的可感知形式的接纳，这就在很大程度上克服了流射说和影像论把认识完全等同于认识对象的缺陷。但进一步的问题是，如果我们的感官只能接纳事物的可感知的形式，那么我们又如何获得关于事物的内容的知识呢？亚里士多德回答说，在蜡块上所能留下的仅仅是被印制的对象的"图形"，当我们看到一座大楼，首先感觉到的，也就是首先被印到我们的蜡块上的，只能是这座大楼的形状，如它是一个普遍的"立方体"，但这一"意见"还仅仅是一种"形式"上的认知，至于对这座大楼的内容的认知，还需要人所特有的记忆功能，将各种被蜡块所印下的痕迹反复地回忆，积累成为某种经验，从而产生一种最初的"认识"。例如，当我们看过许多大楼之后，这些大楼就会在我们的心灵中留下许多印迹，通过对这些大楼印迹的反复回忆，去除那些偶然的、个性的特征，就会获得有关大楼的一般形式的认识，这样，只要我们看到某个建筑

---

① 亚里士多德：《论灵魂》，《西方哲学原著选读》上卷，商务印书馆1982年版，第149页。

物符合大楼的这个一般形式,我们就毫不犹豫地称这个建筑物为"大楼"。当然,这种认识虽然具有一定的普遍性,但它是否在任何时候,对于任何人都具有普遍性,也就说它是否具有普遍必然性,还需要一个更高层次的认知能力,亚里士多德在他的灵魂学说中设定了人所具有的这种最高级的认识能力——"努斯"(nous),即心智,或者说就是人的理性。这种理性认知功能,能够对那些普遍的经验再进行一种审视,从中获得关于对象的本质的认知,即将这个认识最后用概念和判断的形式表述出来,如获得关于"大楼"的定义。

二、近代经验论与唯理论的分歧

古希腊哲学中关于认识来源的探讨已经显示出认识论中的一个矛盾,即我们的任何认识都具有感性的、经验的内容,同时又具有普遍的、必然的形式。感性的、经验的内容,我们可以通过观察获得,但我们的知识又何以具有普遍的、必然的形式?或者说我们心灵中那些普遍的、必然的知识又是如何获得的呢?对于这个问题,显然"回忆说"和"蜡块说"都不能给予合理的解释。柏拉图借助灵魂不死的观念传达的不过是一种神秘主义的虚幻理解,亚里士多德提出的"努斯"说希图诉之于人的理性能力,但这种理性能力又是怎样产生、怎样起作用的呢?这些问题的存在为欧洲宗教神学的信仰主义留下了地盘。古罗马晚期宗教哲学家奥古斯丁声称真理的知识只能来自于上帝,是上帝的启示,因此真理性的知识必须通过信仰才能获得,只有先信仰,而后才能获得真理,信仰是高于理性的。哲学或理性的最重要的任务就是论证上帝的存在,论证信仰的合理性。中世纪著名宗教哲学家托马斯·阿奎那承认人的认识的目的在于达到普遍的、必然的知识,这种知识是人的理智能力从感觉经验中抽象出来的。但他认为人的这种理智能力是上帝在我们心灵中创造的"理智之光",由于有了这个理智之光,我们才能从个别的知识中抽象出普遍必然的真理。宗教哲学的这种信仰主义和神秘主义使中世纪的宗教哲学陷于对"上帝存在"和宗教教条的繁琐论证,甚至完全脱离生活经验去争论"天堂里的玫瑰花是否有刺"，"一个针尖上能站几个天使"这样的无聊问题。这就是所谓的"经院哲学"。直到中世纪末期，认识论的问题才重新进入哲学家的理性思索中。

1. 笛卡尔和培根：唯理论与经验论的奠基

认识论问题是欧洲近代哲学的主题。而把这个主题清晰地阐释出来并加以系统的论证则首先归功于法国哲学家笛卡尔和英国哲学家培根。他们二人分别成为欧洲近代唯理论和经验论的奠基者。

（1）笛卡尔：我思故我在

笛卡尔（Descartes）[①]非常厌恶经院哲学，斥责它是"毁坏了人们的良知"的"伪科学"。他认为，要想获得普遍性、必然性的真理，首先必须在头脑中清除经院哲学给人们带来的种种混乱的观念。清除的办法就是普遍怀疑，也就是将头脑中的那些观念放到理性思维中加以质疑。用他的话说："要想追求真理，我们必须在一生中尽可能地把所有事物都来怀疑一次。"[②]用这种普遍怀疑的方法，把一切可疑的东西从思想中清除出去，看看最后是否能剩下某种不可怀疑的东西，即"任何一种看法，只要我能够想象到有一点可疑之处，就应该把它当作绝对虚假的抛掉，看看这样清洗之后我心里是不是还剩下一点东西完全无可怀疑。"[③]既然感官有时会欺骗我们，我们就宁可怀疑感官所提供给我们的东西，既然推理有时会出现错误，我们就宁可怀疑推理得出的结论，我甚至可以怀疑，我是否有着身体，我是否处在某个地方等等，总之一切都是可以怀疑的。经过这番怀疑，把一切可疑的东西都清理出去，那就只剩下唯一的不可怀疑的东西，即"我在怀疑"。"我在怀疑"说明"我在思考"，而"我在思考"说明有一个思考着的"我"的存在，这就是"我思故我在"（Cogito, ergo sum; I think,

---

[①] 勒内·笛卡尔（Rene Descartes，1596—1650），17世纪法国著名哲学家、数学家和科学家。他被认为是欧洲近代理性主义哲学的奠基人，其著名的哲学著作有《形而上学的沉思》、《谈谈方法》、《哲学原理》等。

[②] 笛卡尔：《哲学原理》，关琪桐译，商务印书馆1958年版，第1页。

[③] 笛卡尔：《谈谈方法》，王太庆译，商务印书馆2000年版，第26页。

therefore I am）。这个"我"不是指我的形体，而是一个纯粹的精神实体，它不需要地点，也不依赖任何物质性的东西。它是绝对自明的主体，是一切观念的基础和前提。这样，笛卡尔就把"我思故我在"确立为他的哲学的"第一原理"。他说：

> 我发现"我想，所以我是"这条真理是十分确实、十分可靠的，怀疑派的任何一条最狂妄的假定都不能使它发生动摇，所以我毫不犹豫地予以采纳，作为我所寻求的那种哲学的第一条原理。①

笛卡尔有理由这样自信，因为这个命题的确达到了无可怀疑的程度。即便我可以怀疑"我在怀疑"，但是"我怀疑我在怀疑"，恰恰却证明了怀疑本身。

从这个第一原理出发，他又推出了第二原理，即上帝的存在。他认为，我在怀疑，说明我知识不足，我知识不足说明我不完满，而我之所以知道自己知识不完满，表明在我的心中有一个无限完满的理念，这就是上帝。从第二原理中又推出了第三原理，即物质世界的存在。上帝是无限完满的，因而上帝不会欺骗我们。我们的认识能力是上帝赋予的，凭着这个认识能力我清楚明白地感受到、认识到有一个物质世界，这个物质世界就必定存在。可以看出，笛卡尔完全是从"我思"，也就是从人的内在的理性思维中探究普遍性、必然性真理的依据。

尽管笛卡尔的上述论证依然带有信仰主义的影子，但他的确奠定了理性主义的原则和方法，其意义十分重大。首先它在欧洲哲学中确立了理性主义精神和普遍怀疑的方法，追求认识的明晰化。其次，他提出了获得普遍必然知识的方法，即理性直觉和必然演绎的方法。这个方法来自于他对几何学的理解。几何学中包含着不言自明的几何公理，这些公理不能被论证，因而是来自理性直觉。笛卡尔也把这种来自理性直觉的知识称之为"天赋观念"。从这些公理或观念出发经过逻辑演绎，形成了几何学各种普遍必然的定理。笛卡尔认为，这种理

---

① 笛卡尔：《谈谈方法》，王太庆译，商务印书馆2000年版，第27页。

性直觉和必然演绎是获得确实性知识的唯一途径。最后，他确立了认识论的主体性原则。认为"我思"中的"我"是独立的，不仅独立于物质世界，甚至独立于自己的身体。这个"我"同时是自由的，是一种自由意志，"可以任意来同意或不同意"。这些思想对之后的欧洲哲学产生了极为深刻的影响。

（2）培根：蚂蚁·蜘蛛·蜜蜂

英国近代哲学家弗兰西斯·培根（Bacon）①也是从批判经院哲学开始阐述他的认识论思想的。他曾提出著名的"四假相"②说揭露经院哲学给人的思想带来的禁锢。但他同时也反对笛卡尔的仅仅从思维中演绎出普遍性知识的观点。他认为，人的一切知识都从感官的原始感觉开始，他说："人若非想着发狂，则一切自然的知识都应求之于感官。"③所以感觉经验是一切科学知识的基础，而且他特别强调科学实验在认识中的作用，认为科学实验能够克服感性直观的不足，获得更可靠的感性经验。由此他提出："科学在人的心目中的价值也必须由他的实践来决定。"他不否认理性认识的重要性，但他反对理性主义，强调用经验对理性加以限制，如他所说："决不能给理智加上翅膀，而毋宁给它挂上重的东西，使它不会跳跃和飞翔。"④他认为，只有把感性和理性结合起来，才能形成科学的知识。他用了一个生动的比喻来说明这个观点：

> 历来研究科学的人或者是经验主义者，或者是独断主义者，经验主义者好像蚂蚁，他们只是收集起来使用。理性主义者好像蜘蛛，他们从他们自己把网子造出来。但是蜜蜂则

---

① 弗兰西斯·培根（Francis Bacon，1561—1626），16—17世纪英国著名哲学家，欧洲近代经验论哲学的奠基者。主要著作有《新工具》、《论事物的本性》、《各家哲学的批判》等。

② 培根的"四假相"就是指人们思想中妨碍人们认识真理的各种幻想和偏见，包括："种族假相"，即人依照自己的天性以自己的主观感觉为尺度形成的认识；"洞穴假相"，即人从自身狭小的生活经验中形成的认识；"市场假相"，即在交往中由于用词错误和不严格带来的假相；"剧场假相"，即由于盲目崇拜各种传统的哲学体系和权威而造成的种种偏见。

③ 培根：《新工具》，商务印书馆1935年版，第22页。

④ 转引自《十六—十八世纪西欧各国哲学》，商务印书馆1975年版，第44页。

采取一种中间的道路。它从花园和田野里面的花采集材料，但是用它自己的一种力量来改变和消化这种材料。真正的哲学工作也正是这样。①

培根也反对唯理论哲学仅仅依靠逻辑演绎来形成知识的方法。他认为以亚里士多德为代表的"三段论"的演绎法是一种以不同命题间内在的逻辑关系来推演结论的方法，与经验事实无关，其结论不会超出大前提所设定的范围，因而不能真正地扩展知识。要扩展知识就必须依靠感性经验，从感性经验中获得普遍的、一般的知识。为此，他在逻辑上第一次创立了"归纳法"，即从个别上升到一般的方法。他认为，普遍性的、一般性的知识无非是来自对感觉经验的归纳和概括。

2. 洛克和莱布尼茨：是"白纸"还是"大理石的纹路"？

笛卡尔和培根奠定了欧洲近代哲学中唯理论和经验论两大传统思潮。这两大思潮之间展开了旷日持久的争论。其中，洛克与莱布尼茨之间的论争是最具代表性的，他们分别把经验论和唯理论进一步明确化、系统化。

（1）洛克：我们的心灵是一张白纸

英国哲学家约翰·洛克（Locke）②在他的名作《人类理解论》中以非常鲜明的态度阐明了经验论的基本命题：

> 我们的全部知识是建立在经验上面的；知识归根到底都是导源于经验的。③

为此，在认识的来源上，他坚决反对笛卡尔的"天赋观念论"，并针锋相对地提出了"白纸说"：

> 心灵像我们所说的那样，是一张白纸，上面没有任何记

---

① 培根：《新工具》，《十六—十八世纪西欧各国哲学》，商务印书馆1975年版，第40—41页。
② 约翰·洛克（John Locke, 1632—1704），17世纪英国著名的经验论哲学家，他通过观念论的研究，将经验哲学系统化。主要著作有《人类理解论》、《政府论》、《关于教育的思想》等。
③ 洛克：《人类理解论》，关文运译，商务印书馆1959年版，第54页。

号，没有任何观念。心灵是怎样得到这些观念的呢？……它是从哪里得到理性和知识的全部材料的呢？我用一句话来答复这个问题：是从经验得来的。①

把心灵比作一张任经验来画画的白纸，原本空无一物，这的确是对经验论最形象的说明。

（2）莱布尼茨：我们的心灵是有纹路的大理石

唯理论也有一位将理论形象化的哲学家，他就是莱布尼茨（Leibniz）②。他的单子理论本身就是一个形象的比喻。他想象世界是由不同的单子构成的。每个单子都是孤立的、封闭的，自身没有通向外部世界的"窗口"。从这个"单子论"出发，莱布尼茨针锋相对地反对洛克的"白纸说"，亦即反对洛克关于认识起源于经验的观点，而旗帜鲜明地主张笛卡尔的"天赋观念论"。他说："我一向是并且现在仍然是赞成有笛卡尔先生所曾主张的对于上帝的天赋观念，并且因此也认为有其他一些不能来自感觉的天赋观念。"③他认为，人的肉体与精神同样也是由单子构成的。人类之所以有知识就在于外界的知识都已经预先存在于单子中了，说单子本身没有窗户就是说人并不是依靠感觉经验而获得真理性的知识。据此，他把笛卡尔的"天赋观念论"做了更为彻底的发挥。笛卡尔认为人的心灵中只有某些观念是天赋的（如几何公理），莱布尼茨则认为一切必然性、普遍性的观念都是天赋的。他说：

> 我甚至认为我们灵魂的一切思想和行动都是来自它自己内部，而不能是由感觉给予它的。④

不过，莱布尼茨并没有完全否认感觉经验的作用。在他看来，人的心灵并不像洛克所说的那样是一张"白纸"，而是"原来就包含着

---

① 《西方哲学原著选读》上卷，商务印书馆1981年版，第450页。
② 戈特弗里德·莱布尼茨（Gottfried Leibniz，1646—1716），17—18世纪德国著名的理性主义哲学家、数学家和科学家，主要哲学著作有《单子论》、《人类理智新论》等。
③ 莱布尼茨：《人类理智新论》上册，陈修斋译，商务印书馆1982年版，第36页。
④ 莱布尼茨：《人类理智新论》上册，陈修斋译，商务印书馆1982年版，第36页。

一些概念和学说的原则",也不像笛卡尔说的那样,这些概念和原则在人的心灵中原本就是清楚明白的,而只是作为一种自然禀赋潜在于人的心灵之中,只有经过感觉的唤醒,它们才逐渐清楚明白起来。他写道:

> 观念和真理是作为倾向、禀赋、习性或自然的潜在能力而天赋在我们心中,并不是作为现实作用而天赋在我们心中的。①
>
> 但是只要凭感觉所提供的机缘,集中注意力,就足可以在我们心中发现这些原则。②

基于这种理解,莱布尼茨把人的心灵比作一块有纹路的大理石,未来的雕像的形象已经潜存于固有的纹路之中,但只有经过雕琢才能成为雕像。由此可见,莱布尼茨的天赋观念论更像柏拉图的理念论。在这个意义上,莱布尼茨多少还是注意到了经验论哲学的某些合理之处。他认为,人类的知识是由两方面因素构成的,一是先天的理性因素,一是后天的感性因素,并认为感觉对于我们一切现实认识都是必要的。但他认为,感觉不能给我们提供全部的知识,而只能提供一些事例,也就是提供一些特殊的、个别的真理,"然而印证一个一般真理的全部例子,尽管数目很多,也不足以建立这个真理的普遍必然性。"例如,我们在经验中发现一万只天鹅是白的,但却不能由此论断第一万零一只天鹅也是白的,更不能证明所有的天鹅都是白的。可见,莱布尼茨的确抓住了经验论的一个致命的弱点,即归纳证明的不完全性。为此,莱布尼茨认为:"只有理性能建立可靠的规律。"③

从欧洲近代经验论和唯理论之争,我们可以看出,这两大学派或

---

① 莱布尼茨:《人类理智新论》,《十六—十八世纪西欧各国哲学》,商务印书馆 1975 年版,第 505 页。

② 莱布尼茨:《人类理智新论》,《十六—十八世纪西欧各国哲学》,商务印书馆 1975 年版,第 503 页。

③ 莱布尼茨:《人类理智新论》,《十六—十八世纪西欧各国哲学》,商务印书馆 1975 年版,第 504 页。

两大思潮的争论实际上已经把人类的认识能否以及怎样把握客观对象的问题突出出来了。经验论反对唯理论仅仅从演绎推理中获得真理性知识的观念，认为演绎推理尽管具有必然性、普遍性，但却不能扩展知识，因为，在演绎推论中，结论已经包含在前提中了，并没有产生新的东西。经验论主张一切知识，包括作为推理前提的知识，均应来自于感性经验。但是很明显，经验论无法说明我们的知识何以具有普遍性和必然性。尽管培根建立了归纳逻辑，似乎找到了从个别上升为一般的理性方法，但归纳推理却无法证明我们的知识中那些具有普遍性和必然性的命题。唯理论强调真正具有真理性的知识是那些具有普遍性和必然性的知识，但其论证归根到底是以演绎推理的逻辑性质为根据，这就是它同样不能确切地说明我们借以进行演绎推理的那些普遍性、必然性命题（全称命题）是如何产生的。在否认这些命题来自于经验的前提下，就只能诉之于"直觉"、"启示"、"天赋"或"心灵固有"这样一些说法，这就不免陷入神秘主义。

第二节 认识的可能性及其论证

唯理论和经验论两大学派争论所围绕的一个重要问题就是我们的知识，特别是那些具有普遍性、必然性的知识，归根到底是来自于感性经验，还是来自于思维本身。一般来说，我们关于事物的知识总是具有两个方面的因素，一方面具有感性的、经验的内容，另一方面具有普遍的、必然的形式。例如，当我们感受到"太阳晒"，又感受到"石头热"的时候，我们会说："由于太阳晒，所以石头热"，也就是确认在太阳晒和石头热之间存在着因果联系。但问题是，你在感觉中可以感受到太阳晒，也可以感受到石头热，但作为把"太阳晒"和"石头热"结合起来的因果联系却不是你在感觉中可以感受到的。因果联系是一个普遍的、必然的命题，如果它来自经验，何以证明它的普遍性、必然性？如果它没有出现在你的感觉中，那么它来自何方呢？如果在我们的知识中包含着不是来自经验的成分，那么我们的知识是对经验对象的客观把握吗？进一步说，我们到底能不能客观地把握经验对象？这就是所谓认识的可能性问题。

认识何以可能的问题是人对自身认知能力的一次反思。这个问题的提出，体现出哲学认识论与科学认识论的区别。在科学认识中，作为认识对象的感性世界和感性对象的存在是毋庸置疑的，人们感知、认识到这个感性世界的能力也是毋庸置疑的，人们所获得的关于客观世界和客观事物的知识就是对客观世界和客观对象本身的知识。因此，在很长一段历史时期中，科学家毫不怀疑认识的可能性。但哲学作为一种"反思"却从一开始就要求对这些"毋庸置疑"的东西提出质疑。在人的意识之外是否存在着一个客观的感性世界？人们的认识能否切中这些客观存在？我们已经获得的知识能否说是对客观世界、客观对象自身的把握？等等。对这样的问题的各种回应可以大体被归纳为两条不同的路径，其一为独断论（Dogmatism），它肯定人的认识能力，相信人的智慧终究能够达到对"事物本身"的真理性认识，从而达到思维与存在的统一；其二为怀疑论（Scepticism），始终对于人的认识能力抱有质疑态度，强调人的认识能力是有限的，无法达到对所谓"事物本身"的认识，认为在人的主观能力与作为客观对象的事物之间存在着无法弥合的鸿沟。

一、古代哲学中的独断论与怀疑论

"独断论"和"怀疑论"都是含义宽泛的范畴，横跨了从古希腊到近代哲学发展的各个阶段，同时又囊括了从古至今的各种哲学思潮和学派。在古希腊哲学鼎盛时期，"独断论"一直占据主导地位，无论是以赫拉克利特、德谟克利特为代表的自然哲学，还是以巴门尼德、柏拉图为代表的形而上学，都确信有关世界万物和宇宙整体的真理是可以为人的理性所把握的，问题只在于找到并学会使用那通达真理的"哲人之石"。这种独断论充分表现出古代哲人对人类理性的自信。只是到了古希腊晚期，随着哲人们对人类认识活动的不断反思，更因为受古希腊晚期社会变动的影响，怀疑论哲学才初见端倪，并开启出一条相对于独断论的、立场鲜明的理论路线。

1. 古希腊哲学中的独断论观念

自然哲学是希腊哲学的开端。说古希腊的自然哲学具有独断论的特征，不是说早期的自然哲学家有着十分清醒的独断论意识，而是说他们从来就不怀疑人的理性有能力把握那些作为世界的"本原"、"始基"或"本质"的真理。

（1）赫拉克利特的"逻各斯"真理观

在这方面，古希腊哲学家赫拉克利特堪称典型的代表。他用"火"来解释世界的本原或始基，认为：

> 这个世界，对于一切存在物都是一样的，它不是任何神所创造的，也不是任何人所创造的；它过去、现在、未来永远是一团永恒的活火，在一定分寸上燃烧，在一定分寸上熄灭。①

世界万物作为"活火"是处在不断运转、不断变化的过程中的，这种运转和变化不是杂乱无章的，而是有"分寸"的或"有规律"的，他把这个"分寸"或"规律"称之为"逻各斯"。他相信，"逻各斯"存在于宇宙万物的运动变化之中，因而无所不在；"逻各斯"也存在于人的一切活动之中，因而为"人所共有"。他把"逻各斯"也称为"驾驭一切的思想"，而人的最高的智慧就在于认识和把握"逻各斯"。不过，对于"逻各斯"，只凭感性经验是不能把握的，只有思想、智慧才能"说出真理，并且按照自然行事，听自然的命令"。使他感到愤愤不平的是，人们对这个"无所不在"、"人人共有"且"指导一切"的"逻各斯"竟然茫然无知。为此，他宁可和孩子们一起玩游戏，也不愿同那些自以为把握了"真理"的成年人交往共事。②在赫拉克利特之后，自然哲学中原子论学派的著名代表人物德谟克利特同样相信

---

① 《西方哲学原著选读》上卷，商务印书馆1981年版，第21页。
② 据说，赫拉克利特经常隐居在狩猎女神的庙宇附近，和小孩们玩骰子。埃菲斯人挤着来看他，他向他们说："无赖！有什么值得大惊小怪！这岂不比和你们一起搞政治更正当吗？"

人的理性是可以把握世界的本原和万物运动变化的规律的。他认为世界的本原就是"原子"和"虚空",万事万物均是由"原子在虚空中的运动"所构成,而万物运动的普遍规律,就是存在于这种运动中的因果必然性。他也同样认为,对于世界的本原和规律,只靠感性认识是不够的,因为感性知觉具有不确定性,具有约定的性质,只能提供"暧昧的知识",只有理性认识才能把握感官知觉觉察不到的原子和虚空。所以他说:"只要找到一个原因的解释,也比成为波斯人的王还要好。"①

(2) 巴门尼德:思维和存在是同一的

与自然哲学不同,古希腊的形而上学从思维和存在的关系中探讨和论证世界的本质以及人的理性把握世界本质的能力。这种探讨开始于古希腊爱利亚学派的代表人物巴门尼德(Parmenides)②。巴门尼德是古希腊哲学历史上第一个真正意义上的哲学家,因此正是从他开始,哲学真正脱离了对一些具体事物的纠缠,进入到了一个完全抽象的层面,即探讨万物作为"存在者",它们的"存在"是怎么一回事,这种"存在"又是如何被把握的。

巴门尼德认为,从直接当下的感性事物中寻找万物的本原是不行的,因为万物是无限杂多的,很难把它们归结为某一种东西或某一种形态,而本原作为万物存在的根据必然是那种共同的、唯一的东西;万物是千变万化、生生不息的,而本原只能是那种万变中不变的东西;任何感性事物都是有缺陷的、不完满的东西,而本原必须是那种完满的东西,一句话,只有那种共同的、唯一的、不变的、完满的东西才是世界的本原。也就是说,万物的存在是不完满的、暂时的,而我们之所以知道它们是不完满的、暂时的,是因为存在着一个完满的、永恒的存在,这就是"存在"本身,这个存在只能是世间万物的最基本的"共相",万物因"存在"而存在。这样,巴门尼德认为,"存在者"

---

① 《古希腊罗马哲学》,商务印书馆 1961 年版,第 103 页。

② 巴门尼德(Parmenides,生卒年不详,约生活于公元前 6 世纪至公元前 5 世纪),古希腊爱利亚人,爱利亚学派的创始人,最早以"存在"为核心概念的哲学家,认为"存在"是万物的本原,存在是唯一的、不动的、永恒的,并认为存在和思维是同一个东西。

的"存在"才是世界的本原。对于这个"存在",人的感性知觉是不能把握的,感性知觉只能感受杂多的、多变的、相互矛盾的感性事物,只能提供不确定的"意见",而不能提供真理,只有思维才能把握存在。他用一种诗化的语言说,他自己是驾着智慧的马车离开黑暗,走向光明,通达女神之门。在这门前,迎接他的女神跟他说:

> 来吧,我告诉你(你要谛听我的话),只有哪些研究途径是可以设想的。第一条是:存在物是存在的,是不可能不存在的,这是确信的途径,因为它通向真理。另一条则是:存在物是不存在的,非存在必然存在,这一条路,我告诉你,是什么都学不到的。因为你既不能认识非存在(这确实是办不到的),也不能把它说出来。因为思维与存在是同一的。①

这样,巴门尼德就为形而上学的独断论奠定了第一个基本原则,即"思维和存在是同一的"。也就是说,"存在"就是能够被思想的东西。真正的哲思就是关于"存在"的思考,而"存在"本身显然也不能靠感官而只能靠思维来把握。巴门尼德把思维和存在看成是一个东西,确认思维能够通达真理,这开启了独断论的道路。

（3）柏拉图：真理即是理念

柏拉图的理念论可以说是对巴门尼德存在论的一个推进。柏拉图认为世界的真正的本质是"理念",而真理性的知识就是关于理念的知识。在这个意义上,柏拉图关于理念世界与现实世界的划分,可以说是巴门尼德的"存在"与"非存在"的另一种表达方式。在柏拉图看来,"理念"具有高于万物、先于万物、派生万物的神圣地位,它是世间万物的"逻各斯",是最为真实的"存在",感性世界中具体事物只是对理念的"模仿"或"分有",因而不过是理念的"影像"。

基于这种理念论,柏拉图认为,理念是这个世界的真理,或者说,真理性的知识就在于把握理念。他丝毫不怀疑人们有把握这种真理的能力。他的"回忆说"就是想说明这样一个道理:尽管灵魂与肉体的

---

① 《古希腊罗马哲学》,商务印书馆1961年版,第51页。

结合使人难免沉沦于感性世界中的种种诱惑，但这并不是无可挽回的败落，只要人们能够节制自己的欲望，让心灵中"求智"的部分占据心灵的主导位置，就可以把对现实事物的感知变为上升到真理的阶梯，因为感性的事物毕竟是对理念的模仿，只要心灵是求智的，它们就可以启发我们达到对理念的把握，就可以使我们走出由虚幻的影像构成的"洞穴"，而享受真理的阳光。

在此，我们可以清楚地看到，柏拉图的理念论是一种比较典型的古典独断论。这种独断论既缺乏对周围世界的准确把握，又缺乏对人的认识能力、认识结构和认识方法的深入探讨。但我们不能由此简单地将其指责为人类理性的狂妄。它的积极价值在于确立了人类对于自身理性能力的自信。它假定人们所面对的感性世界是一个虚假的世界，其目的是力图证明感官之所见并不是真实的，只有靠理性的努力才能克服虚浮变幻的"意见"而达到对真理的洞见。因此，这也是一种科学精神。因为，科学的前提恰恰是假定流变不已的感性世界背后有某种不变的东西等待人类去发现，并且人类凭借着理性完全有能力去发现它。

2. 古希腊哲学中的怀疑论倾向

在希腊哲学中，"Skepsis（怀疑）"一词并不是我们今天所理解的"质疑"，"不相信"，而是一种"思辨与探究"，因而更准确地说是一种"审视"，带有"批判"的味道。因此，在它所包括的形形色色的理论中并不总是渗透着消极的、悲观的不可知论。这一点在古希腊的怀疑论那里表现得更为突出。

（1）高尔吉亚命题和皮浪的怀疑主义

在古希腊哲学中，最早从认识论和逻辑学的意义上对人的认识可能性问题提出质疑的哲学家是智者学派的杰出代表人物高尔吉亚（Gorgias）[①]。高尔吉亚凭借着他出色的思辨能力将这种怀疑论的态

---

① 高尔吉亚（Gorgias，约前483—前375），古希腊西西里岛雷昂狄恩城人，著名哲学家、修辞学家，智者学派的著名代表人物。

度用三个命题表达了出来,即"第一,无物存在;第二,如果有某物存在,人也无法认识它;第三,即便可以认识它,也无法把它告诉别人。"①高尔吉亚的这三个命题及其论证对人的思维和语言是否能够确切地把握物的存在提出了质疑。

高尔吉亚的怀疑论对以皮浪(Purron)②为代表的古希腊晚期怀疑论哲学产生了深刻的影响。而且,如果说高尔吉亚的命题在某种意义上只是被视为诡辩论者的思辨训练,那么到了皮浪那里,怀疑论开始成为系统的理论,并成为哲学中的一个流派。

皮浪的怀疑论起之于对人的感性认识的质疑。他认为感觉的知识只是事物在我们的感官中显示出来的形象,它只是与感觉相符合,并不是与作为外物的对象相符合,所以关于外物的知识是不可能的。我们没有理由判断事物是什么或不是什么,对任何事物的判断,既能够加以肯定,也能够加以否定,并没有确定的标准。唯一正确的态度,就是对事物不发表任何意见,不作判断。他说:

---

① 《西方哲学原著选读》上卷,商务印书馆1981年版,第56—57页。高尔吉亚的论证是:

第一,无物存在。如果假定有物存在,那么会出现三种情况:(1)该物是"不存在",那么"不存在"和"存在"就是同一个东西,这是荒谬的;同时,说"不存在"存在,也是自相矛盾的。(2)该物是"存在"。如说它是存在,那么它要么是永恒的,要么是派生的,要么既是永恒的又是派生的。就永恒性来说,永恒是指无限,无限是没有处所的,而说存在是无处所的,这就等于说存在物是不存在的。如果说它是派生的,那么它不是从非存在中派生,就是从存在中派生,这都是不可能的。因为从"非存在"即"无"中不能派生出存在,无不能生有,而说从存在中派生存在,这等于说没有派生,可见该物也不是派生出来的。既然该物既不是永恒的也不是派生的,那就不能肯定该物的存在。(3)该物既是"存在"又是"不存在"。前面第一个推论证明"该物不存在"是不成立的,第二个推论证明"该物存在"是不成立的,那么把两个证明结合起来,也可知说该物既存在又不存在也是不能成立的。可见,"有物存在"这个命题是不真的。

第二,如果有某物存在,人也无法认识它。高尔吉亚这样认为:"如果我们所想的东西并不因此就存在,我们就思想不到存在。"例如,我们可以思想"一个飞人,或者在海上行驶的四轮马车",但它们在现实中并不存在。这表明思想并不等于存在,也就是说从思想达不到存在,或者反过来说,存在是不能被思想的。

第三,即便可以认识它,也无法把它告诉别人。我们认识到、感觉到的东西,并不是能够向别人表达的东西。因为认识和感觉靠视、听等感官,而表达靠语言。视觉和听觉都不能互相换算,语言就更不能向别人表达感觉了。感觉也不等于存在物,所以语言不能把存在的东西表达给别人。

② 皮浪(Purron,前365—前270),古希腊爱利斯人,怀疑派哲学家,怀疑主义的创始人。

我既不能从我们的感觉也不能从我们的意见来说事物是真的或假的。所以我们不应当相信它们,而应当毫不动摇地坚持不发表任何意见,不作任何判断,对任何一件事物都说,它既不不存在,也不存在,或者说,它既不存在而也存在,或者说,它既不存在,也不不存在。[①]

皮浪还力图将他的这种怀疑论转变成人的一种道德修养,其目的是获得精神的安宁。他认为,在事物之间寻找真假、对错,是对灵魂的纷扰和烦恼的根源。判断不一定是对的,追求未必是理想的,选择不一定是合理的,因为任何理由都是值得怀疑的,只有不下判断,不怀追求,不加选择,才不致引起困惑。思想无矛盾,心态自然清净,所以"最高的善就是不作任何判断,随着这种态度而来的就是灵魂的安宁,就像影子随着形体一样。"[②]

(2)恩披里克:对因果观念的质疑

从高尔吉亚和皮浪的观点中可以看出,古代怀疑论者已经在思维与存在之间划了一道不可逾越的鸿沟。这是古代怀疑论与独断论之间最大的区别。质疑我们的思想能否把握事物的本性,或者说,我们的思维能否把握"存在"几乎成为怀疑论的一个原则。这个原则在古希腊晚期怀疑论哲学家赛克斯都·恩披里克(Empiricus)[③]得到了更为充分的阐释。恩披里克写下了很多著作来论证怀疑论的原则。他试图向人们证明,对于任何哲学命题都可以找到相应的反命题,由此陷入矛盾而瓦解。这特别体现在他对因果关系的"怀疑"上。

我们知道,把握因果关系历来被认为是科学的基本任务。德谟克利特曾经说过,科学的任务就在于发现原因。绝大多数古希腊哲学家都不怀疑因果关系的普遍存在,并认为只有把握了事物运动变化过程中的因果关系,我们才能对已发生的事件做出"解释",并对可能发

[①] 《西方哲学原著选读》上卷,商务印书馆1981年版,第177页。
[②] 《西方哲学原著选读》上卷,商务印书馆1981年版,第177页。
[③] 赛克斯都·恩披里克(Sextus Empiricus,约公元前2世纪人),古希腊晚期最著名的怀疑论者,著有《皮浪学说要旨》、《反数学家》等著作。

生的事件做出"预测"。而恩披里克却偏偏对这种强有力的因果观念提出质疑。他认为，如果某物是另外一个东西的原因，那么或者同时的东西是同时的东西的原因，或者在先的东西是在后的东西的原因。然而，这两种情况都不能证明原因和结果的存在。首先，同时的东西是并存的，谁也不能产生谁；其次，在先的东西也不是在后的东西的原因，因为当原因存在时，结果还不存在。同时，在后的东西也不是结果，因为产生这个结果的东西已经不存在了。这就是说，否认因果关系的观念，也同样是有理由的。此外，如果说万物的存在是有原因的，那么这个原因必然先于结果。而这个作为原因而出现的事件，本身亦是有原因的，要思索它，就必须寻找它的原因。这样就会形成一个对原因的无限追索，亦即从一个原因导向另一个原因的无穷推进过程，结果是永远找不到那个真正的原因。因此，因果观念本身就是一个没有确定性的观念，不会像人们想象的那样，可以为我们提供确切的知识。

不难看出，恩披里克对因果关系的怀疑在理论论证上是相当粗略的。而且在古代世界强调宇宙必然性和神性的主旋律之下，他的怀疑论也不过是一种十分微弱的反调。但是不能否认的是，他的怀疑论代表了西方哲学中另外一种哲学倾向并对后世哲学产生了深刻的影响。

需要指出的是，古希腊的怀疑论者并不都是虚无主义者，他们并不怀疑感性世界存在的真实性，而是怀疑人们是否能超出感觉直观而达到对事物本性的认识。例如，我们尝到蜂蜜是甜的，就会不假思索地认为蜂蜜的本性是甜的。但其实所谓的"甜"不过是"蜂蜜"被尝到的滋味，这是不能被用来证明蜂蜜的本性的。换句话说，那些被"思维"所思考的"存在"从进入思维的那一刻开始就是值得怀疑的，因此怀疑论者的态度就是将诸如"本性"之类的问题悬置起来，不予讨论。

二、近代哲学中的独断论与怀疑论

在西方近代哲学中，随着经验论哲学和唯理论哲学有关认识论问题的探讨的不断深入和发展，独断论与怀疑论的分歧在理论上逐渐明朗化。一般来说，唯理论哲学在认识论上更具有独断论的特征，即确信人的理性能够把握具有普遍性、必然性的真理，确信这种真理之为真理就在于它符合对象的内在本质或本性；而经验论哲学则一般地否认人的认知或知识能够达及客观对象自身的本质，至少认为在人的经验范围之外，人的知识是否与对象本身的内在本质或本性相符合是无法得到论证的。这就是经验论哲学的怀疑论倾向。

1. 唯理论哲学的独断论特征

（1）笛卡尔：普遍怀疑中的不可怀疑——我思

如前所述，在欧洲近代哲学中，法国哲学家笛卡尔是第一个把普遍怀疑当作基本哲学方法的哲学家，但是他的普遍怀疑并没有导致不可知论，而是开启了近代独断论的传统。这主要是因为，他的普遍怀疑不是消极地怀疑一切，而是为了在普遍怀疑中找到不可怀疑的东西；不是为了放弃对事物的一切判断，而是为了把对一切事物的判断建立在毫无疑义的、清楚明白的根据之上。因而，他的普遍怀疑不是为了削弱理性，而恰恰是为了强化人们对理性的信念，以便把人们的所有的观念都放到理性的法庭中加以审判。

笛卡尔运用普遍怀疑的方法确立"我思故我在"这一原理就要把"自我"确立为思维的主体。这个主体只因我思而存在，不依附任何外在的权威，是绝对独立的、自由的主体，是一切思维活动或认识活动的绝对承担者，也是一切观念的最可靠的根据。正是在这个意义上，笛卡尔确立了近代独断论的基本原则。黑格尔将之称为"思维的内在性原则"，他说："按照这个内在性原则，思维，独立的思维，在内在的东西，最纯粹的内在顶峰，就是现在自觉地提出的这种内在性。"[①]也就是说，按照这个原则，一切认识论问题都可以在"我思"的范围内加以解决。笛卡尔相信，凡我清晰明白地领悟到的观念都是真的观念。这种观念不是借助于任何演绎或者归纳而形成的，而是自明的，无可怀疑也无须论证的，我们的一切知识都可以从这种不证自明的前

[①] 黑格尔：《哲学史讲演录》第4卷，贺麟、王太庆译，商务印书馆1978年版，第59页。

提性观念中演绎推论出来,就像从少数几个几何公理出发可以推论出一系列几何定理一样。而且由于这些前提性观念本身具有不证自明的普遍性和必然性,因而从这些前提中推论出来的任何具体的结论同样具有普遍性和必然性。

(2)斯宾诺莎:心灵能够完全地反映自然

荷兰理性主义哲学家斯宾诺莎(Spinoza)①从他的实体、属性和样式的学说出发,以几何学的公理化和证明方法为范本,沿着笛卡尔的道路,提出了自己独特的唯理主义的认识论和方法论。在认识论方面,斯宾诺莎毫不怀疑人完全可以达到对事物本身的正确认识。为此,他提出了一个著名的命题:

> 观念的次序和联系与事物的次序和联系是相同的。②

这就是说,人的心灵可以把握"自然的本质、秩序和联系",达到和自然的同一,因此,"我们的心灵可以尽量完全地反映自然"。

当然,在斯宾诺莎看来,并不是一切观念都是符合它的对象的。因此必须研究各种认识的方式,从中选出能够获得正确认识的方式。他认为,认识的方式或知识种类可以分为三种:

其一,感性知识,包括从传闻间接得来的知识,以及从对个别事物的直接经验中得来的泛泛经验的知识。这种感性知识亦可称之为"意见或想象的知识"。

其二,理性知识,依据正确观念进行推理而得到的知识。

其三,直观知识,理智对事物的本质直接把握而得到的知识。

关于三种知识的优劣比较,斯宾诺莎写道:

> 只有第一类知识是错误的原因,第二类和第三类知识是必然真实的。③

---

① 巴鲁赫·斯宾诺莎(Baruch de Spinoza, 1632—1677),17世纪荷兰著名的理性主义哲学家。主要著作有《伦理学》、《神学政治论》、《政治论》等。
② 斯宾诺莎:《伦理学》,《十六—十八世纪西欧各国哲学》,商务印书馆1975年版,第299页。
③ 斯宾诺莎:《伦理学》,《十六—十八世纪西欧各国哲学》,商务印书馆1975年版,第295页。

在斯宾诺莎看来，从传闻或感觉得来的知识是混乱的、不确定的和偶然的。这种知识不是"按照自然的形象来解释自然界的事物"，而是依每个人的身体状况和主观情态为转移，因而具有很强的主观性。比如，同样的水，有人触之认为"凉"，有人触之认为"热"。所以说，感性知识通常是错误的来源。

和感性知识不同，第二种知识即理性知识则是一种把握了事物的必然性的知识。他说：

> 理性的本性不在于认为事物是偶然的，而在于认为事物是必然的。①

故理性知识是通过推理而得来的，因而是正确的、把握了事物的必然性的正确观念或"真观念"。但是，由于推理过程可能发生错误，所以，它还不是绝对可靠的知识。

和理性知识不同，直觉知识是理智不通过任何媒介而直接把握事物的本质获得的知识，因此，它不仅具有必然性，而且是绝对可靠的。我们看到，斯宾诺莎绝对否定感性认识，片面地强调理性知识和直觉知识，并把由直观获得的知识叫作"真观念"，相信"真观念"可以达到最高的确定性，因此他说：

> 凡具有真观念的人无不知道真观念包含最高的确定性。因为具有真观念并没有别的意思，即是最完满，最确定地认识一个对象。②

（3）莱布尼茨：两种真理

在人能否以及如何达到对事物本身的认识，或者说，人能否获得具有普遍性、必然性的真理这个问题上，莱布尼茨多少吸收了经验论哲学的观念。他认为，人的知识是由两方面因素构成的，一是先天的理性因素，一是后天的感性因素。不过，尽管他肯定感性因素在认识中的必要性和作用，

---

① 斯宾诺莎：《伦理学》，《十六—十八世纪西欧各国哲学》，商务印书馆1975年版，第297页。
② 斯宾诺莎：《伦理学》，《十六—十八世纪西欧各国哲学》，商务印书馆1975年版，第296页。

但依然认为感性的认识不能给我们提供普遍必然的真理。他认为：

> 感觉对于我们的一切现实认识虽然是必要的，但是不足以向我们提供全部认识，因为感觉永远只能给我们提供一些例子，亦即特殊的或个别的真理。然而印证一个一般真理的全部例子，尽管数目很多，也不足以建立这个真理的普遍必然性，因为不能因此便说，过去发生过的事情，将来也会同样发生。①

因此，"只有理性能建立可靠的规律"。

在莱布尼茨看来，具有普遍性、必然性的知识是确实存在的，数学、逻辑学、伦理学、法学以及神学的基本原则都是普遍的、必然的。既然后天的感觉经验不能提供普遍性、必然性的知识，那么，它们就只能是人心先天地具有的了。这样，莱布尼茨从认识的两个源泉的观点出发，提出了两种真理的学说。他说：

> 有两种真理：推理的真理和事实的真理。推理的真理是必然的，它们的反面是不可能的，事实的真理是偶然的，它们的反面是可能的。②

莱布尼茨所谓的推理的真理，是指从一些先天的概念、原则演绎出来的知识。比如，在他看来，几何学的公理是人脑先天地固有的，从公理中演绎出来的定理就是推理的真理，具有普遍性和必然性。所谓事实的真理，就是通过归纳一类事物的性质得到的结论，如经验科学中的一些命题，但是这些命题并不具有普遍必然性。

2. 经验论哲学的怀疑论性质

在西方古代哲学中，怀疑论的思想，即对认识的可能性问题的质疑，虽然较早产生，但并不占据主导地位。对宇宙的理性探索，使绝

---

① 莱布尼茨：《人类理智新论》，《十六—十八世纪西欧各国哲学》，商务印书馆1975年版，第502页。
② 莱布尼茨：《单子论》，《十六—十八世纪西欧各国哲学》，商务印书馆1975年版，第488页。

大多数哲人确信,尽管认识过程是复杂的、艰辛的,但人类理性中就具有把握这个世界的能力。即便到了古希腊晚期,怀疑论思潮也依然被淹没在有关宇宙秩序、神的目的和人的命运的独断论说教中。然而在近代哲学中,随着经验论和唯理论之争的日益兴盛,在有关认识来源和人的认识能力的探讨中,怀疑论逐渐成为这一时期认识论问题的主题。

(1)早期经验论哲学的怀疑论倾向

近代的怀疑论产生于经验论哲学,这主要是因为在经验论的认识论原则中自始就潜藏着怀疑论的基本倾向。因为,如果说人们的一切认识来源于感觉经验,那么,显然感觉就是认识的起点,但人们的感觉能够真实地反映事物的性质吗?经验科学显然无法对这个问题做出明确的肯定性回答。这种情况在哲学上就导致了经验论者对认识的可能性的怀疑。

英国经验论哲学家霍布斯认为,外物与感觉的关系犹如机械运动中的作用与反作用的关系,外物的运动给感官施加"压力",感官随之产生"抗力",这就产生了感觉。所以感觉只是感官对外物压力所产生的抗力而引起的纯粹的主观心理状态,而并不真正反映外物的性质,因而他说:"我们的感觉是我们觉得存在于世界上的任何偶性或性质,都并不在世界上,而只是外貌与显现。"[①]

在霍布斯之后,英国哲学家洛克将这种怀疑论倾向表现得更为明显。洛克认为,我们理智中的一切知识或观念都来自于感觉经验。我们关于一个具体事物的观念,也就是所谓"实体"的观念,就是由许多简单观念集合起来的。例如,我们描述一块"石头",就包含了"它是一个物体"、"它是白色的"、"它是硬的"、"它的形状是不规则的"等等诸多简单观念。这些简单观念为什么能够集合起来构成关于这一事物的观念呢?洛克回答说,这是由于人们假定有一个公共的东西支撑这些简单观念。这个公共的东西就是"实体"。所以"实体"就是由若干简单观念构成的复杂观念。进一步问,作为"实体"的复杂观

[①] 霍布斯:《论人性》,《十六—十八世纪西欧各国哲学》,商务印书馆1975年版,第93页。

念是否能够反映一个事物的真正本质呢？对于这个问题，洛克首先区分了事物的"名义本质"和"实在本质"。他认为，"实体"观念只能用来把握事物的"名义本质"，而不能反映事物的"实在本质"。例如，"黄金"的"名义本质"就是"黄金"一词所表示的由黄色、重量、可塑性和固体性等简单观念构成的复杂观念，而黄金的"实在本质"是由事物内部不可观察的东西构成的，如黄金的内部结构，这是黄金的观念不能把握的。在他看来，实在本质是名义本质的基础，但人们只能把握名义本质，至于实在本质，人们只能假定它的存在，却不知它为何物。

洛克进而把他的这种看法延伸到对因果联系的认识。他认为，因果关系的观念就是人心将一个观念和其他观念并列在一起加以思考和相互比较而形成的观念。当我们考察一个事物的存在是由别的事物的作用而引起时，便形成了因果性观念，把起作用的东西叫作原因，把所产生的东西叫作结果，但人们并不能真正把握因果之间的必然联系。他说：

> 因果的意念都是由感觉和反省所传来的那些观念来的，而且这种关系不论如何普遍，亦是要归结于这些观念的。因为我们只要知道有任何简单的观念或实体，由于别的观念（或实体）的作用，而开始存在，我们就可以得到因果的观念；并不必知道那个作用的方式如何。[①]

（2）休谟：我们无法论证经验以外的存在

经验论的这种怀疑论倾向最终在英国哲学家休谟（Hume）[②]那里得到了彻底的、明确的和系统的阐发。休谟从彻底的经验论立场出发，认为人类的一切知识和观念归根到底只能限制在感觉经验或"知觉"以内。人心中除了知觉以外再没有其他东西存在。因此，如果从经验出发，就不能证明经验以外的任何存在。以此推论，唯物主义哲学所

---

① 洛克：《人类理解论》，关文运译，商务印书馆1959年版，第299页。
② 大卫·休谟（David Hume，1711—1776），18世纪英国苏格兰著名经验论哲学家，欧洲近代怀疑论哲学的代表人物，主要著作有《人性论》、《人类理解研究》、《道德原则研究》等。

讲的独立于人的经验之外的"物质"、神学所讲的"神灵"以及脱离于人的肉体的"灵魂实体"等等都是无法证明的、不可理解的。

像以往许多怀疑论者一样,休谟也把他的怀疑论集中在对因果联系的客观性、普遍性和必然性问题的分析上。休谟之所以重视对因果观念的分析,是因为他看到"关于实际事情的一切理论似乎都建立在因果关系上"①。但是,以往的哲学只是普遍地、先验地使用这个因果原则进行推论,但却没有对这个原则做出任何证明。为此他力图从经验论的立场出发,对因果观念的真实可靠性做出澄清,他明确指出:"因果之被人发现不是凭借于理性,乃是凭借于经验。"②基于这个立场,休谟否定了因果观念的先验性,坚持人们只能在经验范围内研究因果性问题。

休谟首先探讨了因果观念的来源问题。他认为,这种观念是从对象间的某种关系中来的。人们在经验中,一是看到了两个对象之间的接近关系,亦即两个对象只有在时间和空间上相互接近,才有可能联想到它们之间的相互作用;二是看到两者间的接续关系,即一个对象总是在先,一个对象总是在后。对象间的接近关系和接续关系是我们形成因果关系观念的必要前提。但仅此还是不够的,因为,要确立因果关系还必须确认两个对象之间存在着必然的联系。然而,在经验上,我们只能看到两个对象间的接近关系和接续关系,却"永远看不到它们之间有任何纽带",即二者间的"必然联系",看不到作为原因的事件中有什么必然产生结果的能力。因此,经验无法告诉我们原因和结果两个观念之间有什么必然联系。他说:

> 人心纵然极其细心地考察过那个所假设的原因,它也不能在其中发现任何结果来。因为结果和原因是完全不一样的,因此,我们也就不能在原因中发现出结果来。③

当然,休谟并不由此否认因果观念在日常中的使用,不过他认为,

---

① 休谟:《人类理解研究》,关文运译,商务印书馆1957年版,第27页。
② 休谟:《人类理解研究》,关文运译,商务印书馆1957年版,第28页。
③ 休谟:《人类理解研究》,关文运译,商务印书馆1957年版,第29页。

人们之所以会从对象间的接近性和接续性中形成因果观念，不是因为人们发现了对象间有什么必然的因果联系，而不过是对象的恒常会合在人们心中形成的一种习惯，是一种来自于人们心灵的"习惯性联想"。他说：

> 习惯就是人生的最大指导。只有这条原则可以使我们的经验有益于我们，并且使我们期待将来有类似过去的一串事情发生。①

这样，休谟就把人们的具有客观性、必然性的知识转化为主观的习惯和信念。

休谟否认了因果关系的客观性，也就同时否认了因果联系的必然性。他认为，由于在经验中并不能确定对象之间有什么必然性的联系，因此，建立在习惯和信念之上的因果推论都只能是或然性的推论。此外，因果关系方面的许多复杂情况也会带来因果推论的或然性，比如，在我们不曾观察到的足以产生强烈习惯的众多例子的情况下，依据这种习惯进行推论，或者在类似关系不精确的情况下进行推论，这就不可能是精确的。

休谟的上述推论的确对人们久已习惯了的因果必然性信念构成了沉重的打击，因为如果我们把因果必然理解为现象之间的一种自在的联系，但我们却确实无法证明这种必然性的客观存在。因此，休谟对因果必然性的怀疑表明彻底的经验论立场与彻底的机械论观念不可能协调相处。在休谟看来，把因果联系的客观性和必然性理解为事物之间或现象之间关系的普遍法则，不过是一种没有经验根据的独断论。他实际上也是一般地否认了人类知识的客观性、普遍性、必然性和确定性。

---

① 休谟：《人类理解研究》，关文运译，商务印书馆1957年版，第43页。

三、认识可能性问题的三种解决方案

就认识的可能性问题而言，近代欧洲唯理论和经验论之争的核心问题就是，人能否达到对外在于我们的客观对象的正确认识以及能否获得关于对象的具有客观有效性和普遍必然性的知识。唯理论对此做出肯定的回答，但普遍性、必然性的真理或知识不可能来自感觉经验，而只能来自于人的理性或"直观"。这种解释难免导致神秘主义。经验论在反对唯理论的理性主义倾向的过程中又走到了问题的另一端，即从经验的有限性否认知识的普遍性和必然性，否认人能够认识外在于我们的客观对象本身。唯理论和经验论之间旷日持久的争论迫使哲学家们寻求对这一困难问题的解决方案。

1. 康德：先验哲学的解决方案

康德深受休谟哲学的影响，自称休谟对因果联系的质疑打破了他"教条主义的迷梦"。但是他不同意休谟把因果联系归之于人的习惯性联想的观点，认为自然界中的因果关系法则固然不是来自于经验观察，但也不是来自于人的心理习惯，而是来自于人的纯粹理智，来自于人们用以把握经验素材的理智思维形式。为了论证这一点，康德比较深入地分析了逻辑判断的各种类型。因为，在他看来，任何知识都是以命题的形式出现的，而命题就是一种判断。

在康德看来，首先可以区分出两种判断，即"分析判断"和"综合判断"。"分析判断"是指那种谓词内容已经包含在主词中的判断，如"所有的单身汉都是没有结婚的男子"，在这个判断中，谓词"没有结婚的男子"就是主词"单身汉"本身的含义，因此这种判断虽然有普遍性、必然性，却没有增加任何新的东西。"综合判断"则与之相反，其谓词中一定要包含主词没有的东西，如"某些花是红色的"。在这个判断中，作为主词的"花"本身并不必然包含谓词"红色"这个规定，也就是说，这个判断综合了主词本身所没有的东西，因而是一种能够增加新知识的判断。由于只有综合判断才能增加新的知识，因而康德主要考察的就是综合判断,也就是力图解决作为综合判断的那些知识或命题何以具有普遍性、必然性和客观有效性。

进而,康德又把综合判断区分为"后天综合判断"和"先天综合判断"。"后天综合判断"是指那些从经验中得出来的命题,即一种知觉判断,是知觉的不断积累,如"这朵花是红的"、"这棵树长得很高"等等。康德认为,单凭知觉的比较,把知觉在一个意识中连接起来,这对经验是不够的,从那里得不出来判断的普遍有效性和必然性,而只有普遍有效性和必然性才能使判断客观地有效并且成为经验。那么怎样才能使一个判断具有普遍有效性和必然性呢?

康德认为,要想使知觉成为客观有效的经验,就必须把通过感性直观获得的知觉包摄到一个普遍概念之下,这个普遍概念就是规定知觉的一般判断形式,也就是把知觉连接到一个一般意识中,从而使经验的判断得到普遍有效性。这种作为判断的一般形式的普遍概念,康德称之为"先天的纯粹理智概念"。所谓"先天",就是说这些纯粹理智概念不是来自经验的,而是人的理智能力本身所固有的,或者说它们就是人的理智能力本身所具有的形式。其中,最典型的就是"因果性"这个概念。为了说明这一论点,康德举出了一个通俗易懂的例子。他说:

> 为了更容易明了起见,我举下列的例子:"太阳晒石头,石头热了"这仅仅是一个知觉判断,他并没含有必然性,尽管我和别人曾经多次地知觉过这个现象;这些知觉仅仅是通常这样结合起来的。但是,如果我说:"太阳晒热了石头。"那么在知觉上就加进去了因果性这一理智概念,这一理智概念就必然地把"热"的概念连接到"太阳晒"的概念上去,而综合判断就变为必然普遍有效的,从而是客观的,并因此知觉就变成了经验。①

这样,在康德看来,我们的任何客观的、普遍有效的知识必然由

---

① 康德:《未来形而上学导论》,庞景仁译,商务印书馆1978年版,第67页。

两个成分构成，一是通过感性直观获得的各种知觉内容，一是具有普遍性、必然性的纯粹思维形式或纯粹理智形式，只有把各种经验知觉纳入到普遍必然的思维形式中，才能形成客观有效的、普遍必然的知识。这就是所谓"先天综合判断"。属于这种知识的有纯粹数学知识、纯粹自然科学知识，也包括真正的形而上学知识。

显然，康德的上述理论综合了近代以来唯理论和经验论发展的积极成果。他批判地接受了唯理论的某些论点，指出知识的普遍性、必然性来自人的先天的理智能力。同时他又指出，人所具有的这种先天的纯粹理智形式本身没有独立存在的价值，只有同经验内容结合起来才能构成客观有效的知识，并且这种知识是否正确也只有在经验中加以证实或否证。在这方面，他又充分吸收了经验论哲学的基本观点。

当然康德的上述理论也是令人充满疑问的。其中关键的问题是，如果说我们的知识的普遍性和必然性来自于人的先天的理智形式，那么这些具有普遍性、必然性的知识能否被看成是对客观世界或客观事物本身的认识呢？例如，自然科学中的那些普遍规律是否可被认为是自然界本身的规律呢？康德从他的哲学立场出发，对这个问题做出了否定的回答。他承认，在人们的知觉和思想之外有一个物的世界，他将之称为"物自体"或"自在之物"。这种自在之物刺激我们的感官，在我们的心灵中引起了知觉和表象。康德认为，这个知觉和表象就是"现象"。但是，由于"现象"不过是物自体在我们心灵中引起的知觉和表象，因而并不属于物自体本身，至少我们无以证明"现象"是属于"物自体"的。而我们的感性直观和理智思维都是以"现象"或知觉和表象为内容的，因此，我们事实上不可能超越现象去认识现象背后的"物自体"。至于自然科学的那些普遍的定律或知识，不过是把知觉经验放到先天的理智形式中加以思考的结果，而并不是关于物自体本身的知识。由此，他提出了"人为自然界立法"这样一个著名的命题，用他的话说：

> 自然界的最高立法必须是在我们心中，即在我们的理智

中。[①]

康德的上述观点实际上是给人的理性思维划定了一条界线。他把人的认识能力划分为感性、知性和理性三个层次。"时间"和"空间"属于感性直观形式，在这个层次上形成了纯粹数学知识，而他所说的纯粹理智范畴都属于知性思维的一般形式，在这个层次上形成了各种自然科学的知识。他认为，人的理性思维总是力图超越经验从而达到对现象世界背后的"物自体"的认识，但这种思维没有自己的认识工具，也就是没有属于自身的思维形式，因而不得不借用知性的思维形式，即纯粹理智范畴。康德依据逻辑判断的性质，把这些先验的纯粹理智概念划分为"量"、"质"、"关系"、"样式"四组，共计十二个范畴，其中包括单一性、复多性、实体性、因果性、可能性、必然性等。这些先验理智概念的作用就是把那些没有内在联系的感性直观知识结合起来，或者说把一切现象包摄在这些概念之下，使之成为客观有效的经验判断。不过，康德强调，这些纯粹理智范畴作为知性的思维形式只能用于把握经验，如果将其用于把握经验以外的对象，就不能不遇到矛盾，并且这种矛盾不是由思维违反了形式逻辑的规律而导致的自相矛盾，而是合乎逻辑地出现相互对立的命题，即所谓"正题"和"反题"，康德把这种矛盾称之为"二律背反"。他认为，二律背反的出现，证明人类理性没有能力把握现象背后的"物自体"，应当将此理解为理性的一个界限。正是由于这一点，康德的学说被称之为一种"不可知论"。

从上述观点可以看出，康德虽然肯定了知识的客观有效性和普遍必然性，但他认为这种客观有效性和普遍必然性不是来自于客观对象本身，而是来自于人的头脑中的先验图式；他虽然肯定在我们身外有一种刺激我们的感官并在我们心灵中引起感觉和表象的"物自体"，但他否认了我们认识这种物自体的可能性。由此可以看出，康德的解决方案更倾向于经验论和怀疑论。

[①] 康德：《未来形而上学导论》，庞景仁译，商务印书馆1978年版，第92页。

2. 黑格尔：思辨理性的解决方案

康德的解决方案，尽管综合性地吸收了唯理论和经验论的积极成果，由此形成了对知识的构成和知识的界限的全新认识，这大大启发了后代哲学对认识论问题的重新考察，但与此同时他又留下了一个人类理性不可认知的"物自体"，这就使其后的思想家多少有些沮丧。因而在康德之后，不少哲学家如费希特、谢林、黑格尔等都力图从理论上消灭这个"物自体"，由此走向更为彻底的独断论。

黑格尔对认识可能性问题的探讨，起之于对康德"纯粹理性批判"的批判性研究。他首先承认，康德的"二律背反"学说，揭示了理性世界中矛盾发生的必然性，"这是近代哲学界的一个最重要的和深刻的一种进步"。[1]但是他又指出，康德只是发现了矛盾，却没有真正把握矛盾，具体地说，就是只看到了命题之间的对立，即"正题"和"反题"，没有看到对立之间的统一，即"合题"，这就是康德不能看到矛盾存在的积极意义，而是宣称矛盾的出现只是表明人类理性不能把握物自体的本质。这说明康德的理性只是一种消极的、否定性的理性。黑格尔认为，理性把握物自体之所以必然会遇到矛盾，不是因为理性的无能，而是因为物自体的本质就是矛盾，只不过对于这种矛盾，不能只看到对立，而更应当看到对立面在其各自的规定中必然会相互过渡达到的统一。也就是说，只有从对立统一的运动中才能把握物自体的本质。因此，必须把康德的"否定理性"阶段提高到"肯定理性"阶段上来。为此，黑格尔写道：

> 思辨的阶段或肯定理性的阶段在对立的规定中认识它们的统一，或在对立双方的分解和过渡中，认识到它们所包含的肯定。[2]

黑格尔之所以认为人的理性一定能够把握"物自体"的本质，最

---

[1] 黑格尔：《小逻辑》，贺麟译，商务印书馆1980年版，第131页。
[2] 黑格尔：《小逻辑》，贺麟译，商务印书馆1980年版，第181页。

根本的原因就在于他认为构成世界的普遍本质或本性的，不是别的，正是理性本身。他说：

> 理性是在世界中，我们所了解的意思是说，理性是世界的灵魂，理性居住在世界中，理性构成世界的内在的、固有的、深邃的本性，或者说理性是世界的共性。①

黑格尔举例说，当我们指着某一个特定的动物说"这是一个动物"时，使用了"动物"这个概念，但"动物"这个概念本身是不能被感知，也不能被指出的，能被感知、能被指出的只是一个特定的动物。然而，"动物"本身作为概念则是个别动物的普遍本性，特定的动物必然从属于这个普遍本性。譬如，把狗的动物性去掉，我们就无法说出它是什么东西。可见，任何具体事物都有其内在本性和外在规定性，但它的本性必定是其类的共同性。这种本性不可能是感性的存在物，而只能是作为思想或思维的理性。也就是说，任何事物乃至整个世界都是以理性或思维为其本性的。这就是世界的理性本质。

当然，黑格尔在这里所说的"思维"或"理性"，不是我们通常所理解的单单作为人的思维活动的理性，而是由他所设定的作为世界之本质的客观的、自在的"思维"或"理性"。用他的话说，思想不但构成外界事物的实体，而且构成精神性东西的普遍实体，"当我们把思维认为是一切自然和精神事物的真实共性时，思维便统摄这一切成为这一切的基础"②。这就是说，尽管世界充满了物质性的存在物，但作为世界的本质或本性的则是这种客观的理性、客观的思维或思想，即一种客观精神。这就是黑格尔的哲学被称为客观唯心主义的根本原因。

黑格尔进而认为，理性固然是世界的本质，但这种理性如果仅仅是潜存于事物自身中的客观精神，那么这种理性就只是一种片面的、自然的、自在的理性，而不是完整的、自觉的、自为的理性。这种理

---

① 黑格尔：《小逻辑》，贺麟译，商务印书馆1980年版，第80页。
② 黑格尔：《小逻辑》，贺麟译，商务印书馆1980年版，第81页。

性只有通过人的生命活动才能达到自我完善、自我认识和自我实现。自然物、动物虽然具有潜在的普遍的东西,即以普遍的理性为其本质,但它们不能意识到它们自身的普遍性。人同样是以普遍理性为其本质,但人有思想,因而人有"双重性能",即"他是一个能意识到普遍性的普遍者"①。这就是说,人一方面同所有自然物一样是客观精神自我运动的产物或结果,以普遍理性为其本质;另一方面,人又是有着自我意识的特殊存在物,人可以通过自己的理性思维活动达到对自我和客观对象普遍本质的认识。而人对自身和客观对象的普遍本质及普遍理性的认识,也就是作为世界的普遍本质的客观精神在其逻辑运动中达到的对自身的自我认识和自我实现。黑格尔把这个过程理解为"理念"的发展过程。

总之,黑格尔确信人的理性是完全可以把握世界的普遍本质的,因为理性所要把握的归根到底就是原本属于理性的东西。在这方面,黑格尔的突出贡献在于将"实践"理解为认识活动的中介环节,并强调了实践理念的普遍性和现实性特征,但他最终还是把实践看成是绝对理念自我发展的一个环节。这就使他对认识可能性问题的论证不可能走出"意识的内在性"范围,亦即不能真正理解主观性和客观性的统一以及这种统一的现实性。

3. 马克思:实践哲学的解决方案

在认识论问题上,马克思深受康德的"感性世界"论和黑格尔的"实践理念"论的深刻影响。但马克思从"感性活动"的意义上对"感性世界"和"实践"做出了新的诠释,这就使他对认识可能性问题的解决具有超越独断论和怀疑论的特征。

马克思首先对"直观的唯物主义"进行了批判。这个"直观的唯物主义"是马克思对一切旧唯物主义的总称。他指出这种"直观的唯物主义"的共同缺陷是:

> 对对象、现实、感性,只是从客体的或者直观的形式去

---

① 黑格尔:《小逻辑》,贺麟译,商务印书馆1980年版,第81页。

理解，而不是把它们当作感性的人的活动，当作实践去理解，不是从主体方面去理解。①

旧唯物主义的这种直观性，特别体现在对"感性世界"的理解上，即把人生活于其中的"感性世界"直观地理解为某种开天辟地以来就已经存在的、始终如一的东西，而没有看到，这个感性世界其实是工业和社会状况的产物，是历史的产物，是世世代代活动的结果。也就是没有看到，这个感性世界本质上是以人的感性活动为基础、为人的感性活动历史地改变着的世界。

不难看出，马克思在其"感性世界"的理论中，明确地区分了感性世界和那种离开人而独立的自然界或"自在世界"。当然，马克思没有否认自在世界的存在，但他认为这个外部的自在世界对人来说是没有意义的。他曾在《1844年经济学哲学手稿》中指出，外在于人的或脱离人而独立的自然界不过是一种"非对象性的存在物，是一种非现实性的、非感性的、只是思想上的即只是虚构出来的存在物，是抽象的东西"②，也就是说，现实的、感性的存在物，必然是人的感性活动的对象，或者说是人的对象性的存在物。如果设想脱离人而独立存在的自然界，那么这种自然界就不是与人的感性活动相关的现实的、感性的存在物，而只能是思想上抽象出来的东西。这种"被抽象地孤立地理解的、被固定为与人分离的自然界，对人来说也是无"，或者说，"它是无意义的，或者只具有应被扬弃的外在性的意义"。③在《德意志意识形态》中，马克思通过对以费尔巴哈为代表的"直观的唯物主义"的批判，继续陈述这个观点，他说：

> 外部自然界的优先地位仍然会保持着，而整个这一点当然不适用于原始的、通过自然发生的途径产生的人们。但是，这种区别只有在人被看作是某种与自然界不同的东西时才

---

① 《马克思恩格斯选集》第1卷，人民出版社1995年版，第58页。
② 《马克思恩格斯全集》第42卷，人民出版社1979年版，第169页。
③ 《马克思恩格斯全集》第42卷，人民出版社1979年版，第178页。

有意义。①

所以在马克思那里,作为人的认识活动的前提和基础的是"感性世界"而不是"自在世界"。马克思举例说:

> 甚至连最简单的"感性确定性"的对象也只是由于社会发展,由于工业和商业交往才提供给他的。大家知道,樱桃树和几乎所有的果树一样,只是在数世纪以前由于商业才移植到我们这个地区。由此可见,樱桃树只是由于一定的社会在一定时期的这种活动才为费尔巴哈的"感性确定性"所感知。②

这就是说,认识的对象不是自在的,而是由人类的社会性、历史性实践活动提供的,或者说是在人类实践中被给予的。

马克思的"感性世界"不同于康德的"感性世界"的地方在于,康德所理解的感性世界不过是由人的知觉和表象所构成的"现象界",而马克思所强调的感性世界则是一个由人的感性活动创造出来的对象化的世界,即由人们的感性活动及其创造物构成的属人的世界。这个世界既与人的主观活动、内在意识密切相关,同时又是一个超越了人的主观精神、内在意识而对象化了的、客观化了的或外在化了的世界。因此,对于"人的认识何以可能"这个问题,如果我们把认识活动仅仅看成是发生在意识范围内的东西,或者像黑格尔那样把认识活动仅仅看成是绝对精神的自我运动,而把认识的对象或客体仅仅看成是外在于我们的"自在的"客体,那就不可能找到确切的答案。从这个意义上说,马克思的"感性活动"理论无疑为我们重新思考这个问题提供了一个强有力的理论支撑点。马克思不像怀疑论者那样怀疑人的思维的真理性,也不像独断论者那样,认为人的思维的真理性单纯地来自于人的理性能力、直觉,或客观精神的自我实现。他说:

---

① 《马克思恩格斯选集》第 1 卷,人民出版社 1995 年版,第 77 页。
② 《马克思恩格斯选集》第 1 卷,人民出版社 1995 年版,第 76 页。

人的思维是否具有客观的真理性，这不是一个理论的问题，而是一个实践的问题。人应该在实践中证明自己思维的真理性，即自己思维的现实性和力量，自己思维的此岸性。关于离开实践的思维的现实性或非现实性的争论，是一个纯粹经院哲学的问题。①

　　对马克思的这段话，我们应当做这样的理解，思维的客观真理性，就是思维的现实性，也就是通过人的实践活动创造出一个感性世界，从而使思维在现实的此岸中实现自身。不过，需要指出的是，尽管马克思的感性活动理论为解决认识的可能性问题提供了新的思路，但马克思本人并没有对这个问题做出更为深入、更为系统的研究。毋宁说，马克思的这个理论为我们研究这个问题开启了一个更为广阔的理论空间。

四、认识的可能性问题在现代哲学中的延伸

　　认识的可能性问题，即人的认识能否以及如何超越自身的内在性去把握那原本不在思维或自我意识范围内的自在的事物，在现代西方哲学中具有十分重要的地位，它直接启动了现象学和分析哲学两大哲学潮流的发展历程。

　　1907年胡塞尔在哥廷根大学执教时曾对现象学的进程和思路进行了梳理，他说："认识批判的方法是现象学的方法，现象学是一般的本质学说，关于认识本质的科学也包含在其中。"②他明确地区分了关于认识的两种思维，即自然的思维和哲学的思维，两种思维的区别是"生活和科学中的自然的思维对认识的可能性的问题是漠不关心的——而哲学的思维则取决于对认识可能性问题的态度。"而有关认识的可能性问题，就是这样一个问题：

---

① 《马克思恩格斯选集》第1卷，人民出版社1995年版，第58—59页。
② 胡塞尔：《现象学的观念》，倪梁康译，上海译文出版社1986年版，第7页。

> 人是如何能够确信自己与自在的事物一致，如何能够"切中"这些事物？自在事物同我们的思维活动和那些给它们以规则的逻辑规律是一种什么关系？①

或者进一步说：

> 认识如何能够超越自身，它如何能够切中在意识框架内无法找到的存在？②

在胡塞尔之后，海德格尔以同样明确的方式提出了这个问题。他认为，在人这种物体身上，认识不是现成的，不能像肉体属性那样从外部加以规定，因而认识一定是"内在的"，问题在于：

> 这个正在进行认识的主体怎么从他的内在"范围"出来并进入"一个不同的外在的"范围，认识究竟怎么能有一个对象，必须怎样来设想这个对象才能使主体最终认识这个对象而且冒跃入另一个范围之险？

换句话说，"认识究竟如何能够从这个'内在范围''出去'，如何获得'超越'？"③

这个问题不仅是现象学认识批判的起点问题，而且也隐含在分析哲学的语言批判中。如在科学陈述的检验问题上，人们一直围绕着"陈述是否必须与事实比较"这一问题争论不休。逻辑实证论的著名代表人物卡尔纳普在他的一篇非常重要的论文《真理与验证》中对此做出了评析。他反对用"比较"这个词，而主张用"对照"这个词来描述陈述与事实的关系，认为使用"比较"的表述谈论"事实"或"实在"，容易使人们滑向一种关于实在的绝对主义的观点，这种观点假定实在的性质是固定不变的，不依赖于为描写它所选择的语句。"然而，关

---

① 胡塞尔：《现象学的观念》，倪梁康译，上海译文出版社1986年版，第7页。
② 胡塞尔：《现象学的观念》，倪梁康译，上海译文出版社1986年版，第9页。
③ 海德格尔：《存在与时间》，陈嘉映、王庆节译，生活·读书·新知三联书店1987年版，第75页。

于实在问题的答案不仅取决于这个'实在'或取决于事实,而且也取决于描写所使用的语言的结构(以及概念的集合)。"①从卡尔纳普的这一观点可以看出,尽管逻辑经验论者总是力图通过经验的证实或否证来解决陈述与事实之间的矛盾,但是既然科学陈述所涉及的事实或实在"依赖于为描写它所选择的语句","取决于描写所使用的语言的结构",这就等于说,关于事实或实在的知识(科学陈述)并没有超出意识的内在范围,"我们的认识如何能够超越自身,如何能够切中在意识框架内无法找到的存在"这一问题就不会因对实证经验的强调而彻底地消失。为此,卡尔纳普不能不承认:"经验科学的陈述具有这样的性质,即它们永远不能被确定地接受或拒斥,它们只能在某种程度上被验证或否证。"②

维特根斯坦在其《逻辑哲学论》中描述了两个对称的系统,即由事实构成的本体论系统和由命题构成的逻辑系统,并把两个系统的关系理解为"图像"与"实在"(或事实)的关系,或语言与世界的关系,提出"命题是实在的图像"这一命题。在维特根斯坦看来,一个命题就是一个图像,进一步说,命题只有具备一定的逻辑结构才能成为事态的图像,而图像的逻辑结构必须与实在的结构有共同之处,才能描绘实在。这样一来,问题就产生了,作为命题的图像如何能够与作为事实的实在相吻合?用现象学的话说,命题如何能够"切中"实在?维特根斯坦径直宣称命题与实在或语言与世界之间具有同构关系,因而语言能够描述世界并且也确实成功地描述了世界(如科学)。但同时,他又认为语言与世界的逻辑同构性本身又是不可被陈述的,或者说不能被直接论证,而只能自身显示。因此,他不得不说:"凡是能够说的事情,都能够说清楚,而凡是不能说的事情,就应该沉默。"③维特根斯坦在其后期哲学,之所以对自己早期的"图像论"进行严肃的批判,也主要是因为他意识到,如果把语言视为世界的图像,那么一系列本体论问题(什么才是真实存在的)和认识论问题(图像如何

---

① 涂纪亮主编:《语言哲学名著选辑》,生活·读书·新知三联书店1988年版,第295页。
② 涂纪亮主编:《语言哲学名著选辑》,生活·读书·新知三联书店1988年版,第292页。
③ 维特根斯坦:《逻辑哲学论》,郭英译,商务印书馆1962年版,第20页。

以及能否正确地反映世界）就会随之产生。

可以看出，对认识之可能性问题的思考，构成了西方近代哲学和现代哲学的交接点，因而是非常值得重视的。可以说，绕开这个问题，绝无可能对现代哲学有深入准确的把握。

第三节 认识的真理性及其标准

从某种意义上说，认识的标准问题可能是一个更为复杂的问题，它既同认识的来源问题相关，又同认识的可能性问题相关。而且从最一般的意义上说，人的认识总是要获取真理，所谓认识的标准就在于它最终是否为一种真理。然而，"什么是真理"本身也是一个充满争议的"问题"。对"真理"持有不同的看法，必然会对认识的整个过程，包括认识来源、主体的认知能力都有不同的看法。因为要回答"什么是真理"这个问题，必然要追问获得真理的方法的正当性，以确立其客观性根据。如果说一般的科学认识都是在某种认识框架中提出本学科的基本问题与派生问题，并通过经验实证与逻辑推理的方式确立认识的真理性。那么，哲学上对"什么是真理"的追问则是要对人类的认识框架本身进行前提性批判，也就是弄清我们的认识如何具有真理性。

一、"符合论"真理观的不同见解

在认识论的发展历程中，"符合论"真理观可以说是最为传统的真理观和真理标准观。这种真理观认为，认识活动由主体和客体两个因素构成，客体有着自身的本质或本性，主体的认识，即思想观念只要符合客体自身的本质或本性，就是真理性的认识，或者说是"真观念"。这种真理由于它符合客体的本质或本性，因而具有客观性、普遍性和必然性。这个观点看上去简单明了，但实际上却包含着一系列复杂难解的问题。

从朴素的反映论立场上看，"符合论"包含着一种"镜式"隐喻。

即把人的头脑看成是一面能够映照外物的镜子,而真理性的认识就是外物或外部对象在人脑这面镜子中的摹写或影像。例如,我们说:"某人死于某年某月某日",这句话或这个判断很可以被认为是一个真理,因为它符合了一个事实。但这个"真理"却很难说是一个真理,它只是对一单个事实的描述,虽然符合客观事实,但不具有普遍性和必然性。无论在自然界中,还是在社会生活中,任何单个事实都是一次性的,不可重复的,因此对单个事实的单纯描述即便十分精确,对于我们理解和认识其他单个事实也没有普遍的意义。真理性的知识之所以为人们所崇尚和追求,就在于它对于我们理解和把握具体事实具有普遍有效性。例如,当我们说:"凡人皆有死"时,这个判断或命题就是一个具有真理性的知识,因为它对于把握每一个人的生命趋向或命运具有普遍有效性。当然,我们也可以说,这种真理性的知识也是一种反映,是人凭借自己的理智能力对事物普遍本质或本性的反映。但问题在于,我们的理智是如何获得这种普遍性、必然性的知识的?如何证明这种知识的确反映了客观对象的普遍本质或本性?如何论证这种知识具有普遍性和必然性?

对于这样的问题,经验论哲学所采取的亦是一种反映论的立场。不过,在经验论哲学家看来,人的一切知识都来自于人的感觉经验,并且不能超出感觉经验的范围。普遍性的知识或真理归根到底是人通过自己的理性能力对感觉经验进行归纳、概括的结果,是从个别中抽象出来的一般。因此,人的知识是否具有真理性取决于这种知识能否在经验中得到证实。如前文所述,经验论哲学家的这一基本立场导致了他们的怀疑论倾向,即他们拒绝回答人的知识是否反映了或符合客观对象自身的本质这样一种问题。这种怀疑论倾向又进一步导致了他们对真理性知识的普遍性、必然性的怀疑和否定。因为,无论经验事实有多少,只要是在经验范围内总是有限的,从有限的经验事实出发我们无法形成也无法论证一个具有普遍性、必然性的命题。如,我们看到一万只天鹅是白的,也不能由此得出或论证第一万零一只天鹅也是白的,或者用休谟的例子说,我们每天都看到太阳从东方升起,但我们不能由此推断明天太阳还会从东方升起。特别是在今天,当统计规律进入到热力学和量子力学的科学定律之后，不少经验论哲学家干脆否认了真理的普遍性和必然性。如现代逻辑经验论的代表人物、维也纳学派哲学家卡尔纳普就说："你观察不到必然性，就不要断定必然性。必然性对于描述你的观察不会添加任何有价值的东西。"①逻辑经验论的另一位代表人物、德国哲学家赖辛巴哈则认为，随着统计规律在科学中的广泛应用，应当放弃严格的、必然的因果律观念，所谓普遍的科学真理充其量不过是一种最大的概率。所以他宣称：

> 一个知道绝对真理的理想的科学家是一去不复返了。自然中的事件与其说像运行中的星体不如说是像滚动着的骰子；这些事件为概率所控制，而不是为因果性所控制，科学家与其说像先知，不如说像是赌博者。他只能告诉你他的最好的假定，他绝对不能事先知道这些假定是否将是真的。②

与经验论哲学家不同，唯理论哲学家坚持认为真理是具有普遍性、必然性的知识。他们承认，由于从单纯的经验事实出发不可能得到也不可能论证真理性知识的普遍性和必然性，因此具有普遍性和必然性的真理不是来自感觉经验，而只能来自人的理性能力。笛卡尔的理性原则就是用普遍怀疑的方法使"我思"的主体确立出无可怀疑的、清楚明白的或不证自明的"公理"，然后从这种"公理"出发推演出具有普遍性和必然性的各种命题。在他的心目中，几何学体系就是这样一个公理体系。由于"公理"是逻辑推演的大前提，因而从"公理"出发推导出来的任何结论都是必然的。例如，我们从"一个三角形的三个内角和等于180度"这个"公理"出发，可以毫无困难地依据两个已知内角的度数而说出第三个内角的准确度数。这个推论完全不需要感觉经验的证明。然而，问题却发生在被称之为"不证自明"的"公理"上。我们可以从"凡人皆有死"这个前提出发得出"苏格拉底必死"这样一个无可怀疑的必然性结论，但"凡人皆有死"这个普遍性、

---

① 卡尔纳普：《因果性和决定论》，《逻辑经验主义》，商务印书馆1982年版，第356页。
② 赖辛巴哈：《科学哲学的兴起》，伯尼译，商务印书馆1983年版，第192页。

必然性的命题又是怎样获得和怎样被论证的呢？在这个问题上，笛卡尔似乎陷入了困境，他只好求助于"直觉"和"天赋观念"之类的说法。荷兰唯理论哲学家斯宾诺莎也否认从感觉经验达到真理性知识的可能性，而强调理性知识和直觉知识，并把由直观获得的知识叫作"真观念"，相信"真观念"可以达到最高的确定性，并认为真观念与错误观念的区别仅在于真观念与它的对象相符合。但在如何确证"真观念"是否与对象相符合这一问题上，斯宾诺莎并没有提出更有说服力的论证。而且，在他看来，"真观念和它的对象相符合"不过是真理的"外在标志"，而真理还有它的"内在标志"，即一个观念并不是因为和它的对象相符合才是真观念，而是因为它本身就是真观念，所以它才与它的对象相符合。这显然是没有论证的论证，它只能表明唯理论在这个问题上不能把逻辑主义贯彻到底，它距离非理性似乎只有一步之遥。

黑格尔明确反对这种直观主义观念，称这种直观论是片面的、排斥中介性的、空洞的观念。他认为，如果把真理看成是我在我的意识内发现的东西，把真理的标准看成是来自心灵的直观，那就有可能把一切迷信和偶像崇拜宣称为真理。在真理问题上，黑格尔也主张一种"符合论"，但他所理解的"符合"，不是通常意义上的"我们的表象与一个对象的符合"，而是"思想内容与其自身的符合"①。在这里，他所说的"思想内容"大致是指我们的思想观念，而所谓"思想自身"，在他的哲学理论中，则是指作为事物本质或本性的"概念"，即一种客观精神。"思想内容与其自身的符合"就是说，我们的思想观念所表达的东西必须与这个东西的概念相符合。他举例说："譬如我们常说到一个真朋友。所谓一个真朋友，就是指一个朋友的言行态度符合友谊的概念。"②在这个意义上，不仅仅是说我们的观念应当与事物的概念相符合，而且事物本身的存在也必须同它的概念相符合才真正是这个事物。一个真的艺术品是符合艺术概念的艺术品，一个好的政府

---

① 黑格尔：《小逻辑》，贺麟译，商务印书馆1980年版，第86页。
② 黑格尔：《小逻辑》，贺麟译，商务印书馆1980年版，第86页。

就是符合政府概念的真政府，等等。事物存在的真理性就在于符合它的概念。

然而，我们怎样才能判定"思想内容"是否与"思想自身"相符合呢？在这个问题上，黑格尔提出：

> 关于思维规定真与不真的问题，一定是很少出现在一般意识中的。因为思想规定只有应用在一些给予的对象的过程中才获得它们的真理，因此，离开这种应用过程，去问思想规定本身真与不真，似乎没有意义。但须知，这一问题的提出，正是解答其他一切问题的关键。①

显然这已经是部分地说出了实践是检验真理的标准这一观点。

应当说马克思的实践哲学吸收了黑格尔的这一思想。但是，与黑格尔根本不同的是，马克思并不把事物的概念直接理解为事物的本性，也就是说，尽管事物的本性是必须通过概念来表述的，但这并不意味着事物的本性就是概念本身。概念只属于能思维的理性，属于人，而不存在什么客观精神。所以他说："观念的东西不外是移入人的头脑并在人的头脑中改造过的物质的东西而已。"② 这就是说，关于事物的概念，作为我们的观念，依然存在着与事物的本质或本性是否相符合的问题。在这个意义上，马克思同样认为，认识的真理性是不能通过理论自身来解决的，人应该在实践中证明自己思维的真理性。当然，人应当如何在实践中证明自己思维的真理性、现实性或此岸性，这是一个高度复杂的问题。对于这个问题，还需要通过持续不懈的深入研究逐步予以解决。

---

① 黑格尔：《小逻辑》，贺麟译，商务印书馆 1980 年版，第 85 页。
② 《马克思恩格斯选集》第 2 卷，人民出版社 1995 年版，第 112 页。

二、在真理问题上的"实在论"与"建构论"之争

真理问题的困难还不仅仅是我们的认识或知识怎样才能符合认识对象的本质或本性,更为困难的是,作为认识对象的东西或在思想观念中所言称的"事实",是否就是外在于我们的客观实在?我们的认识或知识的真理性是否就是以对象或事实的客观性为基础?在这个问题上,"实在论"与"建构论"的争议是最具代表性的。

"实在论"的基本观念就是确认认识的客体是一种外在于认识主体的客观实在,真理之为真理就在于它是一种符合这种外部实在的客观知识。在这方面,当代英国著名科学哲学家波普(Popper)[①]的观点最具代表性。他说:

> 客观意义上的知识同任何人自称自己知道完全无关;它同任何人的信仰也完全无关,同他赞成、坚持或行动的意向无关。客观意义上的知识是没有认识者的知识:它是没有认识主体的知识。[②]

这种知识的真理性在于它的客观性,即一种"无主体"的知识,所以:

> 客观性概念是通过真理之路的一块路标。……现代科学的首要特点是它对公开的可确定知识的依赖;最重要的是,它的真理形式是公开的。[③]

显然,在真理问题上,实在论所坚持的是一种比较传统的科学观念和哲学观念,因而它对于近代以来的怀疑论所提出的问题,即如何

[①] 卡尔·波普(Karl Raimund Popper,1902—1994),20世纪英国著名的哲学家,研究领域涉及科学哲学、政治哲学和历史哲学等。主要著作有《科学发现的逻辑》、《猜想与反驳》、《历史决定论的贫困》、《开放社会及其敌人》等。
[②] 波普:《客观知识》,舒炜光等译,上海译文出版社1987年版,第78页。
[③] 波普:《客观知识》,舒炜光等译,上海译文出版社1987年版,第117页。

证明在人的经验之外的外部实在问题，没有做出令人信服的应答。在这里，更为关键的问题是，我们是否可以把作为认识对象的东西看成是一种"无主体"或不依赖于主体的外部实在？例如，当我们看到一个东西，说"这是一朵玫瑰花"，或者说"这朵花是红色的"时候，我们的确似乎确认了一个外部事实。但稍加追究，我们就会发现，这个事实的确定并不仅仅依靠我们感官所接受到的刺激，"这朵花"作为认识的对象，作为认识活动可以确定的"事实"，实际上已经被纳入到认识主体关于"植物"或"颜色"等等的概念框架和知识系统中，纳入到由这些概念框架和知识系统所构成的思维形式和思维规定中。没有主体的这种概念框架和知识系统，单纯的感官刺激就什么都不是，也不可能作为认识的对象或客观"事实"出现在认识活动中。

根据上述分析，所谓认识对象，作为认识活动所确认的事实，很难说是一种纯粹的外部实在，而不如说是在主体的概念框架和知识系统中建构起来的。这一点，恰恰是所谓"建构论"的基本观点。如主张建构论的当代科学哲学家巴恩斯等人说：

> 科学有其自己特殊的研究对象……其实在论策略不是研究电子，而是"电子"与"其"电荷。这种策略已经被制度化为物理学的一部分，以至于物理学家已经忘记了电子是一个理论实体，把它视为一种通常的客观客体。把电子视为理所当然的实在。这种理论实体是一种科学共同体相互协调的产物……原子、电子与夸克等和热素具有相等地位。就这种对象的存在方式，就对维持这种存在状态的实在论模式所采用的技术与设计来说，它们在所有文化中，是人类典型的创造物。[①]

对于波普所说的"知识的公开性"，建构论者并不表示反对，但他们认为，这种公开性并不是来自对象的客观实在性，而是取决于科

---

① Barry Barnes, D. Bloor & J. Henry. *Science Knowledge: A Sociological Analysis.* The University of Chicago Press. 1966. p.84.

学共同体的"公共规则",这种公共规则是科学共同体协商的结果。因此,科学知识不能被看作是对自然的反映,而是科学共同体内部成员之间谈判或协商的结果,自然在确定科学真理的问题上没有什么发言权。在科学知识的本性问题上,科学知识不是对外部实在的反映,而是社会建构的产物。

建构论者用上述方式否认了"无主体知识"的可能性,揭示了科学知识的主体性因素和科学知识得以形成的社会机制。但是,与此同时,他们也倾向于否认科学知识或真理性知识的客观性,因而不可避免地走向了知识论的相对主义。实在论和建构论之争目前还在继续。

三、以"效用论"为特征的实用主义真理观

实用主义真理观似乎具有避开"实在论"和"建构论"之争的努力。在实用主义者看来,判定知识是否具有真理性,既不看其是否符合了对象的客观本性,也不看其是否出自主体的建构,而关键在于这种知识是否能够在我们的经验性活动中引导我们获得成功。也就是用知识在行动中的效果来检验知识的真理性。在这个意义上,实用主义被定义为一种"关于真理是什么的发生论"[1]。法国著名社会学家涂尔干(Durkheim)[2]也说:"实用主义是一种真理理论,一种具有特殊兴趣的真理理论。"[3]

实用主义者有时也将实用主义称之为"实践哲学"。实用主义哲学创始人之一、美国哲学家詹姆士(James)[4]从词源学的角度论证说:"实用主义"这个词"是从希腊语的 πράγμα 派生出来的,意思是行

---

[1] 詹姆士:《实用主义》,陈羽纶等译,商务印书馆1979年版,第37页。
[2] 埃米尔·涂尔干(Emile Durkheim, 1858—1917),又译迪尔凯姆,法国著名的社会学家,社会学学科的奠基人,主要著作有《社会学方法的规则》、《劳动分工论》、《自杀论》、《宗教生活的基本形式》等。
[3] 涂尔干:《实用主义与社会学》,渠东译,上海人民出版社2000年版,第18页。
[4] 威廉·詹姆士(William James, 1842—1910),美国本土第一位哲学家、心理学家和教育家,美国实用主义哲学的创始人之一。主要著作有《心理学原理》、《实用主义》、《多元的宇宙》、《真理的意义》等。

动。"实践"(practice)、"实践的"(practical)这两个词就是从这个词来的。① 因此,实用主义真理观也必然是一个注重实践与行动的真理观。这一真理观所主张的正是传统符合论所忽视的东西。

首先,实用主义真理观注重的是结果,是效用。它不同于传统真理观关注于如何获取真理,或者说真理究竟是怎样形成的,而是关注于形成的真理在现实中是否有用,或者究竟能产生什么样的结果。实用主义者通过对人类如何获得真理的历史考察发现,最初被人类视为真的东西往往是那些被放入到经验世界中产生了某种"兑现价值"的观念。经过一次次的试错,真理被累积起来。某些观念的"真"不"真"往往是在现实实践中"行"不"行"的另一种说法。为此,詹姆士指出:

> 实用主义的方法,不是什么特别的结果,只不过是一种确定方向的态度。这个态度不是去看最先的事物、原则、"范畴"和假定必需的东西;而是去看最后的事物、收获、效果和事实。②

詹姆士更为有名的一句宣言则直接宣称:"有用的即是真理。"这句话虽然简单明了,但显然也给实用主义带来很多的误解甚至诟病。有用的,就是真理,这往往让实用主义带有了功利主义的色彩。它所倡导的真理观也因此被很多人视为一种主观的真理。好像只要某种观念对某个人是有用的,那么它就是真理。这显然是对实用主义的最大误解。举例说来,在实用主义者看来,用一枚圆的硬币来界定圆形,和用数学的定义来界定圆形,对于圆形的真理来说,后者更为有效。但这个有效显然不是对某个人是有效的,它恰恰是对于整个人类认识都是有效的,因此它具有一种客观的普遍有效性。

其次,实用主义真理观凸显真理的"效果",从而也就在理论中淡化了传统认识论中有关主客体对立的观点,淡化了认识论中的那个"镜式"隐喻。在传统的认识论中,无论是经验论还是唯理论都试图

---

① 詹姆士:《实用主义》,陈羽纶等译,商务印书馆1979年版,第37页。
② 詹姆士:《实用主义》,陈羽纶等译,商务印书馆1979年版,第105页。

通过把握认识的来源,即认识究竟产生于外在世界(经验论)还是产生于人自身的理性(唯理论),用保证认识来源的真来保证认识结果的真。也就是说,它们都在某种意义上或者突出认识对象、或者突出认识主体的方式来强化了镜式隐喻。而实用主义则不同,它直接通过"行动",通过"实践",也就是通过"主客体间的"相互作用,来直接考察真理的"真"。这种从后向前看的真理观从某种意义上消解了主客体的二元对立。因为就行为本身来说,需要的是主体与客体的共同作用。这无疑带有了对整个认识论的颠覆性。

最后,实用主义的真理观中的真理不是一个绝对的、僵死的存在,它是一个具体的、不断变化着的过程。在实用主义真理观看来,真理并不是一个等待被发现、被挖掘的宝藏,真理是一个过程,一个事件,一个在活动中获得其"真"的观念。因此从来就不可能存在一个绝对的、不变的真理,

> 一个观念的"真实性"不是它所固有的、静止的性质。真理是对观念而发生的。它之所以变为真,是被许多事件造成的。它的真实性实际上是个事件或过程,就是它证实它本身的过程,就是它的证实过程,它的有效性就是使之生效的过程。①

当然,实用主义并没有也不可能一劳永逸地解决认识的真理性及其标准问题。尽管对于传统认识论,实用主义提出了许多颠覆性的观念,但它归根结底仍是在传统认识论的框架内去讨论问题。实用主义的早期创始人皮尔士的种种观念甚至就是符合论的一个翻版,只是由于其中包含着对效用的推崇,才在无意中开创了实用主义。实用主义的重要发展者詹姆士在阐述了实用主义的种种观点之后,还不无遗憾地说:实用主义在"客观世界和人的心理之间何以表现为这样巧合一点,还留下许多尚待解决的疑问"②。这些都表明,实用主义的真理

---

① 詹姆士:《实用主义》,陈羽纶等译,商务印书馆1979年版,第103页。
② 詹姆士:《实用主义》,陈羽纶等译,商务印书馆1979年版,第191页。

观最终还是在传统认识论的笼罩之下,并努力找寻自身与传统认识论的沟通之处。

四、海德格尔的"解蔽论"

严格说来,德国著名哲学家海德格尔的真理观,从一开始就没有把真理问题的探讨局限在认识论范围内,而是力图实现对整个传统哲学的颠覆。他明确反对传统的"符合论",并旗帜鲜明地表示与其"决裂"。

海德格尔认为真理不是一种符合,因为当物被认识的时候,总是要被说出来的,但用以说出物的语言本身与物具有完全不同的特质,物为现实的存在,语言只是人的陈述中介,语言如何能说出物的存在?两者如何相符合呢?海德格尔举例说,如果我口袋里有两个硬币,这两个硬币在现实中是完全相互符合的,这是可以理解的,而如果说"一个硬币是圆的",而同时又说另一个硬币符合这一命题,这是一件不可思议的事。因为一个是命题,另一个则是具有广延性的物。一个陈述命题不是一个物,两者是如何符合的?海德格尔认为,整个西方认识论在认识之前存在着某种"预设",即在未考察能够"符合"以及怎样"符合"之前,已经认定是可以符合的。这一预设是无根据的,因此传统符合论的真理也必将是无根据的。

海德格尔在考察古希腊语关于真理的表述时,有一个新发现,即在希腊语中"无蔽者"一词与"真理"一词有相同的词根。海德格尔认为,如果当时不把其译为真理,而是译为"无蔽",则真理就不会产生几千年来的歧义。这一词源学的考证使海德格尔为理解真理问题提供了一个新的思路。

正如我们已经指出的,传统认识论的基本思路或前提就是确认认识的主体与客体的分立,而后才有所谓主体如何认识客体,或主体如何与客体统一的问题。无论哲学家们采取什么样的态度,他们都不过是从主体或者从客体,或者从主客体的两个方面来审视这个问题。而当代哲学对于主客体对立的普遍质疑已经将认识论的这个前提推到了哲学的审判台上,这就不能不启发哲学家从新的角度重新考察认识论问题。海德格尔的贡献就在于此。他以重新挖掘古希腊哲学遗产的方式为切入点，超越主客体说，提出一个新的说法：真理就是去蔽。

所谓去蔽，顾名思义，就是去除遮蔽的意思。在海德格尔看来，从传统认识论主客体对立的角度出发，是无法说明真理何以成为真理这一问题的。因为，如果说真理是主体和客体相符合，这就必须假定预先对主体和客体有所了解，但实际上无论是纯粹的主体，还是纯粹的客体，自身都是无法证明的。要说明真理之为真理，就必须超出传统符合论真理观的界限去追问真理的基础和本质。他认为，只有那种能够超越主客体分立同时又构成主客体统一的基础的东西才能使真理成为可能。他所说的这个东西就是人。人同世间万物一样，也是一种存在者。存在者之为存在者，就在于它们都是以"存在"本身为终极根据的。这就是说，"存在本身"是使一切存在者成其为存在者的东西，但这个"存在本身"是不能定义的，因为能够定义的都是"存在者"而不是"存在本身"。对于存在本身，我们只能追问其意义，即存在的意义问题。而在所有存在者中，只有人这种存在者才能对存在的意义问题进行发问，也就是只有人才是能够领悟"存在本身"或存在的意义的存在者。为了区别人这种存在者与其他存在者，海德格尔将人称之为"此在"。进而，海德格尔指出，尽管人向来都是生活在一种存在之领悟中，但"存在的意义却隐藏在晦暗中"，即隐藏在"此在"的生存结构中，被"此在"的生存状态所遮蔽，因此真理就是通过对人的生存结构和生存状态的分析，把存在的意义从被遮蔽的状态中解放出来，或者说使之"呈显"或"展开"出来，即所谓"解蔽"。

依据上述分析，海德格尔显然明确否认了所谓"无主体的客观知识"，认为"真理的存在源始地同此在相联系"①。所谓科学知识，只有同人即"此在"相联系，才是真理。因为：

> 各种科学都是此在的存在方式，在这些存在方式中此在也对那些本身无须乎是此在的存在者有所作为。此在本质上

---

① 海德格尔：《存在与时间》，陈嘉映、王庆节译，生活·读书·新知三联书店1987年版，第276页。

就是：*存在在世界中*。①

从这个意义上说，只有当人（此在）存在着时，牛顿定律、矛盾定律以及任何其他真理才是真的。在有人以前没有真理；在不再有人之后也不会有真理。

海德格尔的"解蔽论"的确为解决"符合论"真理观的困难问题提供了全新的思路，但他的这个观点却多少包含着一些对科学真理的轻视态度。他认为，对存在意义的追问在于追究存在者怎样成为存在者，而它们的存在又何以呈现于思想中。在他看来，这种追究只能通过语言，因为"存在在思维中形成语言。语言是存在的家。"但是，传统哲学只是对思想和语言做了技术性和工具性的解释，不是把它们作为存在的直接呈现，这样，哲学就成了对思想和语言做技术性、工具性解释的与各门科学并列的东西。于是，"知识产生了，思却丧失了"。只有以具有存在性和本原性特征的"思"以及作为其显现的存在性和本原性的语言来承担起对存在意义的追究，存在才能呈现于思想和语言之中。那么什么样的语言才能担此重任呢？海德格尔认为是"诗"的语言。因此，能够真正澄明和揭示存在本身的与其说是哲学家，不如说是诗人，诗并不只是一种艺术形式，不只具有审美意义，更重要的是具有本体论的意义。只有思和诗的语言，才能超越主客二分、超越对知识和确定性的追求，去直接聆听存在的声音，显现存在本身的意义。这样一来，科学真理乃至科学技术本身都不在真理的范畴之中。这不能不使哲学家和科学家们对这一理论表示怀疑。

本章思考题

1. 在哲学史上，有关认识的来源问题都产生了哪些基本观念？

---

① 海德格尔：《存在与时间》，陈嘉映、王庆节译，生活·读书·新知三联书店1987年版，第17页。

这些基本观念之间有什么区别和联系？

  2. 在哲学史上，有关认识的可能性问题都产生了哪些基本观念？这些基本观念之间有什么区别和联系？

  3. 在哲学史上，有关真理和真理的标准问题都产生了哪些基本观念？这些基本观念之间有什么区别和联系？

第五章　道德论：善与正义

如本书第三章所述，生活世界是以人的感性活动为基础的属人的世界，也就是一个完整意义上的、以人的实践为本质的社会生活世界。既然人是一种社会性的存在物，那么人在其生存活动中，就不仅要面临如何认识和把握各种客观对象的知识论问题，而且要面临个人如何才能与他人和谐相处，如何才能在实现自己的自由的同时又不侵害或妨碍他人自由的实现这样一个道德论问题。这就是说，人不仅要求真，还要求善。"求真"和"求善"是两个不同的问题。求真是对事实的确认，即要求正确地认识和把握来自经验的客观对象，如果我们的认知与客观事实相违，就必须考虑修改我们的知识。例如，鸭嘴兽是一种用卵生的方式繁衍后代的动物，因而在很长一段时间里，人们将鸭嘴兽看成是一种爬行动物，但是，后来人们发现鸭嘴兽有乳腺并用乳汁抚养幼崽。面对这种情况，我们当然不能去改变鸭嘴兽，而只能改变我们对鸭嘴兽的认识。这是求真。而求善则不同，一般来说，求善是基于一种价值追求，它要求在经验上始终贯彻道义原则即"善"。例如，在道义上我们要求每个人都应当在公共汽车上为老弱病残让座，这是一种"善"，但在现实生活中，我们到处都可以发现"不让座"的行为。面对这种情况，我们当然不能修改或放弃我们观念中的道义原则，而是希望生活中的这种经验事实能够符合这种道义原则。所以"求真"是关于事实的问题，即关于事实实际是怎样的问题，"求善"则是关于价值的问题，即关于事情"应当"是怎样的问题。

道德问题的这种特殊性要求，构成了哲学对道德问题的全部兴趣。什么是"善"？我们为什么要追求"善"？我们怎样做才是"善"？

"善"在人的生存活动中居于何种地位？等等这一类问题构成了哲学对道德问题的反思和追究。

第一节 对"善"的追求与道德实践

道德问题的核心概念就是"善"。在英语中，善就是"Good"或"Goodness"，也就是"好"的意思，并兼有"仁慈"（kind）、"德性"（virtue）、"福利"（welfare）等含义。它与"恶"（badness 或 evil）相对立。这表明，"善"这个概念是人们对于所有"好"的即有利于人的生存和发展的因素和行为的总称。这也是人们追求"善"的基本原因。然而，什么样的因素和行为才是"善"的？对于这个问题，历史上的不同哲学家或哲学派别有着不同的理解。在这里，我们有必要首先对"善"的概念进行最一般意义上的分析，以确立我们讨论道德问题的出发点。

一、"善"与"人性"

道德问题是属人的问题。自然物的运动变化就其自身而言，无论其对人有利还是不利，都不涉及道德问题。只有人的行为或活动，特别是涉及与他人的交往活动，才有好坏善恶之分。因此，对道德问题或善恶问题的探讨总是与对人性的理解密切相关。人为什么会追求善？为什么能够被要求求善？是因为人性中原本就有与生俱来的"善缘"，从而求善不过是人的天性？还是说，人的本性原本是恶，而求善不过是为了避免人性的恶所带来的灾难性后果？还是说，人的本性并无善恶之分或善恶兼具，人的道德品性的善恶均是后天生活环境作用的结果？对这些问题的不同回答形成了不同的道德学说。

1. "性善论"

在哲学史上，最早从"人性本善"的角度对道德问题做出系统探讨的当属中国先秦儒学中的孟子学说。孟子①强调人性在根本上是"善"的,这种善就表现为每个人都有"不忍人之心",即那种不忍看到他人陷入困境、危难的心性。他举例说,当一个人看到一个小孩快要落入井中,他就会担心害怕并惊呼救命,他这样做不是因为他想和这个孩子的父母交朋友,也不是想在乡邻朋友中落个好名声,而是天性如此,这就是人的"恻隐之心",没有此心就不是人。正是这种"不忍人之心"构成了人的道德行为的开端。他把这种"不忍人之心"具体划分为"恻隐之心"、"羞恶之心"、"辞让之心"和"是非之心",认为这四心是人的一切道德行为的开端。他说:

> 恻隐之心,仁之端也。羞恶之心,义之端也。辞让之心,礼之端也。是非之心,智之端也。人之有四端,犹其有四体也。有是四端,而自谓不能者,自贼者也。谓其君不能者,贼其君者也。凡有四端于我者,知皆扩而充之矣。若火之始然,泉之始达。苟能充之,足以保四海;苟不充之,不足以事父母。(《孟子·公孙丑上》)

既然每个人都有此"善端",那么,在现实生活中为什么总是有那么多的人为了一己私利而无视"仁义礼智",甚至为非作歹,肆意侵犯他人的财产、尊严和生命?孟子解释说,这是由于现实生活中的人们总是面临声色犬马的诱惑,不能自持者经不起这些诱惑,在竭力满足欲望的行为中,逐渐远离自己的"善端",成为道德败坏的人。这就是儒家所说的"性相近也,习相远也"(《论语·阳货》)的道理。要想使人能够保持自己的善端,并最终成为"善人",就必须为其创造良好的道德环境,使其接受良好的道德教育。

在古希腊哲学中也有类似的"性善论"哲学观念。古希腊著名哲学家苏格拉底就认为人不会有意为恶,他说:

---

① 孟子(前372—前289),名轲,字子舆,战国时期邹国人,中国先秦时期著名的哲学家、教育家和政治家,他创造性地发挥了孔子创立的儒家学说,被称为"亚圣"(仅次于孔子),主要著作有《孟子》(七篇十四卷)。

>对善的想望是为一切人所共同的，而在这一点上，是并没有一个人比另一个人更好。也没有人想望着恶。①

他认为，人作恶首先是由于无知。人都向往着善，但无知或愚昧的人不知道什么是善，也不知道什么是恶，甚至有可能把恶当作善，这就难以避免做恶的事情。这种做了恶事还以为自己是有道德的人，是最不可救药的。那么，生活中有没有人有意作恶呢？当然有，有意作恶的人并不是不"想望"善，而是被私利制约或被胁迫而为之。但在苏格拉底看来，这种有意作恶的人可能比无意作恶的人还高尚些，因为前者知道什么是善，因而有从善的条件，后者什么都不懂，就没什么希望了。

2. "性恶论"

"性善论"的观点有助于说明对人实施道德教育的可能性，鼓励人们在道德完善方面建立信心并做出努力。但问题是，人既有此善端，为什么又很难经得起声色犬马的诱惑？或者说，为什么在声色犬马的诱惑面前，人的善良天性的力量似乎远比不得这些诱惑所产生的力量？能够克服这些诱惑成为纯粹的"善人"之人更是少之又少。对于这样的问题，有的哲学家就干脆否认了"性善论"，而主张"性恶论"。在这方面，中国先秦哲学家荀子的观点最具代表性。他首先区分了"性"和"伪"两种情况，认为，在人身上不用学、不用练而天然具有的东西就是"性"，必须通过学习、训练才能获得的东西就是"伪"，即人为的意思。在荀子看来，好利、好色、争权夺势就是人身上天然就有的"性"，而礼义之道、辞让之心则是必须通过后天的学习、培养才能获得，故而是"伪"。据此，他直截了当地反对孟子的性善论，说：

>人之性恶，其善伪也。(《荀子·性恶》)

荀子主张"性恶论"，并不是因为他对道德教育没有信心，而是强调道德教育的必要性。他认为，正因为人性本恶，所以国家和社会

---

① 《古希腊罗马哲学》，商务印书馆1961年版，第160页。

的治理就不能顺着人性来，而必须对人进行礼义文理的教育和培养，否则就会天下大乱。他说：

> 今人之性，生而有好利焉，顺是故争夺生，而辞让忘焉。生而有疾恶焉，顺是故残贼生，而忠信忘焉。生而有耳目之欲，有好声色焉，顺是故淫乱生而礼义文理忘焉。然则从人之性，顺人之情，必出于争夺，合于犯分乱理，而归于暴。故必有师法之化，礼义之道，然后出于辞让，合于文理，而归于治。用此观之，然则人之性恶明矣，其善者伪也。（《荀子·性恶》）

在西方哲学中，"性恶论"似乎更为普遍。特别是在基督教神学中，"人性恶"几乎可以说是其全部说教的前提。"原罪论"就是用寓言的方式亦即用"伊甸园"的隐喻来确立"人性本恶"这个观念。所谓"原罪"，无非是说现实生活中的人与生俱来就有恶的本性，很难抵御满足各种感性欲望的强烈要求。古罗马帝国末期，教父哲学家奥古斯丁（Augustinus）[①]说得更为彻底。他认为，亚当偷吃智慧果，不是上帝的安排，而是他自愿犯罪，并把这个罪传给了他的后代，"因而他使众人都犯了罪"。凡是来到这个世界上的人，一出生就已蒙受原罪；同时他们又生活在情欲中，继承了破坏的本性，使贪欲强于理性。每个人达到一定年龄时就会犯本罪，犯他必然要犯的罪。可见，人犯罪是出于自愿，出于他的天性——原罪。这种原罪使他只能作恶，只能向往恶，只能有犯罪的自由。这就是说，人是有罪恶的本性的，这种罪恶本性的特点在于：

> 罪恶是丑陋的，我却爱它，我爱堕落，我爱我的缺点，不是爱缺点的根源，而是爱缺点本身。[②]

进而，人犯有原罪，之所以是"原罪"，就是说人的罪恶本性不

[①] 奥勒留·奥古斯丁（Aurelius Augustinus，354—430），古罗马帝国末期基督教思想家、教父哲学家，主要著作有《论三位一体》、《忏悔录》、《上帝之城》等。
[②] 奥古斯丁：《忏悔录》，周士良译，商务印书馆1981年版，第30页。

仅导致人的堕落,而且是人自身无法克服的,只能通过信仰上帝才能得到解脱。因为,人是自由的,但人的自由可以使人向善,也可以使人向恶。人类之初本来是可以选择永恒的、神圣的自由,但他们没有选择,而是自由地选择了犯罪。自由被罪恶所胜,人成了自由的奴隶,这不是真正的自由。只有靠上帝的拯救才能从恶事中结出善果来。不难看出,奥古斯丁试图向人们论证,现实的苦难源于人的罪恶的本性,因而人自身无法摆脱堕落的趋势,只有通过信仰才能使道德的力量发挥作用。

在欧洲近代哲学中,霍布斯的国家学说也可以说是建立在"性恶论"的基础上的。霍布斯认为,人同自然的其他事物一样,是一个物体。当外界物体作用于人,有助于人的生命运动时,就会引起喜悦和快乐的感情,反之,当外界物体的作用有碍于人的生命运动时,就产生厌恶和痛苦的感情。因此,人的本性就是自我保存,趋利避害,无休止地追求个人利益。而人们最初的生活状况就是每个人都按照自己的本性而生活的"自然状态"。在这种状态中,每个人都要实现自己占有一切的"自然权利",从而导致"一切人反对一切人的战争"。在霍布斯看来,人是无法改变自己的这种利己本性的,因而要避免这种人人自危的灾难,就必须接受理性的指导。而人们保存自己和对死亡的恐惧也必然使人们产生求取和平,摆脱战争状态的愿望,从而顺从理性的指导,建立和接受那些大家必须遵守的共同的生活规则,并建立强大的国家、政府和法律,以确保这些共同生活原则的实行。霍布斯的这个观点在欧洲是很有影响力的。从一定意义上说,近代欧洲的国家学说或政府理论都包含着对人性的某种不信任。

3. "性无善恶说"与"亦善亦恶说"

"性恶论"显然更有利于说明道德教育的必要性,但却多少淡化了道德教育的可能性这一问题。在现实生活中,尽管道德状况总是不尽如人意,但从总体上说,人们在遵守道德规范方面至少足以维持社会的共同生活,而且在社会生活中也不乏为他人、为国家、为社会而牺牲自己的利益乃至生命的道德楷模或贤良之士。这表明,人不是必定从恶的，即便是行为不端的人，经过教育也可以在善性方面有所改进。这种情况使"性恶论"不能不面临一个困难的问题：如果说人性本恶，那么人弃恶从善的可能性是否也出自人性？如果说人性中有这种可能性，那么这种可能性岂不就是人性中的"善端"？如果说人性中不包含这种可能性，那么这种与人性无关的可能性又来自何方？

由此可见，无论是"性善论"，还是"性恶论"，都会在理论上面临自身无法解释的矛盾。这就促使一些哲学家在人性善恶问题上提出与这两种学说不同的思路。其中，具有代表性的就是"性无善恶说"。

在中国哲学史中，最早提出"性无善恶说"的哲学家是先秦时期与孟子同时代的哲学家告子[①]。他的这个观点，也是在同孟子的辩论中提出的。他认为，人不是生来就有善性或恶性的，所谓善与恶都是后来在社会环境中形成的。他把人性比作流动的水，称"决诸东方则东流，决诸西方则西流"（《孟子·告子上》），也就是说，人的道德品质取决于社会环境的影响，向哪方面引导，就向哪方面流去。古希腊哲学家亚里士多德也有类似的看法。在他看来，人没有天生的美德。自然只赋予人获得美德的可能，但这种美德只有在社会实际生活中才能成为现实。所以他说："在美德方面，我们由于首先运用才获得它们，正如在技艺方面的情形一样……例如，人们由于从事建筑而成为建筑家……同样地，我们也是由于行为公正而成为公正的。"[②]

与这种"性无善恶说"相映成趣的是"亦善亦恶说"，即认为人性既有其善的一面或因素，又有其恶的一面或因素。如古希腊哲学家柏拉图就认为，每个人的心灵都可分为三个部分："爱智部分"、"爱胜部分"和"爱利部分"，人的品性取决于哪个部分占据主导地位或统治地位。在有些人的心灵里是爱智部分统治着，另一些人的心灵里，或者是爱胜部分统治着，或者是爱利部分统治着。由此人可分为三种类型：哲学家或爱智者、爱胜者和爱利者。对应于这三种人有三种快乐：爱利者会断言，和利益比起来，受到尊敬的快乐和学习的快乐是

[①] 告子（生卒年不详），中国战国时期思想家，曾在孟子门下学习，就人性问题同孟子辩论，其著作没有流传下来。

[②] 《古希腊罗马哲学》，商务印书馆1961年版，第323页。

无价值的,除非它们也能变出金钱来;爱胜者会把金钱带来的快乐视为卑鄙,把学问带来的快乐视为无聊的瞎扯,真正的快乐在于战胜他人或优越于他人;爱智者(如哲学家)则把永远献身于研究真理作为最高的快乐,与这种快乐相比,其他的快乐都微不足道。柏拉图本人当然崇尚爱智者的快乐,因为爱智者既可以享受追求真理的最高快乐,又能同时享受其他的快乐,是获得快乐经验最多的人。因此,他认为道德教育最关键的问题在于使人们在心灵中建立起爱智部分的统治地位,由此带来心灵的和谐。①

在中国古代哲学中,汉代哲学家扬雄②也主张"人之性也善恶混,修其善则为善人,修其恶则为恶人"。东汉时期,著名哲学家王充③更明确地提出关于人性的"中人"之说,认为"人性有善有恶,举人之善性,养而致之则善长,性恶,养而致之则恶长"(《本性论》),因此,"夫中人之性,在所习焉。习善而为善,习恶而为恶。"

"性无善恶说"和"亦善亦恶说"都十分强调人性的可塑性,注重道德环境和道德教育对人性培养的引导作用,因而较之"性善论"和"性恶论"更能说明创造良好的道德环境和对人实施道德教育的必要性和重要性。

二、"求善"的动机与目的

对人来说,"求善"的过程并不是一个没有矛盾的过程。人是有其自然生命的存在物,有着与生俱来的、满足自身肉体需要的各种生物本能,这些生物本能表现为各种感性欲望,而满足这些感性欲望不仅是人生命存在的条件,而且也会给人带来各种快乐和享受。不管我们把满足感性欲望的要求称之为"性恶"、"原罪",或无所谓善恶的

---

① 参见柏拉图:《理想国》,郭斌和、张竹明译,商务印书馆1986年版,第366—368页。
② 扬雄(公元前53年至公元18年),字子云,西汉蜀郡成都(今四川成都郫县)人。西汉后期著名学者,哲学家、文学家、语言学家。
③ 王充(27—约97),字仲任,会稽上虞人(今属绍兴),东汉时期著名的哲学家,主要著作为《论衡》。

本性，都不能否认一个基本事实，即任何道德要求总是表现为对这些感性欲望的一定程度、一定意义上的压抑、限制或克制。这就使满足感性欲望的要求与道德要求之间发生矛盾。这也是道德教育所面临的基本困难之一。这个困难所面对的问题首先就是，人为什么要限制或克制自己的感性欲望而追求"善"？或者说，人们追求善的动机和目的是什么？对这个问题的不同回答，形成了伦理学的不同学说和派别。

1. 幸福论

所谓"幸福论"就是认为，人们求善、履行道德责任，其目的就是为了追求最高的幸福。这种观点在古希腊哲学中，最早是由著名原子论哲学家德谟克利特明确提出的。德谟克利特声称"生活的目的是灵魂的安宁"，但他并没有把道德原则完全建立在对神的敬重或对超自然的善的乞求上，而是认为它有其现实生活的基础，并同物质利益相关联，因而必要的物质享受是合理的。他说："一生没有宴饮，就像一条长路没有旅店一样。"[①]不过，在他看来，幸福和快乐并不仅仅是满足纯粹的感性享乐和物质刺激，因为"对一切沉溺于口腹之乐，并在吃、喝、情爱方面过度的人，快乐的时间是很短的，就只是当他们吃着、喝着的时候是快乐的，而随之而来的坏处却很大"。[②]真正的幸福和快乐应当是持久的，没有任何负累的，这就是心灵的安适和宁静。他说：

> 生活的目的是灵魂的安宁，这和某些人由于误解而与它混同起来的快乐并不是一回事。由于这种安宁，灵魂平静地、安泰地生活着，不为任何恐惧、迷信或其他情感所扰。[③]

由此可见，德谟克利特在道德问题上既反对禁欲主义，又反对纵欲主义，他不拒绝感性欲望和物质利益的满足所带来的快乐，但反对把幸福和快乐仅仅建立在满足欲望的基础上，为此，他提出"节制"

[①]《古希腊罗马哲学》，商务印书馆1961年版，第118页。
[②]《古希腊罗马哲学》，商务印书馆1961年版，第118页。
[③]《古希腊罗马哲学》，商务印书馆1961年版，第97页。

的原则，认为：

> 节制使快乐增加并使享受更加强。①
> 应当拒绝一切无益的享乐。②

应当指出的是，从德谟克利特的道德观念中我们可以看出，"节制"的观念在西方人的道德观念中很早就已经在理论上形成了。柏拉图甚至把节制看成是所有道德原则的核心，而亚里士多德则把节制理解为一种"中道"，即一种普遍的道德原则。因而节制观对西方人的道德观念的影响极深，它决定了西方人对待物质欲望和物质利益的基本态度。

2. 禁欲论

"禁欲论"从某种意义上说是同"幸福论"相关但又同"节制论"相反的学说。在禁欲论看来，既然我们所要追求的最高快乐和幸福就是心灵的安宁，那么它就和任何物质欲望的满足水火不容。只要肯定肉体上的快乐是必要的，对这种快乐的追求就一定会扰乱人的心灵，因为在现实生活中，人们很难在必要的快乐和不必要的快乐之间划出泾渭分明的界限。唯一的办法，就是干脆宣布一切物质的享受和快乐都是罪恶的、不值得追求的。主张这种观点的最早、也是最典型的代表人物是古罗马帝国初期新斯多葛学派的塞内卡（Seneca）③。塞内卡是罗马皇帝尼禄的朝臣，他竭力鼓吹禁欲主义，追求心灵安宁的道德教条。他说：

> 要知道，肉体上的快乐是不足道的、短暂的，而且是非常有害的，不要这些东西，就得到一种有力的、愉快的提高，

---

① 《古希腊罗马哲学》，商务印书馆1961年版，第116页。
② 《古希腊罗马哲学》，商务印书馆1961年版，第109页。
③ 卢修斯·安纽斯·塞内卡（Lucius Annaeus Seneca, 约公元前4年至公元65年），古罗马时期著名的哲学家和伦理学家，受斯多葛学派影响甚深。

不可动摇，始终如一，安宁和睦，伟大与宽容相结合。①

显然，禁欲主义是一种非常极端的理论。它完全否认人满足感性欲望的合理性，这无异于否认人的生命存在的基本条件。因此这种理论在现实中根本无法贯彻下去。有趣的是，往往鼓吹禁欲的人在现实中却是纵欲的化身。塞内卡就是这样的人物。当他教训别人要遵从道德、鄙视物质利益和快乐生活的时候，他本人却享受着宫廷的高官厚禄和奢侈腐化的生活，为此他受到人们的指责。面对指责，他公开承认自己的生活和自己的道德原则的矛盾。他说："有人向我说，我的生活不符合我的学说……要知道，如果我的生活符合我的学说，谁还会比我更幸福呢？现在就没有理由责备我只是说好话、存好心了。"②显然，塞内卡无法掩饰自己的现实生活与他所主张的道德原则的冲突。这表明，如果一种道德原则是以一种极端的禁欲主义为核心，这种道德原则就很难贯彻下去。因为极端的禁欲主义是违反人性的基本要求的。如果将人的感性欲望无条件地宣布为罪恶或罪恶的根源，就势必导致两种结果，或者将人变成不食人间烟火的苦行僧，或者把人变成人格分裂的伪善家。而后者是最有可能出现的。塞内卡就是这种人，只不过他还是比较诚实地承认了这一点。

禁欲主义的道德观念在中世纪的宗教神学中得到了进一步的强化，它直截了当地宣布人世间的一切物质快乐都是不足道的，甚至就是罪恶的根源，只有上帝的天国才是最高的幸福。因此，人在现世中应当最大限度地限制自己的欲望，以谋求死后达及天国的幸福。当然，即便是中世纪的宗教教会和神职人员也同样无法做到这一点。在这方面，意大利文艺复兴时期的文学家薄伽丘在他的著名作品《十日谈》中做出了十分生动的描述。

3. 情感论

"情感论"把人们的道德动机和目的归之于人的情感和良知。这

---

① 塞内卡：《论幸福生活》，《西方哲学原著选读》上卷，商务印书馆1981年版，第190页。
② 塞内卡：《论幸福生活》，《西方哲学原著选读》上卷，商务印书馆1981年版，第190页。

种理论也可以说是古已有之,但在理论上对之进行系统阐发,则是在近代哲学中完成的。其主要代表人物,当属法国启蒙运动时期著名哲学家和政治学家卢梭及英国著名哲学家休谟。

卢梭认为,人天性是自由者,作为自由者,存在两条先于理性的原理,即自爱心和怜悯心。他说:

> 为了保持我们的生存,我们必须爱自己,我们爱自己胜过爱其他一切东西;从这种情感中将直接产生这样一个结果,我们也同样爱保存我们生存的人。①

自爱心和怜悯心靠良心来调节,良心是判断人的行为是否合乎道德的标准,凡是符合良心的行为即是善,反之就是恶,"我们的良心是万无一失的善恶评判者。"②"良心之所以能激励人正是因为存在这样一种根据对自己和同类的双重关系而形成的一系列道德。"③

英国哲学家休谟更是比较明确地认为道德的根据是人的感性,善与恶的道德价值不是快乐和痛苦推断出来的,而是在人们感觉到愉快和不快的同时就感觉到了善与恶。善或恶就直接蕴涵在快乐或痛苦之中,快乐就是善,痛苦就是恶;德与不德归根到底是由快与不快的感觉印象决定的。因此,

> 道德概念总是包含着某种人类共有的情感,这种情感使相同的对象得到普遍的赞美,并且使得每个人或大部分人对这个对象有一致的看法或决断。④

的确,道德行为总是伴随着人们的道德情感。自爱心、同情心、怜悯心等等也都是在人的道德行为中体现出来的。这是情感论得以形成的事实根据。但是,情感论本身又是一种比较薄弱的道德价值学说。这里的问题是,即便我们肯定人类有普遍的道德情感,这种情感对于

---

① 卢梭:《爱弥尔》(上),李平沤译,商务印书馆1978年版,第95页。
② 《西方哲学原著选读》下卷,商务印书馆1981年版,第85页。
③ 卢梭:《爱弥尔》(下),李平沤译,商务印书馆1978年版,第417页。
④ 休谟:《道德原理探究》,王淑芹等译,中国社会科学出版社1999年版,第91页。

每一个人或对于不同的人来说也是非常复杂的心理状态。如果说，我们的道德行为仅仅出于自爱、同情、怜悯等道德情感，那么这种情感的淡漠或丧失就会使道德行为无法贯彻下去。例如，如果在公交车上为老弱妇孺让座仅仅是出于对受益者的同情，那么一旦认为受益者不值得同情或缺乏对受益者的同情心，"让座"这种道德行为就不可能进行下去。通常我们要求道德行为的普遍性，也就是要求道德行为无论在何种条件下或境况中都能贯彻下去。对于这个要求，情感论是不能做出很好的论证的。

4. 义务论

"义务论"的基本观念就是认为人的道德行为不是出于同情心、怜悯心，也不是出于获得更大利益的功利目的，而是出于一种纯粹的义务，即我之所以这样做，就是因为我应当这样做，除此之外没有任何其他目的。在西方哲学史上，最早提出这种"义务论"的就是同时主张"幸福论"的德谟克利特。他认为，道德生活归根到底是一种理性的生活，这种生活是出于对必然性的服从，而不是出于利己的目的，为此他说：

> 不是出于惧怕，而是由于义务，应该不做有罪的事。[①]
>
> 行善望报的人是不配称为行善者的；这称号只配给那只为行善而行善的人。[②]

在理论上把"义务论"系统化的是德国哲学家康德。康德把人的道德意志或道德观念称之为"实践理性"，并称这种实践理性的道德原则是一种"道德律令"，或所谓"绝对命令"，他认为，"道德律令"作为绝对命令不能以幸福主义为原则。因为，幸福主义的道德理论没有客观的标准，不论何种幸福、快乐和愿望，都可随意比较和任意选择。因此，人们对幸福的欲求、理解和享受因人而异，因时而异，根

[①] 《古希腊罗马哲学》，商务印书馆1961年版，第108页。
[②] 《古希腊罗马哲学》，商务印书馆1961年版，第111页。

本没有普遍必然的客观内容和相同标准。同样，道德律令也与人们是否具有同情心、爱好无关，出于同情心而对他人实行仁慈，这种行为值得赞美，但不值得敬重，因为它仅仅出于爱好或同情心，而不具有道德原则的普遍性。真正的道德原则是一种无条件的"绝对命令"，即：

> 只有一个无待令式，就是：只照着你那个立志要它成为普遍规律的那个标准去行为。①

这就是说，履行道德责任是我们的无条件（无待）的义务，其标准就是你能够立志使自己的行为准则成为普遍规律，不仅你可以这样做，而且所有人都能这样做。比如，当一个人借了别人的钱不想还时，那就应问一问自己，"借钱不还"这条行为准则能不能成为一条普遍规律？在康德看来，只要这么一问，就会发现"借钱不还"不应成为普遍的规律，因而"借钱不还"的这种意志就不是善良的。所谓"绝对命令"，就是说这种命令是无条件的，不受任何经验、感性欲望、利害关系等等条件的制约。所谓"命令"，是指"应当如此"。在康德看来，一个人如果不是从不计利害的先天道德规律出发，而是从"好借好还，再借不难"这点出发去还人家的钱，那么这种意志也算不得善良。因为，"好借好还，再借不难"这个出发点，是建立在个人利害的基础上的，因而是有条件的。因此：

> 行为要有道德价值一定要为义务而实行。②

按义务心而行动就是"决定我的意志"的规律，根据这个规律办事就是"善良意志"。

需要指出的是，康德虽然拒绝把"幸福"作为道德根据，但他又力图把道德和幸福协调起来，这就是他提出的"至善"概念。他说：

> 把德性和幸福结合起来以后，才算达到至善。③

---

① 康德：《道德形而上学探本》，唐钺译，商务印书馆1957年版，第35页。
② 康德：《道德形而上学探本》，唐钺译，商务印书馆1957年版，第14页。
③ 康德：《实践理性批判》，关文运译，商务印书馆1960年版，第111页。

在他看来，讲道德虽然不是为了幸福，可是，有道德的人总不该老受苦，而应当能够享受幸福。这不是说，道德以幸福为根据和目的，而是说只有讲道德的人才"配得上幸福"或"配享受幸福"。如果一个人巧取豪夺，为一己私利而不惜伤害和侵犯他人的利益，也许他可以尽可能多地获得物质享受，但他并不"幸福"，因为他的不道德行为会使他自始至终受到自己良心的谴责，或受到他人的敌视和轻视，也就是说，他配不上幸福。

但是，对于这个"至善"，康德本人却没有多少信心。他认为，把道德和幸福在现实生活中结合起来可能有两种情形：其一是把谋求幸福的欲望作为道德行为的动机，但这样一来，就等于把谋求幸福的欲望作为意志的动机，是不道德的；其二是认为道德行为可以带来幸福，这也是很难实现的。因此，"我们纵然极其严格地遵守道德法则，也不能因此就期望，幸福与德性能在尘世上必然地结合起来，合乎我们所谓至善。"[①]于是，康德便把"至善"的实现推到彼岸世界。他认为，要达到"至善"，首先就必须使人的意志同道德规律完全契合。可是，这对于具有感性欲望的人来说，只是一个"应当"。只有通过无止境的努力才能达到，光靠短短的一生的努力是不行的。怎么办？必须假定灵魂不死，今生不行，来世再努力。也就是说，"至善只有在灵魂不朽的这个假设之下，才在实践上是可能的。"[②]同理，把道德和幸福这两种根本对立的东西协调起来，光靠人力是办不到的，只有假设一个超自然的最高存在者——上帝的存在，才有可能实现。即"这个至善是只有在神的存在的条件下才能实现……假设神的存在，在道德上乃是必要的。"[③]

由此可见，康德的"义务论"虽然很好地论证了道德原则的普遍性，却无法论证其现实性，这就使他不得不借助于"上帝的存在"和"灵魂不死"的观念来确立道德原则的绝对性，并使之对人的行为产生约束力。

---

① 康德：《实践理性批判》，关文运译，商务印书馆1960年版，第116—117页。
② 康德：《实践理性批判》，关文运译，商务印书馆1960年版，第125页。
③ 康德：《实践理性批判》，关文运译，商务印书馆1960年版，第128页。

5. 功利论

"功利论"可以说是欧洲近代"情感论"和"幸福论"的一种融合，其基本观点是把道德理解为谋求最大限度的功利的行为。由于功利论更注重从行为的后果上评价行为的道德价值，所以也被称为"结果论"或"效果论"。功利论的主要代表人物是18、19世纪英国哲学家边沁和密尔。

边沁（Bentham）[①]在其1789年出版的《道德和立法原理导论》一书中，阐述了由他创立的功利主义的基本理论。这个理论包含两个原理，其一是功利原理或最大幸福原理，其二是自利选择原理，即认为要确认某种行为是否具有道德价值，就看这种行为对人的幸福是增加还是减少。边沁认为，人都是生活在能够引起人的快乐和痛苦的环境中，人的本性是趋利避苦的，因而追求幸福是出于人的天性。社会是由个人构成的，它只是一个假想团体，社会幸福或社会利益只能是个人幸福和个人利益的总和。但是苦乐是人的一种感觉，何以能成为一种客观的适用于一切人的标准呢？边沁认为人性是共同的，都是相同的感官、相同的苦乐感受。人的苦乐感受只有量上的区别，而没有质上的区别，所以每个人对于什么是快乐和痛苦，他自己知道得最清楚，也就是说，个人是幸福的最好判断者。为着自己而去谋求最大的幸福，这是每个有理性的人的目的，所以"自利选择"是人性的自然倾向。人类在进行一切行动时，如果认为对于自己的幸福能有最大的贡献，那么，不管对于其他人的全体幸福有什么样的结果，他都会朝着这个行动方向去努力。

在边沁之后，密尔（Mill）[②]直接继承发展了这种功利主义伦理思想，建立了以最大幸福主义为内容的完整系统的功利主义理论体系，

[①] 杰里米·边沁（Jeremy Bentham, 1748—1832），英国法理学家、功利主义哲学家、经济学家和社会改革者，主要著作有《道德和立法原理导论》、《赏罚原理》等。

[②] 约翰·斯图尔特·密尔（John Stuart Mill, 1806—1873），又译为约翰·斯图亚特·穆勒，英国著名哲学家和经济学家，19世纪影响力很大的古典自由主义思想家。他支持边沁的功利主义，主要著作有《论自由》、《代议制政府》、《功利主义》等。

并努力避免边沁的功利主义走向极端的个人主义。密尔认为人的本性都是追求幸福的，幸福就是获得快乐和免除痛苦。人的幸福有高级（精神快乐）和低级（感官快乐）之分，人们都愿意而且应该选择高级快乐，放弃低级快乐。他认为，幸福就是一种利益，个人的幸福就是个人的利益，追求幸福的要求使人成为利己的。但在人性中又有一种强大的欲望即社会感情，这种感情使个人想同人类成为一体，不做损害他人和社会的事情，而要求人们以公共利益为行动的目的。由此，密尔提出应以增进还是减少社会幸福作为善恶标准，以"最大多数人的最大幸福"为最高的道德标准。密尔不同意康德只讲动机、不讲效果的道德义务论观点，他认为评价一个人的行为是否符合道德，只应看行为的效果。一个不好的动机做出一个好的行为，只表明这个人的品格不高，但行为本身仍是高尚的。因而功利论又是一种典型的"效果论"或"结果论"。从这种效果论出发，密尔提出了道德制裁原则。他认为，道德制裁分为"外在制裁"和"内在制裁"，外在制裁是指社会或上帝的赏罚对人的道德行为的约束，内在制裁是唤醒人的良心。后者是道德制裁的基础。

"功利论"较之康德的"义务论"似乎更现实一些。它至少提醒我们必须重视道德要求和功利追求之间的矛盾，重视从人们的功利追求中寻找道德行为根据。但这种理论同样会遇到康德提出的问题，如果道德的依据是功利，不管是个人的功利，还是所有人的功利，都会使履行道德义务变成"有待"的，而不是无条件的。这样，什么力量才能使道德行为贯彻到底呢？

三、道德实践的理性与价值

以上关于道德与人性、道德的动机与目的等各种学说，尽管观点各不相同，但都表明，道德行为是一种属人的社会性行为，它只存在于人们的社会交往活动中，体现着交往活动的价值内涵。从这个意义上说，道德观念、道德行为、道德生活更为深刻地体现着社会生活的实践本质，是使社会生活成其为社会生活的文化机制，同时又必然要内化到人的人格结构中,是使人成其为"人"的文化过程。因此,道德实践的精神实质和根本原则就是"人道主义"。

1. 道德实践与实践理性

在生活世界中,任何人都不可能脱离他人而孤立地生存。他必须同他人始终保持着广泛意义上的社会交往。通过这种交往,众多个人的活动或个人的生活被整合为社会性的共同活动或共同生活,个人的力量亦被整合为社会性的整体力量,这就使人类能够克服或超越个体力量的有限性而以改造自然的方式成功地解决人与自然、社会与自然环境的矛盾,创造出辉煌的人类文明;同时,通过这种交往活动,个人才能获取或占有这种社会力量,使之成为个人的力量,从而真正成为独立的、自主的、自由的个体。这就是人的社会性。因此,历史上不少哲学家甚至把人的这种社会性称之为人的"社会本能"或"第二天性"。

道德的重要性,首先在于它是社会秩序得以形成的最基本的文化机制。从一定意义上说,所谓"社会秩序",就是每个人的行为的合乎规范性。因此,我们在社会生活中必然要面对并接受一整套道德规范体系,即一整套引导、约束人们的社会行为和调节人们之间关系的社会交往规则,以避免因个人的任意性导致交往活动的紊乱或中断。毫无疑问,我们之所以必须遵守道德,就是因为体现我们生命特征的实践活动本身是社会性的,道德正是人的生命活动的内在性特征。就人们的一切交往活动必须遵从一定的社会规范而言,人们的道德实践是融合在人们一切实践领域之中的,或者说任何实践活动都必然具有道德实践的意义。只要人们的社会生活是实践活动的总和,遵守道德对于每一个实践活动的主体来说,就是一种无条件的义务,它不容许任何活动的非道德化,因为,从实践本身的社会性来说,非道德化就是一种非社会化或反社会化。当然,随着历史的发展,一些具体的道德规范乃至整个道德体系不可避免地会发生变化,以适应新的社会生活内容,但交往的道德性要求,也就是交往的合乎规范性要求则是为人的生活实践的一般性特征所决定的,是不能在历史过程中消失的。

因此道德规范体系的变化，只能是从一种道德体系向另一种道德体系的转型，而不是走向非道德化。

根据上述分析，我们可以说，道德本身是实践的，它要求任何道德动机、理想或价值准则不能仅仅存在于人的主观观念中，而必须贯彻到道德主体的行为中，使人的社会行为表现为道德理念的外化；同时，它要求人们之间的任何社会交往行为都必须具有道德内涵，体现道德价值，从而使人们的交往活动不会因个人的任意性而遭致中断。

在哲学史上，最早对道德实践做出理论分析的是古希腊哲学家亚里士多德。亚里士多德将人的活动分为"实践的"、"创制的"与"理论的"三种。他认为，思想是人之为人的主要活动，不同的思想方式必然导致不同的活动方式，由此，思想的不同类型也就决定了活动应有的不同类型。"理论的"活动是人们试图把握"真"的活动，它是一种深思的活动，其目的是探究世界的根本原因所在，也就是对智慧本身的追求与探究。"创制的"活动是一种生产性的、技术性的制造活动，其目的在于制造出满足人们生活需要的各种物品。而"实践的"活动就是人的以"善"为目的的道德行为和道德生活。

在亚里士多德看来，人的道德行为既以"善"为目的，就不能仅仅停留在对"善是什么"等理论问题的追问中，善就是善的活动，只有在善的活动中才能显现出善的存在。求善的实践活动与理论活动的不同在于它的具体选择性。例如，当人们客观地探求"勇敢"的本质是什么的时候，人们从事的是一种求真的理论活动，但只有在实际的行动中选择了勇敢的行动，而不是退缩与鲁莽的时候，才是真正地从事善的活动。实践活动也不同于创制活动。在创制活动中，创制活动本身只是一种手段，例如，对盖房子来说，房子本身是目的，盖房子的活动只是实现目的的手段。而求善的实践活动则本身就是目的，就是目的的实现。

亚里士多德的上述理论中似乎已经包含了理论理性、技术理性和实践理性的区分。他十分明确地把实践活动中对善的理解和追求称之为"实践智慧"，并把这种智慧理解为德性和明智的统一，认为"智慧是德性总体的一部分，具有它或运用它就使得一个人幸福。"他说：

明智与道德德性完善着活动。德性使得我们的目的正确，明智则使我们采取实现那个目的的正确的手段。……使得我们的目的正确的是德性。而使得我们去做为实现一特定目的而适合去做的那些事情的却不是德性，而是另外一种能力。……如果目的是高尚[高贵的]的，它就值得称赞；如果目的是卑贱的，它就是狡猾。……能力不等于明智，虽然明智也不能没有能力。但是灵魂的这只眼睛离开了德性就不可能获得明智的品质。①

亚里士多德的这一思想为后来康德对"实践理性"的探讨和阐释提供了重要的思想资源。康德认为，实践理性是理性的一部分，它与理论理性在原则上是一致的，"因为，归根到底只有一个理性，只是在运用方面有所不同罢了。"②但实践理性又不完全等同于理论理性，它包含着一种现实性，即在现实实践中的运用，并通过事实证明了它的实在性。换句话说，实践理性就是在一种现实实践的"事实"中来直接审视和批判的。在有关道德问题的理论思辨中，我们往往会面临许多难以辨析的困难问题，但在现实的道德实践中，理论思辨的矛盾最终都要转换为对人的行为的思考，即我们究竟"应当"怎样做才符合"善"的要求。离开了道德实践的现实性，任何理论思辨都是没有意义的。这样，康德就把道德问题作为实践理性来加以阐发。他强调道德与日常生活之间的内在关联，并将"自身就是目的"作为道德实践的基本特征，认为道德行为是以人的自由意志为前提的，没有自由也就无所谓道德责任，因此任何道德行为都是人的自由本性的彰显，它本身就是以自由为目的的。

2. 道德实践的人道主义内涵

道德的社会性和实践性表明，道德生活就是人的存在方式或生存方式。正是在这个意义上，道德要求具有那种"人之为人"的根本性

---

① 亚里士多德：《尼各马可伦理学》，廖申白译，商务印书馆2003年版，第187—188页。
② 康德：《道德形而上学原理》，苗力田译，上海人民出版社1986年版，第40页。

意义，它所包含的是人对自身所具有的人格、尊严、幸福、快乐的理解和追求，对自身生活目标和自我实现方式的价值选择。我们在日常生活中，也总是从"人之为人"的意义上，对人的行为做出道德评价。对于那些为非作歹的暴徒，我们会痛斥："他们还是人吗？简直就是禽兽！"因此，道德实践是一种真正属于人的生存状态，是对人的基本权利、尊严和生命价值的尊重，是人的一种自我实现。一切非道德行为归根到底都是对人性的践踏，是对人的生命价值的摧残。"人"与"非人"，由此成为一切道德评价的基本准则和道德良心的核心内容。正如康德在他的"目的国"理论中所提出的那样：

> 每个人应该将他自己和别人总不只当作工具，始终认为也是目的——这是一切有理性者都服从的规律。这样由共同的客观规律的关系就产生由一切有理性者组成的系统。这个系统可以叫做目的国。①
>
> 在目的国度中，人就是目的本身，那就是说，没有人（甚至于神）可以把他单单用作手段，他自己总永远是一个目的。②

"人就是目的本身"，这就是道德实践的人道主义内涵。1982年7月，西安解放军第四军医大学二大队学生张华因跳入化粪池营救一位不慎落入池中的老农而献出自己宝贵的生命。这件事在当时大学生中引起了广泛的争论。其主要问题是，"张华该不该去救这个老汉？"或"张华救这个老汉值不值得？"的确，如果仅仅从功利的意义上来思考这个问题，不管这个"功利"是哪种意义上的功利，张华似乎都不该去救这个老汉，或者说他牺牲自己年轻的生命去救一个行将就木的人都是不值得的。但是，如同所有舍己救人的英雄一样，张华不认识这个老汉，也不知道这个老汉是个什么样的人，他只知道这个老汉是一个"人"。从这个意义上说，他救的不是"老汉"，而是"人本身"。他的行为体现出最为崇高的人道主义精神。

---

① 康德：《道德形而上学探本》，唐钺译，商务印书馆1957年版，第48页。
② 康德：《实践理性批判》，关文运译，商务印书馆1960年版，第134页。

正因为道德实践具有这种鲜明的人道主义内涵,对人来说,道德修养和道德教育就不仅仅是行为操守的训导,更为重要的是将道德规范、道德理想和道德价值内化到人自身的人格结构中,是指成为人的基本的社会品质。而道德之所以具有很强的自律性,也是因为人能够从"人之为人"的意义上把道德修养理解为人格的自我完善。亚里士多德曾经把道德(美德)划分为与感性欲望相关的实践美德及与纯粹理性活动相关的理智美德。他认为,实践美德充其量只能培养"善人",而理智美德则造就"完人",是人生追求的最高目标,因为"理性的沉思的活动则好像既有较高的严肃的价值,又不以本身以外的任何目的为目标,并且具有它自己本身所特有的愉快(这种愉快增强了活动),而且自足性,悠闲自适、持久不倦……"①在中国古代文献中,"道"与"德"是相互贯通的概念,"道"通常是指贯彻宇宙(包括社会与人生)的普遍法则,而"德"则是宇宙法则在人的行为中的体现。因而孔子主张"志于道,据于德"(《论语·述而》),其意为以悟道为志向,以德性为根据,目的在于构建理想的人格和良好的社会图景。所以,在我国古代哲学的文献中,道德一词亦十分注重人格修养的含义。

第二节 道德信念及其根据

道德之所以是形成社会秩序的最基本的文化机制,不仅在于它是一整套约束人的行为、调节人们之间关系的规范体系,更在于它主要是依靠人们的一种"自律性"。所谓道德自律就是指个人从自我人格的意义上,把道德视为完善人格的有机构成,从而把道德准则作为自身行为的基本价值取向,把遵从道德规范作为自觉自愿的行为。如马克思所说:"道德的基础是人类精神的自律。"②从一定意义上说,道德

---

① 亚里士多德:《尼各马可伦理学》,《古希腊罗马哲学》,商务印书馆1961年版,第327页。
② 《马克思恩格斯全集》第1卷,人民出版社1956年版,第15页。

自律较之具有外在强制性的法律更为重要，这不仅是因为法律条文大多源自道德规范，更因为遵守法律本身就是以道德自律为内在动力的。尽管法律要依靠强大的暴力机器发挥作用，但是如果人们只是因为畏惧惩罚才遵守法律，那么在自认为有可能逃避法律制裁的情况下，犯罪随时都有可能发生。这表明，无论是法律规范还是道德规范都只有在成为人的人格自律的内在要求时才能真正成为生成和维系社会秩序的文化机制。正如当代美国伦理学家麦金泰尔（MacIntyre）[①]所说："只有那些具有正义德性的人才有可能知道怎样运用法律。"[②]因此，就建立和维护正常的社会生活秩序而言，不仅要建构合理的道德和法律规范体系，更重要的是要在人的内心世界中确立"一定要使行为合乎规范"的"道德信念"，使行为的合乎规范性成为人的行为的自律性要求。只有这样，道德在人们的心灵中才具有一种高于一切的权威性，如康德所说的"绝对命令"那样，成为人的生存活动的规律。

道德信念在客观上根源于人的生存的社会本性，但这种客观依据同时又依托于人的信仰而在精神生活领域中获得主观的表达。在不同的民族文化体系中，在社会发展的不同历史阶段上，对于道德信念的根据有着不同的文化诠释和历史解答。这些诠释和解答最终都是为强化人们的道德信念，为确立客观的、非个人的道德准则，探寻或提供具有终极性、确定性、客观性和统摄性的根据。然而，在现代社会中，这一努力却似乎陷入一种"无所适从"的困惑状态。在这一节，我们将通过简要的历史回顾，梳理有关道德信念的各种文化界说及其演变的历史脉络。

一、道德信念的宇宙论界说

从宇宙论角度界说道德信念的根据是古代哲学和伦理学说的一

[①] 阿拉斯代尔·查莫斯·麦金泰尔（Alasdair Chalmers MacIntyre, 1929—），出生于苏格兰格拉斯哥，当代美国著名哲学家，在道德哲学、政治哲学、哲学史和神学等领域都做出了杰出的贡献，主要著作有《德性之后》、《马克思主义的解释》、《谁之正义？何种合理性？》等。

[②] 麦金泰尔：《德性之后》，龚群等译，中国社会科学出版社1995年版，第15页。

个基本特征,这种界说的特点是将道德准则同宇宙本性视为一体,从宇宙法则的永恒性、绝对性中论证道德根据的绝对性、确定性,如古希腊自然哲学家德谟克利特就把万物的始基归结为"原子"和"虚空",用原子在虚空中的运动解释万物的生成与毁灭。由此出发,他认为"太阳和月亮是由同样的原子构成,这些原子是光滑的和圆的,灵魂也是由这种原子构成,灵魂就是理性。"①因此,他声称"生活的目的是灵魂的安宁",就是教导人们过一种理性的生活,这种生活是出于对必然性的服从,而不是出于利己的目的。由此可以看出,最初人们对"善"的探讨总是与对宇宙本原的探求混杂在一起,即在将宇宙的本原归结为某种物质性的或者精神性的实体之同时,也试图由此推论出道德的绝对性和至上性。这一倾向到了苏格拉底那里就更为清晰。

苏格拉底不满意自然哲学家对世界的物质本原的理解,他认为,这种理解充其量只能说明世界"是什么样的",而没有说明世界"为什么会是这个样子"。他说:

> 有人认为天是一个漩涡,绕着地转,使地固定不动;又有人认为地撑着天,是一个扁平的槽。他们从来没有想到,把这些东西安排成现在这个样子,正是一种要把它们安排得最好的力量;他们不在事物中找出一种神力,却希望另外找出一个支撑世界的阿特拉斯,比这种神力更强大、更不朽、更能包罗万象。他们丝毫不想"好"这种担当一切、包罗一切的力量。然而这正是我最乐意知道的本原。②

显然,苏格拉底已经意识到,有关世界的"事实判断"不等于有关世界的"价值判断",世界之所以如此,不是因为世界是由什么构成的,而是因为存在着一种使世界万物都追求完满性的力量,这个力量就是"好"或"善",因此,只有"善"才是支配宇宙万物的"本原"。这可以说是道德本体论和道德目的论的最初表达。有鉴于

---

① 《西方哲学原著选读》上卷,商务印书馆1981年版,第97页。
② 《西方哲学原著选读》上卷,商务印书馆1981年版,第64页。

此，苏格拉底反对道德上的相对主义，他认为现实的、具体的道德行为是相对的，甚至是矛盾的，但"善"本身则是绝对的，不带有任何"恶"的成分，只有达到了对"善"本身的认识，才能真正做出符合道德的行为。苏格拉底的这一思想在柏拉图的哲学中得到了延伸。柏拉图从他的"理念论"出发，把世界分为"理念世界"和"感性世界"两个部分，认为理念的世界是真实的、永恒的、完满的世界，而现实的感性世界则是对理念世界的"模仿"和"分有"，同样的道理，现实中具体的道德行为之所以是善的，就因为它分有了理念世界中善的理念，或者说它是以作为宇宙本体的"绝对善"为根据的。

可见，在古希腊哲学中，无论对于自然主义哲学家来说，还是对于形而上学的哲学家来说，道德要么是宇宙本体或宇宙法则的体现，要么它本身就是宇宙的本体或本性，因而它是绝对的、无限的、客观的，人之所以必须遵守道德，就在于人必须使自己的活动与世界的本性或法则保持一致，而不能违反和抗拒无所不在的宇宙法则。这种道德信念依托宇宙法则树立起道德的权威性，它始终是西方古代哲学和伦理学的主调。古罗马时期新斯多葛学派的哲学家奥勒留最终对这一界说做出了清晰的表达：

> 不管宇宙是原子的集合，还是自然界是一个体系，我们首先要肯定，我是自然所统治的一部分；其次，我是在一种方式下和与我同种的其他部分密切关联着。……因此，由于记住我是这种整体的一部分，我就会对一切发生的事情满意。而由于我同与我自己同种的那些部分在一种方式中密切地关联着，我就不会作不合乎人群的事情，而宁愿使自己趋向与我自己的同类的东西，会把我的全部精力放到共同利益上面，而使它离开与共同利益相反的事情。那么，如果这样办，生活就一定过得愉快；你可以看到，一个公民，经常所作的事情都是对其他的公民有利的，并且满足于邦国指派给

他的一切,这样他的生活就是愉快的。①

中国传统社会中占主导地位的伦理道德说教发端于春秋战国时期产生的儒家学说。儒家学说本身就是一种伦理本位的学说,人与自然、人与人、人与社会的关系都被纳入伦理理论的范围内加以说明。因此道德在中国传统文化中无疑具有最高的权威性。在儒家学说中,这种道德的权威性同样具有宇宙论界说的性质,这主要表现为"天人合一"的观念为道德权威性提供了终极根据的解释。"天人合一"是指天道与人道或自然与人事的合一。这一思想最早出现在夏商周时期,人们把天当作主宰自然和社会的最高的神,而人事则是天命所为。孔子②创立的儒家学说虽不强调天是一种有意志的人格神,但却承认天命的作用,并认为人的德性是天赋的。战国时期,孟子在继承孔子"仁学"思想的基础上,以人的"仁"、"义"、"礼"、"智"的道德性为中介,把"天"与"人"统一起来,提出"尽其心者,知其性也,知其性,则知天矣"(《孟子·尽心上》)。西汉哲学家董仲舒③把儒家天人合一的伦理学说发展为系统的伦理纲常体系。他说:"人之为人,本于天。天亦人之曾祖父也,此人之所以乃上类天也。"(《春秋繁露·为人者天》)。人世间的伦理纲常原本也是出自天意,所以"天,仁也"(《春秋繁露·王道通三》)。自此以后,儒家的道德学说和伦理规范都是以天为本,用"天道"界说"人道",由此确立人们的道德信念。

---

① 《古希腊罗马哲学》,商务印书馆1961年版,第449—450页。
② 孔子(前551—前479),名丘,字仲尼,东周时期鲁国陬邑(今中国山东曲阜市南辛镇)人,祖上为宋国(在今河南商丘一带)贵族。春秋末期思想家和教育家,儒家思想的创始人,相传编纂过《春秋》,修订过《五经》,其主要著作为《论语》,是由其弟子编纂而成的。
③ 董仲舒(前179—前104),西汉时期著名今文经学大师。汉景帝时任博士,讲授《公羊春秋》。汉武帝采纳了董仲舒"罢黜百家,独尊儒术"的建议,使儒学开始成为官方哲学,并延续至清朝灭亡,他的著述被后人辑为《春秋繁露》一书。

二、道德信念的神学论证

在古希腊哲学传统中，理智主义居于主导地位。先哲们对人的理智能力寄予厚望，都希望通过理智的力量能够发现那支配一切并为我们奠定道德基准的宇宙法则或宇宙本体，从而确立道德的至上性和权威性。然而到了古希腊晚期，动荡不安的社会现实却使人的理智能力日益失去往日的辉煌，并受到普遍的怀疑。古希腊晚期怀疑论哲学家皮浪干脆把世人无法解脱的社会动荡和世间烦恼归咎于寻找真假、对错的努力，宣布"最高的善就是不作任何判断"。与这种怀疑主义并行的则是以斯多葛学派为代表的宿命主义和神秘主义，该学派主张放弃对财产、权力、地位、荣誉的追求，过一种顺从人的本性和宇宙的普遍本性的生活。对人的理智能力的怀疑、轻视和不信任，以及对宇宙神秘本性的崇拜，致使人们转而力图从人自身之外寻找拯救的力量，并推动理智哲学向宗教哲学转变。古罗马新斯多葛学派的哲学实际上已经是一种准宗教哲学，十分明显地将希腊哲学对世界本体的探讨导向对神灵的崇拜。如新斯多葛学派哲学家爱比克泰德（Epictetus）①说：

> 要相信敬神的本质在于对神形成正确的意见，认为神灵是存在着，并且是公正地、很好地管理着宇宙。②

他进而认为，神既是宇宙的根据，也是至善的根据：

> 神是有益的，善也是有益的。那么，似乎神的本质在哪里，善的本质也就在哪里了。那么神的本质是什么呢？——肉体？决不是。土地？名誉？决不是。智慧？知识？健全的理性？当

---

① 爱比克泰德（Epictetus，约55—约135），古罗马著名新斯多葛学派哲学家，出生于罗马弗里吉亚的一个奴隶家庭。童年时被卖到罗马为奴，后师从新斯多葛派哲学家鲁佛斯，并获自由。此后，他一直在罗马教学，建立了自己的斯多葛学园，后因罗马皇帝图密善害怕哲学家日益强大的影响力对其王位构成威胁，便将爱比克泰德逐出罗马，于是他移居希腊尼科波里斯，以教书终其一生。

② 《古希腊罗马哲学》，商务印书馆1961年版，第440页。

然是的。那么，在这里找到善的本质就没有什么困难了。①

古罗马帝国后期，基督教神学终于在精神生活领域占据了统治地位。来自希伯来文化的信仰主义和来自古希腊的理性主义相互融合，衍生出西方理性神学的传统。一切道德说教也就完全被纳入到人对上帝的关系中加以解释，希图使适于当时社会秩序需要的道德规则能够借助于这些超人间的力量得到贯彻执行。

基督教神学对于道德信念的神学论证，不只是颂扬上帝的至善本质，这对神学来说是不言而喻的，而且还从人的"原罪"本性出发，论证信仰上帝和皈依宗教的必要性。这就是以"原罪论"为核心的一整套道德观念。教父哲学家奥古斯丁认为，人是自由的，但人的自由可以使人向善，也可以使人向恶。人类之初本来是可以选择永恒的、神圣的自由，但他们没有选择，而是自由地选择了犯罪。自由被罪恶所胜，人成了自由的奴隶，这不是真正的自由。真正的自由是神的自由。这种自由是舍感性而向善，趋向至善和神，这是快乐的。②不难看出，奥古斯丁试图向人们论证，现实的苦难源于人的罪恶本性，因而人自身无法摆脱堕落的趋势，只有通过信仰才能使道德的力量发挥作用。

到了中世纪，基督教的伦理学说在经院哲学的发展中得到了完整的阐释。道德权威性的神学论证通过对上帝存在的论证得到了确认。其中，最具代表性的是托马斯·阿奎那（Thomas Aquinas）③的神学理论体系。托马斯·阿奎那认为，在任何一类现实的事物中，都存在着一个等级系列，即真、善、美的不同等级。既然有一个相比较的等级，那么必然存在着最高的等级，例如必然有最美、最善和最真的东西。这个等级中最高的等级是所有等级的规定者，是世界上一切事物得以

---

① 《西方哲学原著选读》上卷，商务印书馆1981年版，第192页。
② 参见奥古斯丁：《教义手册》，《西方哲学原著选读》上卷，商务印书馆1981年版，第221页。
③ 托马斯·阿奎那（Thomas Aquinas，约1225—1274），中世纪经院哲学家和神学家，死后被封为天使博士（天使圣师）或全能博士。他是自然神学最早的提倡者之一，也是托马斯哲学学派的创立者，其著述成为天主教长期以来研究哲学的重要根据。其著作主要有《神学大全》、《自然的原则》、《反异教大全》等。

存在和具有善良以及其他完善性的原因。①上帝是最高的善，是一切具体的善的规定者，因此人的道德行为也必然是以上帝为根据的。按托马斯·阿奎那的理解，人有三种自然的"倾向"，即人同自然物一样，有自然的欲求；人同动物一样，有感性的欲望；人有理智和意志，追求普遍的和最高的善。也就是说，只有追求普遍的和最高的善，才是人不同于自然物和动物的地方。而人的自然欲求和感性欲望虽然可以带来尘世的享受，但也阻碍了人对上帝的接近。只有通过信仰上帝，才能使人达到道德上的自我完善。

> 万事万物的最后目的就是上帝。……因此，我们必须把那些特别使人接近上帝的东西作为人的最后目的。上述快乐阻碍了人接近上帝；接近上帝是要通过深思熟虑，上述快乐对于这种接近是很大的阻碍。……它使人脱离理性的事物。②

人的道德行为就是要克服尘世的快乐，依靠自己的理性和意志去接近上帝。托马斯·阿奎那给予道德的一般定义就是，道德是理性创造物向着上帝的运动。

总之，道德权威性的神学论证就在于把"神"或"上帝"视为道德的终极根据，认为只有通过信仰神或上帝，才能真正获得道德的力量。我们之所以必须遵守道德，是因为道德是来自上帝的绝对命令。上帝具有无穷的威力，是至善、至真、至美的体现，它决定了人的往世、现世和来世，决定了怎样一种生活才是属于人的最高的幸福。

三、道德信念的人性根据

15、16世纪以后，随着工商业、科学技术和海外贸易的发展，资本主义生产方式在欧洲封建社会的母体中逐渐孕育生长。商品经济的

---

① 参见托马斯·阿奎那：《神学大全》，《西方哲学原著选读》上卷，商务印书馆1981年版，第263—264页。

② 托马斯·阿奎那：《反异教大全》，《西方哲学原著选读》上卷，商务印书馆1981年版，第278页。

不断扩大和深化，一步一步地把人从传统的纽带中解脱出来，成为追求自身利益的独立的市场主体。这个发展趋势必然同以贬低人性、轻视人的尘世生活、主张禁欲为特征的基督教道德相抵牾。因此，解除传统宗教的精神枷锁，高扬人性和人的感性生活，寻求个性解放，客观上已成为这一时期社会进步的基本要求，并通过著名的文艺复兴运动、宗教改革运动和思想启蒙运动使这种人文主义思潮成为欧洲近代社会精神解放运动的主流。在人文主义思潮的推动下，道德权威性的神学根据逐渐向人性根据转移。然而，从人性出发阐释道德的永恒根据，必然起之于对人性的假定，如何界定人的抽象不变的本性，又决定了界说道德根据的不同思路。根据这一点，我们可以将近代欧洲的道德学说大致区分为三种形态：道德理性主义、道德情感主义和道德功利主义。

最早从理性主义的角度试图对道德的根据做出人性解答的思想家，当属荷兰法学家、哲学家格劳修斯（Grotius）①。格劳修斯认为，人和动物的最主要的差别就在于，"人类独特的象征之一是要求社会交往的愿望"。人的这种本性使得人类要过一种理智的生活，不愿意和动物一样受本性驱使而只管寻求自己的满足和利益，而人们进行社会交往就必然与他人建立社会关系。这种社会关系是互相订立契约而建立的，所以必然是相互限制性的。他把人们在交往中必须遵守的道德原则称之为"自然法"，他指出：

> 自然法是正当的理性准则，它指示任何与我们理性和社会性相一致的行为就是道义上公正的行为；反之，就是道义上罪恶的行为。②

自然法是真正的理性的命令，是一切行为善恶的标准。格劳修斯的这一思想对近代欧洲的政治学说产生了极为广泛而深刻的影响。

---

① 胡果·格劳修斯（Hugo Grotius, 1583—1645），16—17世纪荷兰古典自然法学派主要代表之一，世界近代国际法学的奠基人，同时也是近代自然法理论的创始人之一，主要著作有《战争与和平法》、《论海上自由》等。

② 《西方法律思想史资料选编》，北京大学出版社1983年版，第143页。

从人性出发探求道德的根据，自然离不开对人性的理解。英国经验论哲学家霍布斯认为，人的本性就是自我保存，趋利避害，无休止地追求自己的利益，这也是人的"自然权利"。但是，人若完全按照自己的这种本性生活，就不可避免地导致人们之间的相互争夺，陷入一切人反对一切人的战争状态。在战争状态下，人们不会有美好的生活。所幸的是，自然把人类放到这种状态中，同时又给人类提供了逃脱这种状态的可能性。这种可能性就在于人的理性，理性指导人们制定和平相处的法则，这就是自然律。所以：

> 自然律是理性所发现的戒条或一般法则，这种戒条或一般法则禁止人们去做损毁自己的生命或剥夺保全自己生命的手段的事情，并禁止人们不去做自己认为最有利于生命保全的事情。①

霍布斯称"自然法"是人们必须遵循的最基本的道德准则，是衡量是非善恶的标准。这种自然法根源于人的自我保存的本性和人的理性，是永恒不变的。遵守自然法和平就有保障，有益于人们的生存，因而是最高的善，否则就是恶。

荷兰哲学家斯宾诺莎也认为，"保存自我的努力乃是德性唯一的基础。"②也就是说只有使自我与人的本性相一致才是道德的，所以人生的目的在于获得心灵与自然一致的知识，达到至善和幸福。然而，人类在达到至善的过程中存在着种种障碍，就人本身来说，主要障碍来自人作为自然人所具有的情感，如果心灵具有不正确的观念或知识，它就会受情欲的支配，他的行为就是不道德的。人应当成为情感的主人，做情感主人的关键是心灵的观念必须正确，人要知道自己的生活是否合乎道德首先要有一个善恶的正确知识，即要在善恶知识的指导下，也就是按照理性命令就能成为情感的主人，过有道德的生活。因此：

---

① 霍布斯：《利维坦》，黎思复、黎廷弼译，商务印书馆1985年版，第97页。
② 斯宾诺莎：《伦理学》，贺麟译，商务印书馆1983年版，第173页。

道德的原始基础乃在于遵循理性的指导以保持自己的存在，因此一个不知道自己的人，即是不知道一切道德基础，亦即是不知道任何道德。①

道德理性主义在德国哲学家康德的道德理论中得到了最完整的发挥。康德把世界划分为两个部分：一个是自然世界，即依靠人的知性的法则建立起来的感性的经验世界，在那里起作用的是因果律，一切现象都服从因果必然性的法则；一个是社会世界，在这里起作用的是道德律，在这里，人的一切行为都以自身的理性为根据，因而是自由的，是应当而且必须承担道德义务的。因此人的道德实践是以自由为前提的，这是实践理性的基本特征。在康德看来，道德实践所遵循的理性原则是不可能来自于经验的，因为从经验事实出发理解和确定善恶的标准，总是相对的、有条件的，它不能是使人无条件地贯彻到底的义务。因此，道德原则应当是来自理性的"绝对命令"，它的根本特性就是超经验性，即：

一切道德概念所有的中心和起源都在于理性，完全无所待于经验，并且不特在于纯粹理论的理性，而且一样实实在在地在于人的极平常日用的理性。这些概念不能由任何经验的（即非必然的）知识抽象而得；就是因为它的起源这么纯洁，它才配做我们最高的实践原则。②

与道德理性主义不同，道德情感主义对道德权威性的界说诉之于人的情感和良知。法国哲学家卢梭、英国经济学家亚当·斯密（Adam Smith）③和英国哲学家休谟都主张这一看法。其中，休谟的观念在理论上最具代表性。他比较明确地否认了道德的理性根据。他在《人性论》中极力把理性从道德领域中排斥出去，认为道德的根据不是理性

---

① 斯宾诺莎：《伦理学》，贺麟译，商务印书馆1983年版，第196页。
② 康德：《道德形而上学探本》，商务印书馆1957年版，第25页。
③ 亚当·斯密（Adam Smith，1723—1790），英国苏格兰爱丁堡人，古典经济学创立者，提出分工理论、货币理论、价值理论、交换理论和分配理论等，主要著作有《国民财富的性质和原因的研究》（又译《国富论》）、《道德情操论》等。

而是人的感性,"道德宁可说是被人感觉到的,而不是被人判断出来的。"[①]善与恶的道德价值不是从快乐和痛苦推断出来的,而是人们感觉到愉快和不快的同时就感觉到了善与恶。善或恶就直接涵摄在快乐或痛苦之中,快乐就是善,痛苦就是恶;德与不德归根结底是由快与不快的感觉印象决定的。对于休谟的这个观点,麦金泰尔后来评价说:"休谟坚持认为对善恶的判断,除了是赞成或反对的情感表达以外,别无他物;所以,我们就不可能有任何一种外在于这些感情的标准来判断这些感情……能诉诸的最后法庭无非是有善恶感的人的感情,诉诸世俗中人的感情共鸣而已。"[②]休谟在之后写的《道德形而上学原理》一书中,虽多少改变了其在《人性论》中所持的那种极端的态度,但仍坚持道德根据不在于理性而在于情感。他认为引发我们行动必须先有一定的倾向,而引起这一倾向的只能是人们的欲求、需要,而不可能是理性,因为一件事即使再合理,如果不能引起人们的情感,人们也不会去做。但人们的情感各别,是否有一种统一的情感标准呢?休谟回答说:

> 道德概念总是包含着某种人类共有的情感,这种情感使相同的对象得到普遍的赞美,并且使得每个人或大部分人对这个对象有一致的看法或决断。[③]

道德功利主义,顾名思义,就是把人们追求道德信念理解为谋求最大功利的愿望。功利主义的代表人物密尔认为人的本性都是追求幸福的,幸福就是获得快乐和免除痛苦。人的幸福有高级(精神快乐)和低级(感官快乐)之分,人们都愿意而且应该选择高级快乐,放弃低级快乐。在他看来,幸福就是一种利益,个人的幸福就是个人的利益,追求幸福的要求使人成为利己的。但在人性中又有一种强大的欲望即社会感情,这种感情使个人想同人类成为一体,不做损害他人和社会的事情,而要求人们以公共利益为行动的目的。由此,密尔提出

[①] 休谟:《人性论》,关文运译,商务印书馆 1980 年版,第 510 页。
[②] 麦金泰尔:《德性之后》,龚群等译,中国社会科学出版社 1995 年版,第 290—291 页。
[③] 休谟:《道德原理探究》,王淑芹等译,中国社会科学出版社 1999 年版,第 91 页。

应以增进还是减少社会幸福作为善恶标准，以"最大多数人的最大幸福"为最高的道德标准。

从以上对近代西方道德理论发展线索的分析中，可以看出，近代道德理论无论是道德理性主义，还是道德情感主义或道德功利主义，都试图为道德原则找到永恒不变的、绝对的人性根据。但是，由于对人性的理解不同，或者说对人性的各个侧面各执一端的见解，使上述道德学说各自带有明显的片面性。道德理性主义片面追求理性原则，忽视或贬低道德情感、道德经验的现实性，最终把道德原则、道德信念抽象化，并导向信仰主义。而道德情感主义和道德功利主义则忽视或否认道德原则和道德信念的超验性，使道德原则情感化、功利化，并走向道德的相对主义、主观主义。正如麦金泰尔所说的那样，在近代哲学中，存在着维护客观的非个人的道德判断的不成功的企图，而且依据标准和为标准提供合理、正当的理由的运动持续地失败，这就是自启蒙运动的思想家直至功利主义者为道德进行合理论证全部失败的历史时期，这个时期由于社会历史的变迁，客观的非个人的标准虽然还存在，但是这种标准赖以存在的社会背景条件正在丧失。

四、道德信念的现代困惑

如前所述，近代以来欧洲哲学家对道德的人性根据的探寻并没有找到足以代替宗教伦理的客观的、非个人的道德公准，而是更多地引起了对道德根据的争论。然而确认道德应该具有客观的、绝对的根据这个基本信念并没有丧失，只不过人的感性、理性、快乐、幸福在其现实性上都是有限的，不足以成为道德的最终判据。为此绝大多数受欧洲传统宗教文化深刻影响的哲学家都程度不同地仰仗宗教信仰来为道德的人性根据做出客观的描述。神学的观念在近代伦理学说中的影响始终挥之不去。这种情况，到了19世纪末期，终于发生了重大转变。

我们知道，传统道德理论总是在无休止地追问"善是什么"这个问题。然而到了19世纪末，这种提问方式突然遭到了质疑。因为这种追问在回答之前已经预设了被追问的对象的存在,也就是说,在还不能确定是否存在善的问题的时候,几千年来的中西哲学却围绕着善是什么做出了许多不同的回答。而对这一问题本身的疑问却直至 20 世纪初才被德国哲学家尼采(Nietzsche)①提上审判的法庭,更为不能想象的是,经过尼采的审判,哲学家们津津乐道的善与恶并不存在:"根本不存在道德事实……道德仅是对一定现象的解释,确切地说是一种误解。"②道德不过是统治者为了让被统治的人们驯服而编造的谎言。道德家们对于善是什么的回答都不过是一种人为的编造,其中对于欲望的压抑,对于某种品性的推崇或者贬斥,诸如推崇勇敢而反对懦弱,在尼采看来都是对自然人性的扭曲。于是尼采宣称:"我们只有摆脱道德,才能够道德地生活。"③

但尼采对于道德的极端否定,其实并不是试图完全否弃道德的存在,他要否弃的是西方柏拉图以及基督教以来形成的道德传统,因此,他提出了"上帝死了"的宣言,这是一种誓与传统道德决裂的态度。在此基础上,尼采要做的是"重估一切价值"。由此尼采开始建构自己的新道德,其中将人的自然生命作为道德的基础,因此在尼采的道德原则中充斥着对肉体的赞美,对人的自由意志的推崇,对人自身旺盛的自然生命力的推崇。

尼采写道:

> 什么是善?凡是增强我们人类力量感的东西、力量的意志、力量本身都是善。什么是恶?凡是来自柔弱的东西都是恶。

---

① 弗里德里希·威廉·尼采(Friedrich Wilhelm Nietzsche,1844—1900),德国著名哲学家、诗人和散文家。他最早开始批判西方现代社会,然而他的学说在他的时代却没有引起人们重视,直到 20 世纪,才激起深远的调门各异的回声。后来的生命哲学、存在主义、弗洛伊德主义、后现代主义,都以各自的形式回应尼采的哲学思想。他的主要著作有《悲剧的诞生》、《查拉图斯特拉如是说》、《人性的,太人性的》、《道德谱系》、《乐观的智慧》等。

② 尼采:《偶像的黄昏》,《尼采文集·查拉图斯特拉卷》,王岳川主编:《西方现代诗性哲人丛书》,青海人民出版社 1995 年版,第 335 页。

③ 《尼采全集》卷 13 第 176 页,莱比锡 1894—1926 年版,引文转自周国平:《尼采:在世纪的转折点上》,上海人民出版社 1986 年版,第 179 页。

什么是幸福？幸福是力量增强、阻力被克服时的感觉。①

因此道德价值的理想就是要人回归到人的自然本性，能够"成为你自己"。因为生命的现实表现就是单个人的个体生命的存在。而"成为你自己"这一原则的首要含义是，在自我肯定意义上的每个个体生命对自己生命力量的忠实。尼采认为，要成为自己，首先必须自我肯定。自我肯定就是要每一个人明白人之为人的唯一性和不可替代性。因此，每一个人必须忠实于自己，为自己的生命负责，并真诚地立足于自己的生命去寻求人生的意义。"我们必须在自己面前对我们的生存负责，因此我们要做这生存的真正的舵手，不容许我们的存在类似一个盲目的偶然。"②自我肯定意义上的"成为你自己"，就是要每一个人居高临下于他的生命，做他的生命的主人，赋予他的生命以他自己的意义。由于尼采强调每一个人必须首先肯定自我，即肯定生命本身，因此，他所建构的新道德就是一种以个体为中心的自主道德。在尼采那里，这种自主的道德就是一种"超人哲学"。善恶的标准不过是强弱的对比，强就是善，弱就是恶，强者战胜弱者，就是隐恶扬善。

"上帝死了"，这意味着道德意识和道德根据失去了传统的宗教根基，在这种情况下，"重估一切价值"是否可能？19 世纪末至 20 世纪初，以英国哲学家摩尔（Moore）③和罗斯（Ross）④等人为代表的直觉主义伦理学对此做出这样的回答："善自身"存在于宇宙中，不依赖于任何经验的事物和人的意识，它是简单的、自明的，不能被分析，也不能被定义，只能靠直觉来把握。（摩尔）道德义务的根据不是社会需要，而是自明的直觉，只有道德直觉是永恒不变的。（罗斯）直觉主义伦理学的这一基本观点，实际上取消了评价道德行为的

---

① 尼采：《反基督徒》，《尼采文集·权力意志卷》，王岳川主编：《西方现代诗性哲人丛书》，青海人民出版社 1995 年版，第 357 页。
② 尼采：《权力意志——重估一切价值的尝试》，张念东等译，商务印书馆 1991 年版，第 118 页。
③ 乔治·爱德华·摩尔（George Edward Moore, 1873—1958），英国哲学家，属于分析哲学学派，主要贡献为伦理学，主要著作有《伦理学原理》等。
④ 威廉姆·D. 罗斯（Sir William D. Ross, 1877—1971），英国哲学家，20 世纪英国元伦理学思潮中义务论直觉主义的代表人物，主要著作有《亚里士多德》等。

客观标准，甚至取消了道德评价的可能性，经验的或理性的抑或情感的道德原则成了说不清道不明的东西。麦金泰尔对此评价说："客观的非个人的标准已不适用，情感主义的主张已为社会所接受。这是从20世纪初直到现在这个当代的历史时期，其开端以直觉主义的出现为代表。在这个时期，普遍性道德已变得不可诠释，善已不可定义了。"①这种情况表明，近代以来一直占据优势地位的理性主义开始受到普遍的怀疑，就像宗教信仰在文艺复兴时期所遭遇的冲击那样。20世纪上半叶，两次世界大战的爆发，更使人难以相信理性为人类行为建立永恒的道德基准的可能性。"启蒙运动的思想教导人们，人应该信赖自己，他既不需要教会出启示，也不需要权威的启迪，以辨别善恶。……而对人的自主精神和人的理性与日俱增的怀疑，产生了道德上的混乱。人既失去了权威的领导，又失去了理性的指引，结果是接受了相对主义的立场。"②

事实上，宣布"上帝死了"，已经使从人性中寻找道德的绝对根据的努力看上去非常可疑。后现代哲学家福柯（Foucault）③指出，上帝被"人"杀死了，但这并没有在世间给人"建立一个稳定的栖息之地"，反而是宣告了"人的终结"，他说：

> 在当今时代，尼采依然是一条漫漫长路的转折点的标志，与其说是上帝的缺失或死亡，不如说是人的终结（那种移置是微妙而不易察觉的，是向同一性形成的退缩，是人的有限性之所以成为人的终结的原因所在）。……既然他杀死了上帝，他就必须为自己的有限性负责。但是既然他通过上帝之死言说、思考和存在，他的谋杀行为本身也必定会死亡。新的神灵、同样的神灵，已经开始掀动未来的波涛，人类行

---

① 麦金泰尔：《德性之后》，龚群等译，中国社会科学出版社1995年版，第10页。
② 弗洛姆：《为自己的人》，孙依依译，生活·读书·新知三联书店1988年版，第26页。
③ 米歇尔·福柯（Michel Foucault, 1926—1984），法国著名哲学家，被认为是后结构主义者和后现代主义者，主要著作有《词与物》、《规诫与惩罚》、《性史》、《疯癫与文明》、《知识考古学》等。

将消失。尼采思想预告了谋杀者的终结,而不是上帝的死亡;或者说预告了随上帝之死而来的人的终结。①

任何个人的存在都是有限的,如果人不能从自身的有限的存在中找到使人成其为人的那种绝对的根据,或者把人性的各个有限的侧面(无论是理性、情感或是功利目的)夸大为人的生存根据,其结果都只能导致道德相对主义的蔓延。

道德上的相对主义不只是一种学术立场或理论观点,它更重要的是这样一种现实:维系我们共同生活秩序的道德实践正在失去不言而喻的公准,失去客观的非个人的根据,随之而来的无休无止的道德争论和相互矛盾的道德推论,使客观的、确定的道德评价几乎化为乌有。麦金泰尔描述了这种道德危机的特征,他说:

> 这一危机体现在三个方面:(1)社会生活中的道德判断的运用,是纯主观的和情感性的;(2)个人的道德立场、道德原则和道德价值的选择,是一种没有客观依据的主观选择;(3)从传统的意义上,德性已经发生了质的改变,并从以往在社会生活中所占据的中心位置退居到生活的边缘。②

这种危机蕴涵着更大的危险性,这就是最终摧毁人们的道德信念,使道德原则丧失其权威性。因此:

> 当代道德危机是道德权威的危机,人们无从找到这种合理的权威。而这种权威危机的一个深刻的现代社会根源在于:道德行为者虽然从似乎是传统道德的外在权威(等级、身份等)中解放出来了,但是这种解放的代价是新的自律行为者所表述的任何道德言辞都失去了全部权威性内容。各个道德行为者在获得这种解放以后,可以不受外在神的律法、自然目的论或等级制度等权威的约束来表达自己的主张,但

---

① 福柯:《人文科学》(福柯著《词与物》的最后一章),汪民安等主编:《后现代性的哲学话语》,浙江人民出版社 2000 年版,第 34 页。
② 麦金泰尔:《德性之后》,龚群等译,中国社会科学出版社 1995 年版,第 252 页。

问题在于，其他人为什么应该听从他的意见呢？[①]

以上，我们粗线条地描述了有关道德信念和道德权威性的各种历史界说以及道德信念和道德权威性在现代社会中所面临的困境。道德是生产社会秩序的文化机制，从这个意义上说，道德是构造生活世界的规则。如果说社会秩序不过是人的行为的合乎规范性，那么道德信念和道德权威性的危机从根本上说就是社会秩序的危机，甚至是人的生存方式的危机，既如此，我们可以听任这种危机不断深化吗？

第三节　"善"与"正义"

从最一般的意义上说，"善"是道德生活的核心概念，或者说是伦理学的最高范畴；"正义"是政治生活的核心概念，或者说是政治哲学的最高范畴。但无论是道德生活，还是政治生活，都具有建立和维系社会生活秩序的基本功能，而无论是"善"还是"正义"都代表着一种体现健全人格和健康社会的正面价值，因此对"善"的追求和对"正义"的追求无论是在伦理学中，还是在政治哲学中，都是紧密地交织在一起的，表现出道德与政治的内在关联性。

一、古代政治哲学：道德与政治的直接同一

无论是在古希腊哲学中，还是在中国古代哲学中，有关政治问题的哲学思考都属于伦理学的一部分，或者说是伦理学的一个分支。因为，在古代哲人看来，政治统治的合法性、权威性也来自于道德伦理的基本要求。为政者必须是善者，这一点在古代哲人那里是不言而喻的。在社会生活的共同体中，掌握公共权力的政治统治者以及大大小小的官吏，他们的道德品行的优劣直接决定了政治的兴衰。如果统治者和政府官吏不顾公共利益和大众利益，将公共权力变成牟取私利的

[①] 麦金泰尔：《德性之后》，龚群等译，中国社会科学出版社1995年版，第9页。

工具,那就必然导致政权的腐败、社会矛盾的激化乃至共同生活的瓦解。

在中国古代文化中占据主导地位的儒家学说,就其主要内容来说,就是一种包含政治学说在内的伦理道德学说。在这种学说中,政治的最高境界也就是一种最高的道德境界,即"仁政"。儒学创始人孔子就直截了当地指出:"政者,正也。子帅以正,孰敢不正?"(《论语·颜渊》)。其意就是说,为政者必须良善正直,才有可能避免臣民的邪恶。道德上的正直和政治上的正义均是"道义"本身的基本内涵。离开了"道义",不仅无从判断政治行为和政治活动的是是非非,而且会造成政治秩序的混乱,并会最终导致天下大乱。被称为"亚圣"的孟子更注重人的道德品性与政治的关系。他强调人性在根本上是"善"的。人性的善就表现为每个人都有"不忍人之心",而且能"推恩",即把自己认为好的东西推广到他人身上。人有不忍人之心,能推恩,因而就有"仁心",君王有不忍人之心,能推恩,因而就有"仁政"。所以他说:

人皆有不忍人之心;先王有不忍人之心,斯有不忍人之政矣。(《孟子·公孙丑上》)

老吾老以及人之老,幼吾幼以及人之幼,天下可运于掌。《诗》云:"刑于寡妻,至于兄弟,以御于家邦。"言举斯心加诸彼而已。故推恩,足以保四海;不推恩,无以保妻子。古之人所以大过人者无他焉,善推其所为而已矣。(《孟子·梁惠王上》)

在古希腊政治哲学中,柏拉图和亚里士多德的政治理论是最为卓越的。尽管他们二人在诸多政治问题上存在着很大差异,但他们都把"善"或"至善"作为政治活动、国家生活的最高目标,以及衡量政治行为和人的政治品质的最终标准,政治统治的合法性也是从"善"的理念中获得最终的依据。如柏拉图所说:"善的理念是最大的知识问题,关于正义等等的知识只有从它演绎出来的才是有用的和有益的。"[①]

---

① 柏拉图:《理想国》,郭斌和、张竹明译,商务印书馆1986年版,第260页。

柏拉图在其名著《理想国》中把正义作为他的国家学说的核心理念。这使他成为历史上第一位对正义概念进行理论探讨的政治哲学家。在他看来，一个城邦（国家）主要由三个阶层的人构成，即统治者（护国者）、辅助者（保卫者或武士）和农工商人。每种人在城邦中都做最适合他的天性的事情，互不干扰，这是构成城邦的原则。所谓"正义"就在于符合这个原则，即"正义就是只做自己的事而不兼做别人的事"①或"正义就是有自己的东西干自己的事情"②。

> 当生意人、辅助者和护国者这三种人在国家里各做各的事儿不互相干扰时，便有了正义，从而就使国家成为正义的国家了。③

同时，正义就是智慧与善。城邦的"正义"主要体现为"智慧"、"勇敢"和"节制"这三种美德。其中，"智慧"是属于城邦统治者的美德，"勇敢"是属于城邦保卫者的美德，而"节制"则是属于城邦中所有人的美德。因此，正义的城邦就应当是"善"的，"这个国家一定是智慧的、勇敢的、节制的和正义的。"④

柏拉图还确信，城邦的正义与个人的正义具有一种同构性。国家有三个部分，每个人的灵魂也有三种品质，这就是"理性"、"激情"和"欲望"。"理性"是人的灵魂中用以思考推理的那一部分，它相当于心灵的统治者，"激情"是理智的天然辅助者⑤，而"欲望"就是要求得到自己本性所要求得到的那种东西。所以，在国家里存在的东西在每一个个人的灵魂里也存在着，且数目相同。个人的智慧和国家的智慧是同一个智慧，个人的勇敢同国家的勇敢是同一个勇敢，其他美德也是如此。这样，国家正义的根据也就是个人正义的根据。如果说国家的正义在于三种人在国家里各做各的事，那么我们每个人如果自

---

① 柏拉图：《理想国》，郭斌和、张竹明译，商务印书馆1986年版，第154页。
② 柏拉图：《理想国》，郭斌和、张竹明译，商务印书馆1986年版，第155页。
③ 柏拉图：《理想国》，郭斌和、张竹明译，商务印书馆1986年版，第156页。
④ 柏拉图：《理想国》，郭斌和、张竹明译，商务印书馆1986年版，第144页。
⑤ 柏拉图：《理想国》，郭斌和、张竹明译，商务印书馆1986年版，第167页。

身内的品质在自身内各起各的作用,那他就也是正义的。如理智就是智慧,"是为整个心灵的利益而谋划的",它应起领导作用,激情应当服从它、协助它。受到良好教育的理智和激情就会领导欲望,"它们就会监视着它,以免它会因充满了所谓的肉体快乐而变大变强,不再恪守本分,从而毁了人的整个生命。"①当人的这三个部分彼此友好和谐,理智起领导作用,激情和欲望一致赞成由它领导而不反叛,这样的人就是有正义的人,所以"正义的人不许可自己灵魂里的各个部分相互干涉,起别的部分的作用。他应当安排好真正自己的事情,首先达到自己主宰自己,自身内秩序井然,对自己友善。"②做正义的事在内部造成正义,做不正义的事在内部造成不正义。柏拉图之所以在《理想国》中呼吁让哲学家出任国家统治者,就是因为他认为真正的哲学家的最高追求就是至真、至善的理念,因而能够将"善"作为自己的执政标准,他们不看重浅近的物质利益,也不在乎手中的权力,因而较之其他人更有利于政治的清明和社会良好风尚的建树。

亚里士多德同样把"至善"理解为人们组成城邦所要达到的目的。所以,他在《政治学》一书中,开篇就说:

> 所有城邦都是共同体,所有共同体都是为着某种善而建立的(因为人的一切行为都是为着他们所认为的善),很显然,由于所有的共同体旨在追求某种善,因而,所有共同体中最崇高、最有权威、并且包含了一切其他共同体的共同体,所追求的一定是至善。这种共同体就是所谓的城邦或政治共同体。③

而所谓"至善"就是"追求完美的、自足的生活"④。既然城邦的最高目的是至善,那么"公正"就是为政的准绳:

---

① 柏拉图:《理想国》,郭斌和、张竹明译,商务印书馆1986年版,第169页。
② 柏拉图:《理想国》,郭斌和、张竹明译,商务印书馆1986年版,第172页。
③ 亚里士多德:《政治学》,颜一、秦典华译,中国人民大学出版社2003年版,第1页。
④ 亚里士多德:《政治学》,颜一、秦典华译,中国人民大学出版社2003年版,第90页。

人一旦趋于完善就是最优良的动物,而一旦脱离了法律和公正就会堕落成最恶劣的动物。不公正被武装起来就会造成更大的危险,人一出生便装备有武器,这就是智能和德性,人们为了达到最邪恶的目的有可能使用这些武器。所以,一旦他毫无德性,那么他就会成为最邪恶残暴的动物,就会充满淫欲和贪婪。公正是为政的准绳,因为实施公正可以确定是非曲直,而这就是一个政治共同体秩序的基础。①

二、近代政治哲学:道德与政治的疏离

在欧洲传统政治学说中,确信"善"与"正义"、道德与政治的直接同一始终占据主流地位。特别是在中世纪,宗教神学和封建王权的强权统治结合,使道德与政治的直接同一采取了政教合一的政治形态,即作为"至善"的神是王权或国家权力的全部根据。然而,到了中世纪末期,教权的腐败、王权的专制、教权与王权之间的矛盾以及宫廷内部围绕权力展开的争斗等等,使人们越来越难以看到,也越来越难以相信政治统治的良善本性,并逐渐对"政治根植于道德"这一传统观念产生怀疑。

最先对这一传统政治观念提出挑战的是文艺复兴时期著名政治理论家马基雅维利(Machiavelli)②。他在《君主论》一书中干脆把政治统治与道德本性剥离开来,提出来一种"用目的的正当性来说明手段的正当性"的政治原则。马基雅维利是中世纪晚期意大利新兴资产阶级的代表,从政治理想上说,他崇尚共和政体,认为共和政体有助于促进社会福利,发展个人才能,培养公民美德。但面对意大利人性堕落、国家分裂和社会动乱的状态,他认为实现国家统一、社会安宁的唯一出路只能是建立强有力的君主专制制度。在他看来,人是自私

---

① 亚里士多德:《政治学》,颜一、秦典华译,中国人民大学出版社 2003 年版,第 5 页。
② 尼可罗·马基雅维利(Niccolo Machiavelli, 1469—1527),文艺复兴时期意大利著名的政治思想家和历史学家,主要著作有《君主论》、《论蒂托·李维》、《佛罗伦萨史》、《论战争与艺术》等。

的，追求权力、名誉、财富是人的本性，因此人与人之间经常发生激烈斗争，为防止人类无休止的争斗，国家应运而生，颁布刑律，约束邪恶，建立秩序。为了达到这个目的，君主应当不图虚名，注重实际，只要能够达到目的，无须考虑手段的道德性质。残酷与仁慈、吝啬与慷慨，都要从实际出发，即所谓"明智之君宁蒙吝啬之讥而不求慷慨之誉"。所以他在《君主论》中说，君主"常常不得不背信弃义，不讲仁慈，悖乎人道，违反神道"。当君主认为"如果没有那些恶行，就难以挽救自己的国家的话，那么也就不必因为对这些恶行的责备而感到不安，一些事情看来是恶行，可是如果照着办了却能给他带来安全与福祉。"①这就是说，政治统治的正义是用其最终目的和效果来说明的，一切与此无关的道德都应该被抛弃。基于这种观点，马基雅维利明确地把政治学当作一门实践学科，将政治和伦理分开，把国家看作纯粹的权力组织。可以说，他是近代第一个使政治学独立于伦理学的思想家，因而有资产阶级政治学奠基人之称。

当然，在近代政治哲学中，马基雅维利的这种比较极端的政治学观点并不多见。多数政治哲学家并不否认政治合法性本身所蕴含的道义原则。这特别体现在近代法学和政治学有关自然法的讨论中。所谓自然法不外是一些最基本的道义原则，如"各有其所有，各偿其所负"（格劳修斯），"既受他人恩施之惠，就应努力使他不因施惠而自悔"（霍布斯）等。当然，自然法的内容应当是什么，这是一个争议很大的问题，但不管怎样，自然法所涉及的就是一些最基本的道义原则，法律和政治行为如果不符合自然法的要求，就是不合理、不合法的。因为"自然法"本身就被理解为维系社会共同生活的最基本的尺度，没有这些基本要求或不符合这些基本要求，社会生活就建立不起来，即便建起来了也维持不下去。

但问题在于，如何才能使自然法成为共同的生活准则而不致被个人的任意性所破坏？人性中是否具有足以使自然法得到贯彻的道德根基？对于这样的问题，近代思想家则比较普遍地表现出对人的德性

---

① 马基雅维利：《君主论》，潘汉典译，商务印书馆1985年版，第75页。

能力的不信任,即便不否认道德良善的重要性,但也不把政治正义的实现寄希望于人的道德品性。如英国哲学家霍布斯从人性本恶的基本立场出发,干脆否认了人凭其本性执行自然法的可能性。在他看来,尽管自然法是理性法则,但人的趋利避害的自私本性使人倾向于不愿接受自然法的约束,因此,要使自然法行之有效,就必须依靠具有强制力的政治权力。他说:

> 正义的性质在于遵守有效的信约,而信约的有效性则要在足以强制人们守约的社会权力建立以后才会开始,所有权也就是在这个时候开始。①

按照霍布斯的这一观点,政治的正义与其说是根源于人性的善,不如说是为了防范人性的恶。

稍晚于霍布斯的英国哲学家洛克不同意人性本恶的说法,而是认为人天生就是要过社会生活,这就决定了最初的"自然状态"应当是一种社会生活的状态,一个自由、平等的状态。在自然状态中,人们根据自己的愿望行动,并受理智的约束,在理性的范围内,其行动服从自然的道德律,这就是"自然法"。洛克还认为,在自然状态中,每个人都有根据自然法来惩罚违反自然法的人的权利和要求犯罪人做出赔偿的权利。这就是所谓自然权利。由此看来,洛克既肯定了自然法是一种道德律,又肯定了个人执行自然法的正当权利,但他同样认为,政治的正义不可能直接从这种自然法和自然权利中产生。因为,尽管在自然状态中,人们的行为是受理性的自然法约束的,但人们的行为却常常是非理性的,这就造成了自然状态的种种缺陷,其中最主要的缺陷是:第一,在自然状态中,缺少一种确定的、规定了的、众所周知的法律作为判别是非的标准和裁决纠纷的共同尺度。这就使有些人由于利害关系而心存偏见,按照对自己有利的方式理解和运用自然法。第二,在自然状态中,缺少一个有权依照既定的法律来裁判一切争执的知名的和公正的裁判者。每个人以自然法的裁判者和执行者

---

① 霍布斯:《利维坦》,黎思复、黎廷弼译,商务印书馆1985年版,第109页。

自居，而又偏袒自己，这就使他们的裁决因情感和报复之心而超越正当的范围。第三，在自然状态中，往往缺少权力来支持正确的判决，使它得到应有的执行。凡是因不公平而受到损害的人，只要他们有能力，总会用强力来纠正他们所受到的损害；这种反抗往往会使惩罚行为发生危险，而且时常使那些企图执行惩罚的人遭受损害。这就是说，在自然状态下，人们无法解决在理解和执行自然法方面所产生的分歧，这就易于导致战争状态。要避免可能发生的战争状态，就必须走出自然状态，组成公民社会和公民政府，把每个人执行自然法的自然权利交给这样的政府，通过颁布和执行确定的、众所周知的、大家共同接受的法律，来维护自然法和自然赋予每个人的基本权利。他说：

> 虽然他在自然状态中享有那种权利，但这种享有是很不稳定的，有不断受别人侵犯的威胁。既然人们都像他一样有王者的气派，人人同他都是平等的，而大部分人又并不严格遵守公道和正义，他在这种状态中对财产的享有就很不安全、很不稳妥。这就使他愿意放弃一种尽管自由却是充满着恐惧和经常危险的状况；因而他并非毫无理由地设法和甘愿同已经或有意联合起来的其他人们一起加入社会，以互相保护他们的生命、特权和地产，即我根据一般的名称称之为财产的东西。①

霍布斯和洛克的上述观点在近代欧洲政治哲学的诸多学派中是很普遍的。近代欧洲正处在由以自然经济为基础的传统社会向以市场经济为基础的现代社会的过渡过程中。而市场经济是以作为市场主体的个人最大限度地追求私人利益为内在驱动力的，这就必然要求个人的私有财产权利得到国家和法律的保护。不管这种私人财产权利被理解为来自于人的趋利避害的本性（如霍布斯），还是被理解为来自于人的劳动（如洛克），或者被理解为私有财产制度的产物（如卢梭），私人财产权利都是不能被取消的，不能被侵犯的。这也是近代政治思

---

① 洛克：《政府论》下篇，瞿菊农、叶启芳译，商务印书馆2005年版，第77页。

想家竭力予以肯定的自由、平等权利的核心内容。因此，在近代政治思想家看来，要保护私有财产权利，防止相互侵犯，靠人们的善良意志是根本不可能的，必须将私有财产权利以法理的形式确立下来，并使之得到有强制力的国家的保护。因而在近代大多数政治哲学家看来，道德的良善和政治的正义并不是直接同一的，后者总是在前者不起作用的地方才能发生。在私有财产权利不受侵犯的前提下，人们所能获得的自由只能是法律意义上的自由，即以明确的法律形式确立和维护个人独立、自主、自由地追求私人利益的合法性，平等也只能是法律意义上的平等，即以法理的形式肯定每个人在私有财产方面的平等权利。这样，思想家们在人们角逐私利的行为中难以相信道德意识本身可以产生积极的政治后果，同时又在自由平等的理想之下寻求实现正义的政治途径。

道德与政治之间的这种疏离使政治思想家们越来越倾向于把政治生活或国家政府之类的问题当作独立的研究领域，探讨政治过程、政治生活、政治制度、政治策略的性质及其发展变化的规律。特别是在 19 世纪后半叶，随着各门社会科学的普遍兴起，政治问题的研究也逐渐被纳入到科学研究的轨道。1880 年 10 月，在美国学者 J. W. 柏吉斯的倡导下，美国成立了"哥伦比亚大学政治研究所"，开始培养政治学博士和进行具有学科意义的政治学研究，这标志着作为科学的政治学的诞生。

三、现代政治哲学：为政治正义确立道德依据

当政治学成为独立的社会科学学科以后，政治哲学一度衰落，政治问题的探讨逐渐被纳入实证科学的轨道，从而在很大程度上将道德问题从政治视野中排除出去。并且受"唯科学主义"思潮的影响，政治学界一度对政治哲学采取漠视的态度，认为政治哲学所关注的价值判断，没有严格的确定性，只能是各执己见，莫衷一是，不可能是真正的科学，因而不值得重视。这种情况延续了几乎一个世纪。应当说，把政治生活作为独立的对象，从"事实"的意义上加以研究的确是非

常必要的，但是从政治生活的总体上说，排除道德问题或忽视"价值"维度的思考，又是十分片面的。在现实的政治活动中，事实与价值是不可分离的。即便是政治学家也很难对政治的科学研究采取中立的态度。但对事实的研究和对事实进行价值判断毕竟是两回事，两者不能互相取代。黑格尔在他的《法哲学原理》一书中，谈到法哲学的性质时指出：

> 在法中人必然会碰到他的理性，所以他也必然要考察法的合理性。这就是我们这门科学的事业，它与仅仅处理矛盾的实定法学殊属不同。①

黑格尔的这一思想对于我们理解政治哲学是很有启发性的。政治制度、政治过程、政治关系、政治活动无疑是人类理性活动的领域，因此在政治中我们也必然会遇到我们的理性，从而也必然要考察政治的合理性问题，也就是要依据正义与非正义、是与非、善与恶、平等与不平等、自由与奴役等政治理念对政治是否具有合理性做出价值评判，并探讨这种价值判断的终极性判据。因此我们也可以说，政治哲学就是研究政治理念以及构成政治现实的那些东西是否符合政治理念，从而具有"合理性"。这个问题，应当说，也恰恰是当代国家政治和国际政治的最为重要的问题。20世纪两次世界大战给人们以深刻的教训，如果不从价值取向的意义上思考政治的合理性，那么最终是难以避免灾难性的后果。20世纪90年代，"冷战"结束以后，世界各国的政治形态都在不同程度地发生变化。原先的社会主义国家普遍进入剧烈的社会转型过程，从以计划经济为基础的政治制度转向以市场经济为基础的政治制度。或者以改革的方式建立社会主义市场经济体制（如中国、越南等），或者干脆抛弃了社会主义制度走向资本主义市场经济。但不管怎样说，政治制度的变革本身必然面临"怎样一种政治制度才是合理的"这样一个问题。因为，从非市场经济过渡到市场经济，这不仅意味着国家的制度体系必然发生根本性改变，而且

---

① 黑格尔：《法哲学原理》，范杨、张企泰译，商务印书馆1982年版，第15页。

意味着支撑这个制度体系的"合理性"政治观念也必然发生根本性变化,这就使政治合理性问题被重新探讨或被重新评价。当代发达资本主义国家也同样被"合理性"问题所困扰。哈贝马斯在《合法化危机》一书中对此做出描述:

> 由于一直具有私人目的的生产日益社会化,这就给国家机器带来了无法满足的矛盾要求。一方面,国家必须发挥集体资本家的功能,另一方面,只要不消灭投资自由,相互竞争的个别资本就不能形成或贯彻集体意志。这样就出现了相互矛盾的命令,一方面要求扩大国家的计划能力,旨在推行一种集体资本主义的规划,另一方面却又要求阻止这种能力的扩大,因为这会危及资本主义的继续存在。于是,国家机器就左右摇摆,举棋不定,一方面是人们期待的干预,另一方面则是被迫放弃干预;一方面是独立于自己的服务对象,但这样会危及系统,另一方面则是屈从于服务对象的特殊利益。①

在当前国际政治和国际关系中,合理性问题更是十分突出。"冷战"以后,经济全球化进程加快了步伐,国际贸易在不同区域市场上的地理扩展、金融市场的全球网络化、跨国公司在规模和数量上的日益扩大等几乎完全打破了国内贸易和对外贸易的界限,加速了国际资本的流动,不断强化各国国民经济对世界经济的依赖。与此相应,各种跨国机构如联合国、世界贸易组织、欧盟、北美自由贸易协定、亚太经合组织等在协调、控制各国经济和世界经济方面发挥着越来越重要的作用,同时也不断深化和扩展了各国之间在政治上和文化上的互动。从这个方面看,放弃战争,谋求永久和平已经日益成为解决国际争端的基本价值准则。然而,问题的另一个方面是,在全球化加速发展的过程中,以古典国际法为依据的全球秩序建构也面临十分严峻的挑战。尽管早在二战以后,和平主义的意识就已经得到世界公众的普

---

① 哈贝马斯:《合法化危机》,刘北成、曹卫东译,上海人民出版社 2000 年版,第 84—85 页。

遍认同，但这并没有能够有效地阻止大量发生的局部战争和国内战争。有关民主与专制、领土与主权问题的传统争端与种族冲突和不同文明之间的冲突交织在一起，从而有了不同以往的形式和内容；在世界经济或国际性交换体系中，不同利益群体、不同地区或国家之间在利益分配上的相互竞争加剧了各种扩张势力之间的相互角逐，使谋求国家安全、区域稳定和世界和平的努力屡屡受挫。带有明显政治意图的、大规模的恐怖主义活动以前所未有的、打破一切常规的方式对世界的安全与稳定构成了新的威胁，这不仅使人们感到世界的不安宁，而且感到这种不安宁的根源和方式是如此不确定和难以控制。从这方面看，当今国际社会中不同民族国家、不同利益群体之间的对抗性依然十分深重，以至我们至今看不到彻底遏制国际矛盾与冲突的希望。在这种情况下，"怎样的国际秩序才是合理的"、"合理的国际秩序如何才能建立起来"等就成为当前国际政治中迫在眉睫的重大问题。从事实上说，社会政治体系是复杂的有机系统，在每一个历史发展阶段上，这个有机系统的演变趋势都不是唯一的，而是具有多种可能性。哪一种可能性变成现实，则取决于人类在政治生活中所做出的价值选择。没有对政治的基本价值判断，或者这种判断本身是错误的，那就有可能导致社会的政治建构背离人类的价值理性，导致大规模的社会灾难。无论怎样说，政治总是人类活动的产物，人类有责任使社会的政治建构更适合于人类的本性，更有利于人类的生存。这也是政治哲学存在的必要性之基本依据。

正是出于对政治合理性的思考，出于对政治正义的追求，政治哲学在经历了多年的沉寂后再度复兴。1971年，美国政治哲学家约翰·罗尔斯（Rawls）[①]发表了《正义论》一书，这标志着现代政治哲学的兴起。在这本书中，罗尔斯开宗明义地指出：

正义是社会制度的首要价值，正像真理是思想体系的首

[①] 约翰·罗尔斯(John Bordley Rawls, 1921—2002)，美国著名的政治哲学家、伦理学家。普林斯顿大学哲学博士，哈佛大学教授，主要著作有《正义论》、《政治自由主义》、《作为公平的正义：正义新论》、《万民法》等。

要价值一样。一种理论，无论它多么精致和简洁，只要它不真实，就必须加以拒绝或修正；同样，某些法律和制度，不管它们如何有效率和有条理，只要它们不正义，就必须加以改造或废除。……作为人类活动的首要价值，真理和正义是绝不妥协的。①

同时，他也十分清楚政治的正义与道德能力的关系，因而他说：

> 我希望强调，正义观只是一种理论，一种有关道德情感（重复一个十八世纪的题目）的理论，它旨在建立指导我们的道德能力，或更确切地说，指导我们的正义感的原则。②

与罗尔斯齐名的当代政治哲学家诺齐克（Nozick）③也明确地指出：

> 道德哲学为政治哲学既提供了背景又确定了边界。人们之间可以做什么不可以做什么限定了通过国家机器作用于他人的边界，或者，限定了要建立这样的国家机器可以做什么不可以做什么的边界。具有约束力的道德禁令就是国家强制力的最根本的合法性源泉。④

《当代政治哲学》的作者金里卡（Kymlicka）⑤也认为，在道德哲学与政治哲学之间有一种根本性的关联，政治哲学关注的焦点是那些使得公共机构的运作具备合法性的道德义务，公共责任和私人责任

---

① 罗尔斯：《正义论》，何怀宏等译，中国社会科学出版社1988年版，第1—2页。
② 罗尔斯：《正义论》，何怀宏等译，中国社会科学出版社1988年版，第47页。
③ 罗伯特·诺齐克（Robert Nozick，1938—2002），美国著名的政治哲学家，哈佛大学教授。生于纽约的布鲁克林区，先后毕业于哥伦比亚大学、牛津大学和普林斯顿大学。他对政治哲学、决策论和知识论都做出了重要的贡献，主要著作有《无政府、国家和乌托邦》、《哲学解释》、《苏格拉底的困惑》等。
④ Robert Nozick. Anarchy, State, and Utopia, New Your:Basic Book, 1974, p.6.
⑤ 威尔·金里卡（Will Kymlicka），加拿大著名哲学教授，1984年获女王大学（Queen's University）哲学和政治学学士学位，1987年获牛津大学哲学博士学位，现为加拿大女王大学哲学系教授，主要著作有《自由主义、社群与文化》）、《当代政治哲学》、《多元文化公民权》、《少数的权利》等。

的内容和界限，都必须诉诸更深刻的道德原则才能确定。他说：

> 对公共责任的任何解释都必须契合更宽广的道德框架：这种道德框架既要能够容纳又要能够说明我们的私人责任。①

当代美国著名政治哲学家列奥·施特劳斯（Leo Strauss）②则指出，政治哲学就是哲学的一个分支，因而也就是用关于政治事务的性质的知识取代关于政治事务的性质的见解的一种尝试。然而，对于政治领域中的事物，我们不可能不持赞成或反对、选择或排斥、赞美或谴责的态度，所有这些态度都涉及好与坏、善与恶、正义与非正义的判断，而这样的判断是以一定的判断标准为前提的，政治哲学的努力就是要探讨这些标准，以期获得关于这些标准的真正知识。因此，政治哲学本身不可能是中立的，它的目的既在于认识政治事务的本性，也在于认识公正的或好的社会制度。

本章思考题

1. 在人性与道德的关系问题上有哪些基本的观念？
2. 在道德的动机和目的问题上都有哪些基本的观念？
3. 什么是道德信念？历史上的道德学说是如何论证道德信念的？
4. 在现代社会中，道德信念的困惑的主要表现是什么？
5. 怎样理解道德哲学与政治哲学的关系？

---

① 金里卡：《当代政治哲学》，刘莘译，上海三联书店2001年版，第11页。
② 列奥·施特劳斯（Leo Strauss，1899—1973），出生于德国的犹太人，曾就读于汉堡大学，1921年获哲学博士学位，1925—1932年任职于柏林犹太研究学院。1938年移居美国。1938—1949年任教于纽约新社会研究院，1949—1968年任教于芝加哥大学政治学系。施特劳斯是当代著名的政治哲学家，主要著作有《政治哲学史》、《自然权利与历史》等。

第六章　审美论：美与生活

在生活世界中，我们不仅求真、求善，还要求美。求真，就是探求有关生活世界的各种知识，以便为我们改变世界的感性活动即实践活动提供知识基础。求善和求美则属于感性活动的实践意志，它们为感性活动提供价值尺度，因而伦理学和美学都属于哲学的价值论，它们都与我们改变客观对象或者说改变现实世界的实践活动有关。求善，就是要依据人的存在和发展的需求探索并确立"善"的最高原则，按照这个原则来改变现实事物，使无用之物变为有用之物，同时祛除生活中丑恶的东西，用道德之光普照生活世界，使我们的生活方式、行为方式乃至整个社会的存在方式更符合人们对自身自由本性和幸福的理解。求美，就是要依据人的自由本性探索并确立"美"的最高标准，按照美的尺度来塑造事物，使我们创造出来的东西不仅能够实际地满足我们的需要，而且赏心悦目，能够在我们的心灵中唤起美的感受，使我们愿意接近它、喜爱它。因而在我们的生活世界中，人们对美的追求无所不在，从饮食、服饰、宅居、环境景观及各种物质器具的制造和使用到音乐、舞蹈、诗歌、戏剧、电影和各种文学艺术作品的创作和欣赏，处处体现出人们的审美情趣，在生产和生活的各个领域，我们都可以体验到审美的精神享受。按照美的尺度来塑造事物，使我们的生活世界日益朝着艺术化的方向发展。美并不仅仅意味着消遣和娱乐，它同"真"和"善"一样是人的存在方式，是生活世界的本质特征。

正是由于对美的追求渗透到我们生活的方方面面，正是由于美是人的存在方式和意义，对美的理论探讨成为哲学的不可或缺的组成部分。

第一节　古代哲学中的美学思想

如同真和善,美或美感也是产生于人们对现实生活的认识和理解之中。我国东汉时期的学者许慎在《说文解字》中将"美"字解释为:"美,甘也,从羊从大",这多少道出,"美"这个字体现了一种源于实际生活的快感。在古埃及人那里,用表示"好的"、"优良的"的词来表示"美"的内涵。①有足够的资料可以证明,原始社会的先民们就已经在其生活和劳作中追求美的形式和美的感受。当然,这最初的追求往往是同生活的功用目的紧密结合在一起的。例如,我们在世界的很多地方都发现了原始人绘制的洞穴壁画、岩画,其内容丰富,形象生动逼真。从功用目的上说,这些壁画、岩画可能是在没有文字的时代人们用来记载部落生活或传达某种信息的,但也包含着想象和虚构。②我们可以推断,这些绘画已经能够使原始人对图形本身产生审美情趣。再如,原始人的巫术原本是为祭祀、生产、征战等活动而进行的仪式性活动,但巫师在仪式活动中的表演,却逐渐成为一种具有象征意义的形式化动作,而且最早的音乐、舞蹈、诗歌的产生都与巫术有关。美的图形、美的动作、美的声音等等都具有形式化的特征,这就使这些形式化的东西逐渐具有了独立的审美价值,从而渐渐地从具体的功用目的中分离出来,成为现实生活的一个独特的内容。最典型的就是我们在原始人制作和使用的陶器上发现的各种看似抽象的图案,最常见的如鱼纹、水波纹、方格纹、菱形纹、锯齿纹、之字纹等等,琳琅满目,质朴生动。陶器是一种储存水和食物的容器,然而在陶器上绘制这些图案,却不能不说是原始人的纯粹的审美情趣,因为这些图案与陶器的功用没有任何关系,只是为了"好看"。

---

① 参见门罗·C. 比厄斯利:《西方美学简史》,高建平译,北京大学出版社2006年版,第2页。
② 例如,1879年发现的西班牙的阿尔塔米拉洞穴,其中的"大壁画"刻着20多个旧石器时代的动物形象,这些动物形象栩栩如生,显示出很高的绘画技巧。然而,据考证,这些绘画源自原始人类的巫术信仰,是他们在狩猎前后进行巫术仪式时使用的符号图案。

正因为早在原始人的生活中"美"就已经成为一种普遍的精神感受，并指引着人们对现实世界的改造活动，因而它和"真"与"善"一样很早就进入到哲学家的理性思索中，由此开始了哲学的美学历程。

一、美的理念：古希腊哲学中的美学思想

在古希腊哲学中，对美的探讨起之于对"美"的概念或理念，即对"美本身"的形而上学追问。这种追问把现实生活中人们的千差万别的美感提升为一种理性的追索。英国美学家鲍桑奎（Bosanquet）[①]在他著名的《美学史》中认为古希腊关于美的理论中包含着三个基本原则：第一，道德主义原则；第二，形而上学的原则；第三，审美原则。[②]这三个基本原则比较充分地体现在柏拉图和亚里士多德的美学思想中。

1. 柏拉图：美的理念与模仿

柏拉图从他的理念论出发，区分了"美的事物"和"美本身"，把"美本身"称之为"美的理念"或"理念美"，使之同"感觉美"相别。在《会饮》篇中，他说：

> 美的理念也叫理念美，感觉的美是易灭的，不完善的……理念的美是永恒的，无始无终，不生不灭、不增不减的……一切美的都以它为源泉，有了它一切美的事物才成其为美。[③]

这就是说，"美本身"作为理念才是最真实的、永恒的美，而具体事物的美则不过是对美的理念的"模仿"或"分有"，它们之间的关系就如同"正义"和正义的行为、"善"与善行一样，是一和多的

[①] 伯纳德·鲍桑奎（Bernard Bosanquet，1848—1923），英国新黑格尔主义和新自由主义的代表人物。他在逻辑学、美学、哲学、政治哲学、宗教学、心理学等方面都有建树，主要著作有《美学史》、《逻辑的本质》、《道德自我的心理学》等。

[②] 参见鲍桑奎：《美学史》，张今译，商务印书馆1995年版，第26—27页。

[③] 柏拉图：《文艺对话录》，朱光潜译，人民文学出版社1963年版，第272—273页。

关系。即：

> 美与丑、正义与非正义、善与恶等，就它们各自本身而言，它们各自为一，但由于它们和行动及物体相结合，它们彼此相互结合又显得无处不是多。①
>
> 一方面我们说有多种美的东西、善的东西存在，并且说每一种美的、善的东西又都有多个……另一方面，我们又曾说过，有一个美本身、善本身，以及一切诸如此类者本身；相应于上述每一组多个的东西，我们又都假定了一个单一的理念，假定它是一个统一者，而称它为每一个体的实在。②

可以看出，柏拉图第一次把美从经验领域提升到超验领域，使之具有了本体论的地位。他反复提醒我们，美的事物之所以是美的，就在于它分有了美的理念，因而只有把握美的理念才能真正获得美的知识。为此他批评那种只知道或只喜爱美的事物如美的声音、美的色彩、美的形状，而不知道也不喜欢美本身的人，说他们的生活如在梦中。只有那些能够就美本身领会到美本身的人，那些能够分辨美本身和包括美本身在内的许多具体的东西，又不把美本身与含有美的许多个别东西相互混淆的人，他们的一生才是清醒的。柏拉图的这个看法是很有道理的。生活中总是有那么一些人，由于不知道什么是真正的美，而沉溺于声色犬马之中，美丑不辨，甚或认丑为美。这样的人的确是浑浑噩噩地生活在梦中。然而，柏拉图把美的理念理解为游离于美的事物之外，先于现实世界并派生出现实世界的独立存在，这就再次显示出他的理念论的神秘主义特征。

柏拉图美学思想的另一特征是，他把"美"和"正义"看成是同一层级的概念，认为二者都从属于作为最高理念的"善"。他说：

> 一个人如果不知道正义和美怎样才是善，他就没有足够的资格做正义和美的护卫者。我揣测，没有一个人在知道善

---

① 柏拉图：《理想国》，郭斌和、张竹明译，商务印书馆1986年版，第218页。
② 柏拉图：《理想国》，郭斌和、张竹明译，商务印书馆1986年版，第263—264页。

之前能足够地知道正义和美。①

柏拉图把"美"看成是从属于"善"的，其目的就是想把对"美"的理解纳入到他对理想政治的设计之中，因而他更看重从"秩序"与"和谐"的角度理解美的内涵，认为求美不仅是追寻美的理念，以使自己内心秩序井然，而且要压抑自己的感性欲望，顺从法律规定的秩序。所以他说："正确的爱难道不是对于美的有秩序的事物的一种有节制的和谐的爱吗？"②

然而，柏拉图在形而上学的层面上设定了一个美的理念，同时又把美置于善的关照之下，但这却没有使他抬高艺术创作在现实生活中的地位，反而使他表现出对艺术的轻视或贬损。在他看来，艺术就是一种模仿。现实世界中的事物无非是对理念的模仿，而艺术作品则是对现实事物的模仿，即对模仿的模仿，因而同真正的真理即理念隔了两层。例如，木匠制作的桌子是对桌子理念的模仿，而画家画的桌子则是对木匠制作的桌子的模仿，因而它更不真实。至于诗歌和音乐，更是如此，"因此，悲剧诗人既然是模仿者，他就像所有其他的模仿者一样，自然地和王者（即最高、真理之意——引者注）或真理隔着两层。"③

柏拉图对于艺术的贬斥从根本上说来源于对善的追求，更来源于对他所理想的政治秩序的维护，因而柏拉图关于美的理论具有道德主义倾向，将和谐、规则、秩序看作是美的基本特征。为此，他根据理想国的要求对艺术进行削足适履的处理，即艺术必须有利于政治秩序的建构，艺术的好坏也必须从政治标准来衡量。他认为那些表现人性的萎靡、软弱、胆怯、淫欲、恐惧、自私的艺术作品对青年人有极大的腐蚀性，因而力主将这样的作品连同作者一并逐出理想国的设计方案。柏拉图的这一思想固然提醒我们注重艺术的社会责任，但我们也应当看到，他把艺术完全意识形态化，否认了艺术的多样性及其独立

---

① 柏拉图：《理想国》，郭斌和、张竹明译，商务印书馆1986年版，第262页。
② 柏拉图：《理想国》，郭斌和、张竹明译，商务印书馆1986年版，第110页。
③ 柏拉图：《理想国》，郭斌和、张竹明译，商务印书馆1986年版，第392页。

价值。

2. 亚里士多德：模仿与陶冶

美的特质是什么？如果从美感的角度来说，美无疑是感性的，因为我们总是从对美的事物的感性直观中获得美的感受。但是如果从美的概念来说，美的问题又不折不扣地是一个哲学问题，因为一旦我们去追问"美本身"是什么时，就必然进入理性思索的范围。于是问题产生了：一个感性的存在能否被理性的思维所把握？如果可以，那么该如何把握？亚里士多德以他独特的方式对这两个问题给予了回应。

亚里士多德没有写过专门的美学著作，对于"美本身"也很少有一般性的论述。但他对戏剧（悲剧）和诗学所做的研究却包含了他丰富的美学思想。亚里士多德的美学思想可以说是对柏拉图美学思想的批判继承。他也认为"美的主要形式是秩序、匀称和明确"①，但他并不像柏拉图那样，把"美在秩序"或"美在和谐"过分地嫁接到政治秩序之中，而是强调美本身的独立价值。他也接受了柏拉图的"模仿说"，认为艺术家的作品就是对事物的模仿，但他对这个"模仿说"却做出了十分积极的解释。首先，他认为，艺术作品不会因为是一种模仿就与真理隔了两层，模仿中包含着人们对模仿对象的知识，他说：

> 人从孩提的时候起就有摹仿的本能（人和禽兽的分别之一，就在于人最善于摹仿，他们最初的知识就是从摹仿得来的），人对摹仿的作品总是感到快感。经验证明了这样一点：事物本身看上去尽管引起痛感，但惟妙惟肖的图像却能引起我们的快感，例如尸首或最可鄙的动物形象。……我们看见那些图像所以感到快感，就因为我们一面在看，一面在求知，断定每一事物是某一事物，比方说，"这就是那个事物"。②

因此，艺术也是一种知识，艺术的模仿不仅能够展现被模仿的对

---

① 亚里士多德：《形而上学》，吴寿彭译，商务印书馆 1959 年版，第 265—266 页。
② 亚里士多德：《诗学》，罗念生译，人民文学出版社 2002 年版，第 10 页。

象，而且还有可能洞察到其中所蕴涵的真理。所以，他在《诗学》中这样说：

> 诗人的职责不在于描述已发生的事，而在于描述可能发生的事，即按照可然律或必然律可能发生的事。①

基于这个理解，亚里士多德赋予艺术以崇高的真理价值，认为诗学和哲学实际上同归一途，即达到对普遍性知识的把握。因而他说：

> 写诗这种活动比写历史更富于哲学意味，更被严肃地对待；因为诗所描述的事带有普遍性，历史则叙述个别的事。②

亚里士多德同样注重艺术的道德功能，在他的悲剧理论中提出了著名的"陶冶说"或"净化说"（κάθαρσις）③。关于悲剧，亚里士多德解释说：

> 悲剧是对于一个严肃、完整、有一定长度的行动的摹仿，它的媒介是语言，具有各种悦耳之音，分别在剧的各部分使用；摹仿方式是借人物的动作来表达，而不是采用叙述法；借以引起怜悯和恐惧来使这种情感得到陶冶。④

悲剧激发了人的怜悯和恐惧，而怜悯与恐惧既是一种痛苦的情绪，同时又是一种特别的快感，因为它们与观众无关而又极易在观众的身上发生。观众在感到幸运的同时又担心自己的现实处境。悲剧正是通过这种快感来净化人的心灵，"把人引到最高尚的方向"。

---

① 亚里士多德：《诗学》，罗念生译，人民文学出版社2002年版，第24页。
② 亚里士多德：《诗学》，罗念生译，人民文学出版社2002年版，第24—25页。
③ "净化"一词的英译是"catharsis"（导泄法），英国美学家鲍桑奎将其解释为"得到宣泄而减缓下来"，认为这一功能能有治疗和教化的作用。悲剧可能激发观众的某些情感，而在激情耗尽的时候，也就是心灵归于平静的时候，所看到的恐惧与罪恶虽然可能导致观众一时的恐怖与哭泣，但随后反而在情感的释放当中感到舒畅和澄明。
④ 亚里士多德：《诗学》，罗念生译，人民文学出版社2002年版，第16页。

二、中国古代文化中的美学思想

在中国古代哲学中,同样没有一本专门的美学著作,但中国文化的深厚底蕴却孕育出了极为独特的审美意识和艺术理论。尽管中国古代文化中的美学思想并不具有古希腊美学思想的思辨性理论特征,但同样贯彻着道德主义的原则和形而上学的追索。我们可以从儒家和道家的学说中领略这一精神特质。

1. 儒家美学思想:美与德性的融通

同古希腊哲学中的美学思想一样,中国古代文化中的美学思想也起始于对善的探讨,追求美与善的统一,并把人们对美的理解融合到对理想人格和政治秩序的追求中。其中最典型的就是高度注重道德修养的儒家学说。孔子在《论语》中讲到"美"总是同"德"或"善"联系在一起。如《论语·尧曰》:

> 子张问于孔子曰:"何如,斯可以从政矣?"
> 子曰:"尊五美,屏四恶,斯可以从政矣。"
> 子张曰:"何谓五美?"子曰:"君子惠而不费,劳而不怨,欲而不贪,泰而不骄,威而不猛。"
> ……
> 子张曰:"何谓四恶?"
> 子曰:"不教而杀谓之虐;不戒视成谓之暴;慢令致期谓之贼;犹之与人也,出纳之吝,谓之有司。"

"五美"即"五德","四恶"亦"四丑",在孔子甚至在整个儒家那里,美与丑的分辨就是以善恶为标准的,因而重在人格精神的培养。然就人格精神的培养而言,孔子又特别注重人的质朴率真。如《论语·八佾》:

> 子夏问曰:"《诗》云:巧笑倩兮,美目盼兮,素以为绚

今，何谓也？"子曰："绘事后素。"

由此可见，孔子所欣赏的是一种"质朴的美"。后来的儒者，深得此意。西汉经学家、文学家刘向在《说苑·反质》有这样一个记载："孔子卦得贲[①]，意不平，子张问，孔子曰，'贲，非正色也，是以叹之'，'吾闻之，丹漆不文，白玉不雕，宝珠不饰。何也？质有余者，不受饰也。"也就是说，事物本真的、内在的美是最重要的，外表的华丽装饰没有什么真正的价值。

孔子关于人格美的思想，在孟子那里得到了充分的发挥。孟子确信人在其本性上是善的，问题只在于注重人格的自我培养，如能自觉地发挥自己的善良本性，就能够通人性和天性，从而培养出"至大至刚"并"塞于天地之间"的"浩然之气"。人性为此气所充实，就是一种最高的善，也是一种最高的美。如《孟子·尽心下》中说：

> 浩生不害问曰："乐正子何人也？"孟子曰："善人也，信人也。""何谓善？何谓信？"曰："可欲之谓善，有诸己之谓信，充实之谓美，充实而有光辉之谓大，大而化之之谓圣，圣而不可知之之谓神。乐正子，二之中、四之下也。"

由此，孟子在人格精神的质朴之美之上又加上了"充实之美"或"充盈之美"。

孔孟的美学思想如同他们的道德学说一样，具有明显的排斥功利和欲望的特征，因而并不关注人们在其感性生活中所获得的美感。这使他们的道德主义的审美意识始终带有一种超凡脱俗的神秘主义色彩。战国末期的儒学家荀子对此提出了委婉的批评和矫正。作为儒者，荀子当然不否认礼义的重要性，也强调人格精神的自我培养。但他从人性恶的观念出发，认为每个人都有与生俱来的感性欲望，满足感性欲望乃是人之常情。只不过，感性欲望的满足应当符合礼义的要求，但无须制造二者之间的对立。他说：

[①] "贲"（音 bì）为《周易》六十四卦中的第二十二卦，有装饰、修饰之意。如《易·序卦》：贲者，饰也。又《广雅》：贲，美也。

> 夫贵为天子，富有天下，名为圣王，兼制人，人莫得而制也，是人情之所同欲也，而王者兼而有是者也。重色而衣之，重味而食之，重财物而制之，合天下而君之；饮食甚厚，声乐甚大，台榭甚高，园囿甚广，臣使诸侯，一天下，是又人情之所欲也，而天子之礼制如是者也。……合天下之所同愿兼而有之，皋牢天下而制之若制子孙，人苟不狂惑戆陋者，其谁能睹是而不乐也哉？（《荀子·荣辱》）

荀子的思想显然是力图把道德精神的培养与感性欲望的满足统一起来，这也包含了把人格精神的美同感性生活的快感融合起来的意识。这原本是美学思想发展的一个非常重要的思路。但可惜的是，荀子的这个思想并没有在儒家学说后来的发展中占主导地位。

2. 道家的美学思想：与道同行的逍遥

道家学说中的美学思想很少有儒家那样的道德说教，却更具一种形而上学的味道，这与儒家学说的美学思想迥然不同。老子[①]对道的界说原本就有一种空寂、深沉、庄重的美感，他说：

> 有物混成，先天地生。寂兮寥兮，独立而不改，周行而不殆，可以为天下母。吾不知其名，字之曰道，强为之名曰大。（《道德经·二十五章》）

同时，"道"也有一种"模糊之美"，如：

> 道之为物，惟恍惟惚。惚兮恍兮，其中有象。恍兮惚兮，其中有物。窈兮冥兮，其中有精。其精甚真，其中有信。（《道德经·二十一章》）

在老子看来，道无所不在，是万物之本原，万理之根据。它创生万物而不求名利，它抚养万物而不主宰万物。这样的道，常人很难理

[①] 老子（前571—前471），名李耳，字聃，先秦时期楚国苦县历乡曲仁里（今河南鹿邑县太清宫镇）人，我国古代伟大的哲学家，道家学说的创始人，著有《道德经》（又称《老子》）一书。

解。但道能做出这一切又无非出自纯粹的"自然",无须强求。做人的道理也是一样的。人归根到底也是依道而生,因而最好的处世策略就是遵从自然,效仿自然,而不用那些外在的、人为的东西来强求自己。

用老子的眼光看,与道相比,世间一切人为的东西都没有值得尊重的价值,非但没有,而且背离了道,就成为遗祸无穷的东西。如"五色"可以悦人耳目,但过分使用,就会"令人目盲"。"五音"可以悦耳,但用到极致时,就会"令人耳聋"。(参见《道德经·十二章》)同样,儒家所倡导的那一套仁义礼智的说教也同样是人为的、违反自然的东西。从而要"绝圣弃智"、"绝仁弃义"、"绝巧弃利",做到"见素抱朴,少私寡欲",从而"返朴归真",达到与道同行。(参见《道德经·十九章》)这可以说是对"质朴之美"的另一种解释。

庄子[①]把道家学说大大地向前推进了,并从中开发出独具特色的美学思想。他同样认为道是无所不在的:"有情有信,无为无形;可传而不可受,可得而不可见"。(《庄子·大宗师》)万物依道而生,各有其天性,不可用人为的东西加以扭曲。从这个观点看,儒家的仁义说教其实也不过是扰乱人性的东西。(《庄子·天道》)

从道的观点看,人世间的是非、善恶、贵贱、富祸乃至生死,并没有绝对的、固定不变的标准,追求这些标准反而是自寻烦恼。美丑也是如此,如在《齐物论》中,庄子问道:

> 毛嫱、丽姬,人之所美,鱼见之深入,鸟见之高飞,麋鹿见之决骤,四者孰知天下之正色哉?(《庄子·齐物论》)

所以,美与丑之间并没有泾渭分明的界线,一切都是相对的、有条件的。人在其生活中,不应争是非、比贵贱、分美丑、论高下,而应适其本性而生存,求得一"逍遥"。例如,大鹏"徙于南冥",鸠鸟"枪于榆枋",大鹏有大鹏的志向,鸠鸟有鸠鸟的情趣,二者并无美丑贵贱之分。如西晋哲人注《庄子·逍遥游》时所说:"苟足于其性,

---

[①] 庄子(前369—前286),名周,字子休,先秦时期宋国蒙(战国蒙地在何处多有争议,一说河南商丘市民权县,另说安徽蒙城县)人,我国古代伟大的哲学家和文学家,道家学说的主要创始人之一。著有《庄子》,其中名篇有《逍遥游》、《齐物论》等。

则虽大鹏无以自贵于小鸟,小鸟无羡于天池,而荣愿余矣。故大小虽殊,逍遥一也。"(郭象《庄子注》)

"逍遥",这是庄子所倡导的一种无待的、脱却万物负累的精神自由,也是一种伟大的艺术精神,它可以体现为一种将世间杂烦置之度外的闲情逸致,也可以体现为一种天人相和的宏大境界,即:

乘云气,骑日月,而游乎四海之外,死生无变于己,而况利害之端乎?(《庄子·齐物论》)

庄子的这种自由的艺术精神深刻地影响了中国传统的艺术理论和实践。

第二节 美与美学:美学理论的产生与发展

虽然对美的研究早已出现了,但在古代社会中,这个研究始终是同哲学和文学艺术交融在一起,而不是一门专门的学问。美学作为一个独立的学科或哲学的一个独立的分支诞生于欧洲的启蒙时代。它是当时艺术实践对理论的迫切需求的产物。早在 1725 年,意大利著名历史学家维柯(Vico)[①]在其发表的《新科学》一书中就已经表现出对美学的高度关注。法国哲学家狄德罗(Diderot)[②]发表了《关于美的根源及其本质的哲学探讨》(1751)一文,提出了著名的"美在关系"说;英国艺术理论家荷加斯[③]在《美的分析》中对"美的线条"给予了科学化的描述,开创了对美的形式规律的专门研究。当然美学

[①] 詹巴蒂斯塔·维柯(Giambattista Vico,1668—1744),意大利著名政治哲学家、修辞学家、历史学家和法理学家。他为古老风俗辩护,批判了现代理性主义,并以巨著《新科学》闻名于世。

[②] 德尼斯·狄德罗(Denis Diderot,1713—1784),18 世纪法国唯物主义哲学家、美学家、文学家、百科全书派代表人物,第一部法国百科全书主编。主要著作有《对自然的解释》、《生理学基础》、《拉摩的侄儿》、《关于物质和运动的哲学原理》等。

[③] 荷加斯(W.Hogarth,1697—1764),英国著名画家、风俗画的奠基人和杰出的艺术理论家,对美学理论的发展做出了极大贡献。《美的分析》是荷加斯的一部重要美学著作,同时也是欧洲美学史上第一部以形式为基础的论著。

作为一种"学"即一种以美为对象的独立学说,它的诞生是与鲍姆加通和康德的名字联系在一起的。

一、美学的诞生

美学作为"学",不同于一般意义上的艺术理论,它既不是对具体的艺术问题的分析,也不是对各种艺术类型做分门别类的探究,而是要对"美本身"进行深入的哲学探讨。然而,美的感受总是感性的,如何将这种感性的东西纳入理性的轨道,并在哲学中予以确切的定位?18世纪50年代,德国哲学家鲍姆加通(Baumgarten)[1]率先回答了这个问题。

1. 鲍姆加通对美学的理论定位

鲍姆加通是德国著名理性主义哲学家沃尔夫的学生。他经过多年的理论思索,在1750年正式出版了《美学》第一卷。他把"美学"称之为"Aesthētica"(拉丁文,英译为 Aesthetics),即"感性学"。我们知道,人的精神活动大致分为知、情、意三个方面。传统的哲学和逻辑学研究人的理性知识(知),传统的伦理学研究人的道德意志(意),而唯独没有一门专门的学问来研究"情",即人的感性生活。这不能不说是一种严重的缺憾。

在鲍姆加通看来,人的感性存在并不像以前的哲学家所认为的那样,仅仅是一些混乱的、不值一提的东西,而必须予以积极的、理性的对待。在他之前,莱布尼茨把认识分为模糊的(obscura)和明晰的(clara)两种,而在明晰的认识里,又包含明确的(distincta)和混成的(confusa)认识。在这里,所谓混成的认识,"是指在严格的逻辑分辨界限以下的表象的总和",即一种基于感性的认识。这种认识虽然未经逻辑分辨,往往难以言说,却能呈现出生动的图像,从而同样

---

[1] 亚历山大·考特雷德·鲍姆加通(Alexander Gottlieb Baumgarten, 1714—1762),18世纪德国著名的哲学家、美学家,美学理论的创始人,主要著作有《关于诗的若干前提的哲学默想录》、《美学》等。

具有鲜明性和明晰性。它既不同于逻辑认识，也不同于宗教和道德感悟。鲍姆加通发挥了这个思想。他认为这种混成的认识与理性认识一样，有着明确的认识目的，即达到对感性的完满性的认识。而这种完满性就是"美"。这种完善不仅与外在形式的匀称、比例相关，也与内在的精神形式相关。

这样，鲍姆加通为美学开辟了一个独立的研究领域。按照他的理解，美学具有双重性质，它一方面是一种探讨感性活动的认识论，另一方面又是指导艺术的哲学理论。鲍姆加通主张，美学首先是一种自由艺术的理论，它"对各门艺术有如北斗星"，从而成为一般性的指导艺术的哲学理论；美学作为一种探讨感性认识和"情感的逻辑"的认识论，它使感性认识（美学）因此获得了与理性认识（哲学）平等的地位。同时，美学还是一种美的思维的艺术，它的任务是指导人们"以美的方式进行思维"。总之，鲍姆加通不但提出了建构美学的独立学科的要求，而且为我们初步地勾勒出这门学科的大致轮廓，从而使美学具有了严谨的理论形态。

2. 判断力批判：康德的美学理论

鲍姆加通开创了美学，但真正使美学理论臻于完善的则是德国哲学家康德。康德的哲学被称之为"批判哲学"，是因为它对人的能力进行了批判性的考察。康德认为人的心灵有三种能力：认识能力，快乐和不快的感觉，欲望能力。相应地，他的批判哲学包含三个部分：纯粹理性批判——探讨认识能力，判断力批判——探讨快乐和不快的感觉，实践理性批判——探讨欲望能力。显然，这三个部分也大致相当于"知"、"情"、"意"三个方面。康德的美学理论集中体现在他的判断力批判中，其目的就是要为这第二种能力找到先天原则。关于这一点，康德自己是这样说的：

> 我现在正忙于鉴赏力的批判。在这里，将揭示一种新的先天原则，它与过去所揭示的不同。因为心灵具有三种能力：认识能力，快乐和不快的感觉，欲望能力。我在纯粹（理论）

理性的批判里发现了第一种能力的先天原则,在实践理性的批判里发现了第三种能力的先天原则。现在,我试图发现第二种能力的先天原则,虽然过去我曾认为,这种原则是不能发现的。对上述考察的各种能力的解析,使我在人的心灵中发现了这个体系。赞赏这个体系,尽可能地论证这个体系,为我的余生提供了充足的素材。这个体系把我引上了这样一条道路,它使我认识到哲学有三个部分,每个部分都有它自己的先天原则。①

康德美学思想的一个基本特征,就是将"美"纳入到严格的逻辑构架中加以界定,即根据判断的逻辑功能来寻找审美能力的先天原则。其做法是根据逻辑范畴表中的质、量、关系、样式四类范畴来界定美或美感,即所谓"审美判断四契机":

第一,从质上看,美感是"一种无利害的和自由的愉悦"或"无利害的快感"(disinterested pleasure)。②所谓的无利害就是这种美感所引发的愉悦与任何欲望无关。也就是说,审美判断是不涉及利害关系的快感,它只关注对象的形式,而与对象的内容无关,是纯粹的、超功利的。例如,美物、美人只因其存在形式而引起我们的快感,这就是美感,由此得出的判断就是审美判断。如果一见美物、美人,就想占有它(她)们,或把它(她)们同某种实用的、功利的目的联系起来,美感就被破坏掉了。

第二,从量上看,美具有普遍性,但美的普遍性不是来自概念,而是来自人们共同的"心意状态",如我们常说:爱美之心,人皆有之。因此这种普遍性是一种主观的量,离不开审美主体的存在。美感的这种"主观的普遍性"是审美判断所特有的一种存在方式。人们也总是试图把对美的判断表述为一种普遍性的命题。例如当人们说"这朵花是美的"的时候,人们就有意将这一命题看成是与"这朵花是红的"属于同一类的判断。

---

① 康德:《康德书信百封》,李秋零译,上海人民出版社1992年版,第110页。
② 康德:《判断力批判》,邓晓芒译,人民出版社2004年版,第45页。

第三，从关系上说，美的事物的特质就在于它具有一种"无目的的合目的性"。即是说，审美判断没有明确的目的，但却有合目的性，因为审美活动是人的想象力和知性的自由协调，它不指向特定的目的，但审美对象的形式却适合于想象力和知性的自由和谐的活动，从而具有合目的性。"一朵花，例如一朵郁金香，将被视为美，因为在知觉它的中间具有一定的合目的性，而当我们判定这合目的性时，却不能指出任何目的。"①

第四，从样式来看，"美是那没有概念而被认作一个必然愉悦的对象的东西"。审美对象产生的愉快是必然的，但这种必然性也不是来自概念，而是来自人与人之间的"共通感"，具有一种"普遍可传达性"。这种共通感通过人的情感普遍有效地规定着何物令人愉快，何物令人不愉快。因此，这种"共同感"也正是美感所具有的先天原则。

康德在其美学理论中还提出了另外一个重要的问题，即"怎样才能使感官世界和理想世界调和起来？"在《纯粹理性批判》中，康德认定在人们生活于其中的感性世界中，一切经验现象都受因果必然性的制约，理性虽然是以超验的"物自体"为对象，但却没有能力达到对物自体的认识；在《实践理性批判》中，康德虽然认为善与幸福的完美统一是可能的，但在现实世界中，这种可能却无望成为现实。而在《判断力批判》中，康德却试图通过审美在现实的感性世界与理想世界之间搭建起一座桥梁。他认为，审美这种无目的的合目的性体现着"对象形式"与"主体心灵"的"契合"。而美的存在一旦成为主观的，那么理想世界就不再是一个可望而不可即的世界，而是内在于人的心灵当中，并在美感当中获得了真正的体现。而且这个审美的自由王国，由于它是人的心灵的自我满足，因而是以"作为本体的人"为最终目的的。

在《判断力批判》中，康德还为美学理论确定了一些最基本的重要范畴，如"自由美"——一种"不以任何有关对象应当是什么的概念为前提"的纯粹美，或单纯由于事物的形态或形式所引起的快感——

---

① 转引自鲍桑奎：《美学史》，张今译，商务印书馆1995年版，第343—344页。

和"依存美"——一种以一个目的概念为前提的理想的美。康德对于"壮美（崇高）"和"优美"的分析是尤其令人称道的。他说："壮美感动着人，优美摄引着人"。壮美和优美都能在人的心灵中引起快感，但优美是想象力与知性的结合，涉及有限对象的形式，因而是直接的、有界限的，而壮美则是想象力与理性的结合，是由那种没有确定界限的和无形式的东西产生的，它追求的是一种完全的整体，一种绝对的"大"。因此，壮美或崇高所带来的愉快是间接的，是克服了痛感、危险和恐惧之后，显示出人的精神力量的伟大和人作为道德主体的那种尊严。

3. 席勒的"游戏说"：美是事物使我们能见出自由的表现方式

对美学理论的奠基做出重要贡献的还有与康德同时代的德国著名诗人、剧作家席勒（Schiller）①。席勒对于艺术也常常沉湎于哲学的思考，始终徘徊于诗与哲学之间，这使得他的艺术创作能够不断得到哲学的升华，也使他的哲学思想能够充满艺术的气息。他创立的美学理论是以独具一格的"游戏说"而著称的。这个学说主要体现在他的美学著作《美育书简》（又译为《审美教育书简》）和《论素朴诗和感伤诗》中。

席勒认为，人有两种自然要求或冲动：感性冲动和理性冲动。前者要求绝对的实在性，要把人的潜在能力变成现实，决定了人们对个别事物的把握，因此受他物的限制；后者产生于人的绝对存在或理性本性，要看到和谐、法则以及永恒性，并要求绝对的形式性，要把客观外在事物消融到人自身中。如果仅仅具有这样两种冲动，在席勒看来还不能成为一个真正的自由的人，因为人性的完满自身要求超越有限达到无限，因此在人身上还存在着另外一种冲动：即"游戏冲动"，其对象是感性冲动和理性冲动的融合统一，他将之称为"活的形象"。因为在席勒看来：

---

① 席勒（Johann Christoph Friedrich Von Schiller, 1759—1805），德国著名的美学家、诗人、剧作家和历史学家。他从青年时代起就受启蒙思想影响，积极投身狂飙突进运动，开始文学创作，主要美学著作有《美育书简》等。

> 只有当人在充分意义上是人的时候，他才游戏，只有当人游戏的时候，他才是完全的人。①

美是游戏的对象，因为游戏冲动是一种不受强迫、不受限制的自由活动，所以它是一种审美活动。人们在审美过程中体验着超越自身的快感，并在其中获得对于真的认知。因而，美作为活的形象，是内容与形式、物质与精神的统一，美不仅是我们的对象，也是我们主体的状态。

显然，席勒大大提高了美学在学术理论中的地位，因而他也高度注重美学和美育对于完善人的自由精神的重要作用。他明确指出，美是事物使我们能见出自由的表现方式。因而，要恢复完整和谐的人性，要塑造完整的人，要使得人获得真理，必须借助于美，走审美教育的道路。只有通过美和艺术，人们才可以达到自由。

二、康德之后美学理论的进一步发展

鲍姆加通、康德、席勒开辟了美学的园地，他们的思想也深刻地启发了后代哲学家，把他们吸引到这个园地中，使这个刚刚开发出来的园地很快成为学术繁荣的领域。

1. 谢林：美是现实者与理念者之复合

在康德之后，19世纪德国著名哲学家谢林（Schelling）②在他的艺术理论中进一步从哲学的高度发展了康德的美学思想。谢林把人的精神活动分为三种：第一种是认识活动，其中理智和客体一致，这是必然的、非任意的活动。第二种是意志活动，其中理智使客体服从自己，这是自由的、有目的的活动。第三是艺术的创造活动，它统一了

---

① 《十九世纪西方美学名著选》，复旦大学出版社1990年版，第159页。
② 弗里德里希·谢林（Friedrich Schelling, 1775—1854），19世纪德国著名的哲学家、美学家。在艺术学理论上有卓越的建树，他在这方面的主要著作为《艺术哲学》，该书对德国、英国、法国和俄国的艺术研究都产生了重要影响。另有《先验唯心主义》等著作。

以必然感觉为特征的认识活动和以自由感觉为特征的意志活动。因此，在人类的三种精神活动中，艺术创造活动的地位是最高的。

在谢林看来，自然和艺术都是富于创造性的。自然创造出客观事物的现实世界，艺术创造出理想世界。而艺术的特征就是实现了现实与理想、特殊性与普遍性、有限性和无限性的统一。这其中，美既不是普遍者（理念或概念），也不是特殊者或现实者，而是这二者的相互渗透和复合。普遍者作为无限被纳入到有限者中，并通过艺术作品而被直观到。因此，"美乃是现实者与理念者之复合"，"是现实中所直观的那种自由与必然之不可区分"，"是主观者与客观者的同一"，是"在反映中被直观的理性观念"，"是被实际直观的绝对者"。只有审美活动才能把现实世界和理想世界融合起来。如谢林所说：

> 这样一种活动只能是美感活动，任何艺术作品都只能理解成是这样一种活动的产物。因此艺术的理想世界和客体的现实世界都是同一活动的产物。（有意识的与无意识的活动）两者的会和无意识地创造着现实世界，而有意识地创造着美感世界。
>
> 客观世界只是精神原始的、还没有意识的诗篇；哲学的工具总论和整个大厦的拱顶石乃是艺术哲学。[①]

2. 黑格尔：美是理念的感性显现

作为客观唯心主义哲学家，黑格尔认为世界的本原是客观存在着的"绝对理念"，整个世界不外是绝对理念的自我发展、自我认识和自我实现的过程。这个过程经历了逻辑学——自然哲学——精神哲学三个阶段。在精神哲学阶段，绝对理念又经历了从主观精神（个人意识）到客观精神（法、道德、伦理）再到绝对精神的过程。而绝对精神又依次以三种形式自我显现出来，这就是艺术、宗教和哲学。其中，艺术以感性的、直观的形式体现绝对精神，宗教以想象的、象征的形

[①] 谢林：《先验唯心论体系》，梁志学、石泉译，商务印书馆1976年版，第15页。

式体现绝对精神,而哲学则以思维的、概念的形式体现绝对精神。黑格尔的美学理论就是绝对精神的艺术阶段。

从这个体系的架构上就可以看出,黑格尔的美学思想体现出一种彻底的理性主义精神,其特点是把理念视为"美"的真正本质。所以他的美学思想的基本命题是:美就是理念的感性显现。他说:

> 真,就它是真来说,也存在着。当真在它的这种外在存在中直接呈现于意识,而且它的概念直接和它的外在现象处于统一体时,理念就不仅是真的,而且是美的了。美因此可以这样下定义:美就是理念的感性显现。①

所谓"感性显现"就是指不依靠抽象思维而直接呈现于感官的具体形象,也就是形式。任何艺术作品都必须塑造感人的艺术形象,否则就不是艺术,但是艺术作品,只有当它体现了理念也就是真理的时候,才是深刻的、美的作品。即:

> 艺术的目的是要在内容和表现两方面都把日常的琐屑的东西抛开,通过心灵的活动,把自在自为的理性的东西从内在世界揭发出来,使它得到真实的外在形象。②

同谢林一样,黑格尔也十分注重艺术活动对实现人的自由的作用。他认为,人的自由理性首先要把内在世界和外在世界作为对象展现在心灵的意识面前,以便从这些对象中认识和观照自己,也就是用感性的形式表现自身。因此美是感性形式与理念的统一,它借助于感性的形式,却又超越了一切感性的对象,体现着人的自由和精神的无限,具有使人"解放的性质",是人在实践中对自由的较高阶段目标的不懈追求。不过,黑格尔从理性主义立场出发,不太看重自然美,虽然他不否认自然美的存在,但认为自然显现理念是不充分、不完善的,只有艺术才是心灵的产物,因而艺术美高于自然美,美学应当以艺

---

① 黑格尔:《美学》第 1 卷,朱光潜译,商务印书馆 1979 年版,第 142 页。
② 黑格尔:《美学》第 1 卷,朱光潜译,商务印书馆 1979 年版,第 36 页。

术美为主要对象。为此,他认为美学应当被确切地定义为"艺术哲学"。

3. 马克思的实践论美学思想:劳动创造了美

19世纪40年代,马克思立足于人的"感性活动"即实践,创立了实践的唯物主义即历史唯物主义理论。该理论不仅探究和阐释了社会生活的实践本质以及人类社会发展的历史过程和历史规律,同时也批判吸收了传统美学理论的优秀成果,形成了一种基于实践的美学理论。

马克思的美学思想的核心就是"劳动创造了美"。马克思认为人和动物的根本区别就在于人的生命活动是有意识、有目的的自觉活动,即劳动。人的劳动能够在把握自然物的客观属性和规律的基础上,改变自然物自在的存在形式,赋予它们新的存在形式,使之按人的需要、目的和设想发生变化。这样,被人的劳动所改造过的自然就体现着人的意志和目的,打上了人的意志的印记,成为"人化的自然"。因此,人的劳动不仅是自觉的活动,而且是可以打破自然物既定形态限制的自由的活动。自觉性和自由性是人类劳动的基本特性,从而也是人的基本特征。因此马克思说:"自由的有意识的活动恰恰是人的类特性"。[①]

美和美感就产生于劳动过程。劳动是人的观念的对象化,体现着人的意志、智慧、目的、理想,体现着人的本质力量,而通过劳动产生的"对象化世界"或"人化自然"则是人的本质力量的确证。人们在对象化的世界中,在享受自己的创造物的过程中,看到了或体验到了自己的自由自觉的本性,从而产生了美感。因此,可以说"美"就是人的自由自觉的本性在对象化世界中的体现。只有通过劳动,才能使人的理念得以在感性形式中显现,才能使自然的形式成为自由的形式,才能真正达到合规律性与合目的性的统一。因此,美既不是先验的理念,也不是客观事物固有的属性,而是人的劳动创造出来的、体现在对象化世界中的人性。

劳动创造了美,因而无论是审美对象还是审美主体都是在劳动中

---

① 《马克思恩格斯全集》第3卷,人民出版社2002年版,第273页。

产生的。首先，从审美对象上来看，马克思说：

> 动物的产品直接属于它的肉体，而人则自由地面对自己的产品。动物只是按照它所属的那个种的尺度和需要来构造，而人懂得按照任何一个种的尺度来进行生产，并且懂得处处都把内在的尺度运用于对象；因此，人也按照美的规律来构造。①

显然，马克思讲的"按美的规律来构造"，就是说，美是人的内在固有的尺度。也就是说，人在创造产品的劳动中，不仅按照物的尺度创造出对人有用的物品，而且还追求美的形式、美的节奏、美的韵律，使劳动的过程和产品能够引起人们的愉快、舒畅的感受，从而创造出美的产品。其次，从审美主体来看，人类审美的生理结构和心理结构也是在劳动中发展起来的。由于劳动过程本身追求按美的规律来塑造事物，因而人的感受器官和精神活动也就会在劳动中不断强化对美的色彩、形态、音律、线条等等的理解和感受性，从而使人的审美能力不断地增长，日益全面。如马克思所说：

> 只是由于人的本质客观地展开的丰富性，主体的、人的感性的丰富性，如有音乐感的耳朵，能感受形式美的眼睛，总之，那些能成为人的享受的感觉，即确证自己是人的本质力量的感觉，才一部分发展起来，一部分产生出来。②

从马克思的这些基本观念出发，我们可以说，美就是人的实践本质的感性显现，或者说是人的自由本质的感性显现。

三、现代西方美学理论中的诸种观点

自 19 世纪末以来，西方美学理论获得了充分的发展。众多哲学

---

① 《马克思恩格斯全集》第 3 卷，人民出版社 2002 年版，第 274 页。
② 《马克思恩格斯全集》第 3 卷，人民出版社 2002 年版，第 305 页。

家、艺术家从不同的角度对"美"或艺术的性质、功能提出了各种特色鲜明的理论，可谓百家争鸣，百花齐放。这些理论观点深刻地启发了我们对审美活动的理解，丰富了我们的审美情感。

1. 狄尔泰的"生命体验论"

狄尔泰（Dilthey）[①]是19世纪末至20世纪初德国著名哲学家，是新康德主义者，也是西方生命哲学的创始人。在人类文化发展史上，狄尔泰的重要贡献之一，就是他第一次明确地区分了精神科学和自然科学，反对将自然科学的方法简单地移植到对精神世界的研究中的做法，力图建立一门"人类科学的经验科学"。他认为自然科学研究的是物理世界，它可以用客观尺度排除人的情绪、情感等主观因素；而精神世界是人的存在、人的历史，它本身就是由人的情感、情绪、理性、观念等主观因素构成的，用自然科学的方法无法把握活生生的人及人的世界。因此，对于精神世界只有通过精神科学来把握，而活生生的人则是"精神科学分析的起点和终点"。

狄尔泰认为，人的生命的存在是一种处在盲目而又有序的不断流变之中的不可抑制的永恒冲动，具有超越性意义。对于这种生命的冲动，可以体验、可以表达、可以理解，但体验、表达、理解生命之流的方法不是科学，也不能诉诸理性，而只能是"诗"（艺术）。只有"诗"向我们揭示了人生之谜。因此，他说：

> 诗的问题就是生命（生活）的问题，就是通过体验生活而获得生命价值的超越的问题。[②]

狄尔泰指出，体验不同于经验，经验是把对象当作与主体对立的东西，而体验则是主体全身心地融入客体之中，达到物我同一，在这种同一中体验人的生命价值和人生的超越性意义。然而能够达到这一

[①] 威廉·狄尔泰（Wilhelm Dilthey，1833—1911），德国哲学家、历史学家、心理学家、社会学家、美学家。早年为新康德主义者，后转向生命哲学。主要著作有《精神科学导论》、《诗人的想象力》、《体验与文学》等。

[②] 转引自《西方著名美学家评传》下卷，安徽教育出版社1991年版，第31页。

境界的只有诗。"诗是理解生活的感官，诗人是明察生活意义的目击者"。生命即体验，体验即突破自身生活的晦暗性；生活体验即一种指向意义的生活，艺术体验即一种给出意义的艺术。这就是狄尔泰美学思想的核心。

2. 李普斯的"移情说"和布洛的"距离说"

李普斯（Lipps）[①]是德国著名美学家，他创立了西方美学中的"移情说"（Einfuhlund，empathy）。他认为，美的价值是一种客观化的自我价值感，移情是审美欣赏的基本前提。他把移情区分为4种类型：①一般的统觉移情，给普通对象的形式以生命，使线条转化成一种运动或伸延。②经验的或自然的移情，使自然对象拟人化，如风在咆哮、树叶在低语。③氛围移情，使色彩富于性格特征，使音乐富于表现力。④生物感性表现的移情，把人们的外貌作为他们内心生命的表征，使人的音容笑貌充满意蕴。他指出：审美的享受不是对于对象的享用，而是自我享受，是在自身之内体验到的直接价值感。这种审美体验产生于自我，并与被感知到的形象相吻合。所以，它既不是自我本身，也不是对象本身，而是自我体验到的对象形象，形象与自我是互相交融、互相渗透的。在这里享受的自我与观赏的对象是同一的，这是移情现象的基础。

与李普斯的"移情说"相媲美的，还有19世纪末瑞士心理学美学的代表人物布洛（Bullough）[②]提出的"心理距离说"。布洛所说的"心理距离"不是空间距离，也不是时间距离，而是主体超脱了或抑制了与客体之间的功利关系、利害关系所产生的对客体的一种感受，这种感受使我们在心理上同对象保持一定的距离，使它成为审美对象。布洛认为，心理距离是一种艺术要素，正是由于心理距离的介入使人进

[①] 特奥多尔·李普斯（Theodor Lipps，1851—1914），德国心理学家、哲学家、美学家，主要著作为《空间美学》。

[②] 爱德华·布洛（Edward Bullough，1880—1934），瑞士心理学家、语言学家。1902年任英国剑桥大学教授，主讲意大利文学，通晓包括汉语在内的六种语言。1912年于英国《心理学杂志》第5卷第2期发表《作为艺术因素与审美原则的"心理距离说"》一文，提出"心理距离说"。

入了艺术状态,对事物采取艺术态度。同时,心理距离又是一种审美原则,"距离还进一步区分为什么叫做美的,什么仅仅是可人的,提供了最需要的判别标准"①。也就是说,唯有介入心理距离,对象才美,否则就是丑。

布洛认为,心理距离并不是说在主客体之间建立起一种非人情的理性关系,它所描述的就是人情的关系,不过它是经过过滤的,它超出了人情关系的实际具体性,但保持着人情关系的本来结构。这就是人们在欣赏戏剧时所常有的意识,一方面肯定剧情的真实内容,一方面意识到这是在演戏,并不是"真"的。艺术家的创作一方面只有塑造出高度个性化的经验才能产生最大的艺术效果,但同时他又必须与他纯个人的经验分离开来。这个尺度是很难把握的,但这也正是艺术家不同于常人的地方。因而他说:

> 距离标志着它是艺术创作过程的各个最主要的环节之一,而且是借以判评常被人笼统称之为"艺术气质"因素的一种特征。②

最好的作品是心理距离最大限度地缩小但又不至消失的距离,这就是所谓"距离极限"。艺术家就是在保持距离极限方面表现才能,而常人通常会把距离丧失掉,这就是平常人为什么不能把他的切身感受传达给他人的原因。

3. 克罗奇的"直觉表现说"

本尼季托·克罗奇(Croce)③是20世纪上半叶意大利著名的哲学家、美学家、历史学家、文艺评论家。在哲学上,他是新黑格尔主

---

① 布洛:《作为艺术因素与审美原则的"心理距离说"》,牛耕译,《美学译文》,中国社会科学出版社1982年版,第96页。
② 布洛:《作为艺术因素与审美原则的"心理距离说"》,牛耕译,《美学译文》,中国社会科学出版社1982年版,第96页。
③ 贝奈戴托·克罗奇(Benedetto Croce, 1866—1952),意大利著名文艺批评家、历史学家、哲学家,新黑格尔主义者,主要著作有《美学原理》、《历史学的理论与实践》、《实践活动的哲学》、《逻辑学》等。

义者,把自己的哲学称为精神哲学,认为精神是以不断交替的形式发展的,单纯的自然对精神来说决不存在,除了精神,就没有任何其他现实东西,除了精神哲学,就没有任何其他哲学。只有精神科学才具有价值和意义。在美学方面,他系统表述了"表现论"美学观,这种美学观成为现代西方美学流派中的重要思潮之一。其美学代表作是《作为表现的科学和一般语言学的美学》。

克罗奇的美学思想的核心命题是"直觉即表现"。在克罗奇看来,所谓"直觉"是一种超然独立的心灵活动,它是对其对象的单纯审视,既不肯定,也不否定,不追问意义和关系,也不涉及一般和共相,只将其作为单纯的个别形象来把握,是一种前逻辑的认识活动。作为直觉对象的东西是"觉受"(Sensation),它是人内心深处感到的一种隐约的撼动,一种模糊的情绪和感受的印象,这种觉受是一种心理性的"物质"。直觉对觉受这种"物质"进行观照之时,便给它以形式,使它得以呈现,这就是"表现"。这种表现,也是铸造、赋形、把握。因此,直觉审视对象,也就同时构造了对象,或创造了对象。

从"直觉即表现"出发,克罗奇引申出了另一个重要命题"艺术即表现"。艺术就是直觉的产物,来自心灵的创造。直觉一个对象,在心灵深处引起一种隐约的撼动、一种模糊的情绪和感受,也就是产生了一种无形的"觉受",给它以形式,使之呈现出来或表现出来,就是艺术创作。因此,克罗奇一反传统艺术观,认为所有直觉、表现(甚至包括说话、动作和叫喊)都是艺术,凡是与直觉无关的东西,即便在一般人看来属于艺术作品的东西,都不是真正的艺术。由于直觉是每个人都有的,因此人人都可以是艺术家、诗人。克罗奇的这种艺术观对西方现代派艺术产生了直接而深刻的影响。

4. 海德格尔和伽达默尔的"真理显现说"

海德格尔是20世纪最有影响力的德国哲学家之一。他的名著《存在与时间》标志着他的"基础存在论"哲学的诞生。20世纪30年代以后,海德格尔的哲学研究便开始深入到美学,或者说深入到艺术哲学中，通过对艺术本质的探讨，进一步发挥他的存在论理论。

海德格尔的美学思想的核心内容是认为"艺术本质是真理在作品中的自行置入"，也就是说，真理显现在作品中，并驻扎在作品中，艺术作品是真理的住所。他说：

> 如果真理自行置入作品中，真理便显现于其中，作为在作品中的真理的存在的显现就是美，这里美的显现，即审美并不是不计功利的快感，它既不可以用主观标准也不能用客观标准加以衡量。①

海德格尔所说的真理，并不是通常所说的主观符合客观的知识，他反对这个看法。他认为，"真理"一词的本来意思是指"去除隐匿性"，即通过揭示，让"存在""呈显"出来，或者说真理是一种"澄明"。海德格尔在他的存在论中，把"存在"和"存在者"区分开，认为存在者是存在着的各种具体事物，而"存在"本身则是使存在者成为存在者的那种本真的东西。存在本身体现在存在者身上，但同时也被存在者所遮蔽，因而真理就是让"存在"从这种遮蔽中显现出来。那么，什么东西可以显现真理呢？海德格尔认为科学起不到这个作用，因为科学只能把握具体的存在者，而不能把握存在本身，只有"艺术"才是使"真理"呈现出来的最好方式。虽然艺术品也是一种具体的存在者，但在这种存在者中却显化着真理，并一直保留真理的显化。

德国著名哲学家、现代解释学的创始人伽达默尔②的美学思想深受海德格尔的影响。他同样把艺术理解为真理的显现。不过，伽达默尔所追寻的真理是一种关乎人生意义的真理，这种真理是用科学方法无法证实或证伪的。为此他把解释学分成三个领域：艺术、历史和语言。

---

① 转引自《西方著名美学家评传》下卷，安徽教育出版社 1991 年版，第 405 页。

② 伽达默尔（1900—2002），出生于德国的马堡，年轻的时候曾信奉胡塞尔的现象学，但后来也像海德格尔一样对胡塞尔现象学感到不满，转而研究海德格尔哲学，并深受海德格尔存在论的影响。大约在 20 世纪 50 年代初，伽达默尔开始将研究重心转移到解释学方面，他对施莱尔马赫、狄尔泰和海德格尔等人的解释学理论进行了全面、深入的研究，并逐步形成了自己的"哲学解释学"，1960 年出版了代表作《真理和方法》。

其中，艺术是昭示这种真理的重要领域。伽达默尔认为，艺术同哲学没有根本的区别，二者的终极目的都是"存在"，追问"存在"的意义。因此，美学是解释学的一个组成部分，而审美就是解释学的一个时刻，就是我们被艺术品所吸引的那一时刻，这一时刻又是由那种去获取理解和自我理解的解释学任务加以完成的。他认为，审美理解是人类整个世界经验的重要部分，

> 艺术最直接地对我们说话，它同我们具有一种神秘的亲近，能把握我们整个存在。似乎我们同艺术之间融合无间，每次同它相遇都成为同我们自己照面。①

人们在艺术中看到的正是我们自身的存在状况，对每个人而言，艺术文本都具有一个开放性的结构，即对艺术文本的理解和解释是一个不断开放和不断生成的过程，是艺术的再创造过程。而这个过程也正是通过艺术经验传达真理的过程。他说：

> 艺术经验是一种独特的知识模式……它仍是知识，即真理的传达。美学的任务不正是为了这个事实提供基础吗？②

5. 维特根斯坦：美没有共同的本质

活跃于20世纪前半叶的德国著名哲学家、西方分析哲学的创始人之一维特根斯坦从分析哲学出发阐述的美学思想可谓独树一帜。维特根斯坦是在他讲授的一些美学课程中阐述他的美学思想的。这些课程的讲稿后来被汇集成《美学讲演录》一书。

维特根斯坦的美学思想贯彻着他的分析哲学或语言哲学的立场和方法。传统美学总是要问"美是什么"这样一个问题。而维特根斯坦的分析美学劈头要问的是："'美是什么'属于哪一类命题？"命题是对世界的陈述，是世界的图像，因而命题必须具有可证实性。而美

---

① 转引自《西方著名美学家评传》下卷，安徽教育出版社1991年版，第595页。
② 转引自《西方著名美学家评传》下卷，安徽教育出版社1991年版，第598页。

的理念、美本身等等命题都是属于不可证实的形而上学命题,因而是没有意义的。由此,维特根斯坦认为美的本质是什么的问题是一个假问题。美学整个地被误解了。因为当人们说某一事物是美的之时,是把"美"当作形容词来用,但在对语言的理解中,人们却误把对事物的形容看成是事物的属性,甚至认为美是某种独立存在的东西,从而追寻起美的本质来了。维特根斯坦指出,有关的美的本质的探讨,主要是解决审美对象的共性问题。我们说一朵花是美的,一条鱼是美的,一个人是美的,一首乐曲是美的,因而就以为一定有一个共同的关于美的规定性。维特根斯坦认为,这是因为美本来就没有什么共同的本质,美的共同性其实只是一种"家族相似",即不同现象的不同特征彼此以多种方式相互关联。所有美的事物被称为美的事物,不是因为它们有一个共同的美的本质,而是说它们具有开放性的家族相似性。

四、中国近现代美学理论的发展

在中国传统文化中,并没有"美学"这样一种专门的学问。在中国,美学理论作为哲学的一个分支既是19世纪末至20世纪初西学东渐的产物,又是中西文化交汇与融合的成果。"美学"这个汉语名称最初来自日本。日本近代著名思想家中江兆民第一次将西方的"aesthetics"译为"美学",后经过近代中国思想家们的介绍和传播,而被中国思想界和文化界广泛接受。

中国美学理论的起步虽然较晚,但一经产生就会通中西文化,走出了一条独具特色的发展道路,既受西方美学理论的深刻影响,同时又饱含华夏文明的积极因素。

1. 王国维的美学思想

王国维[①]是中国近代美学的开创者之一。哲学上他信奉康德和叔

---

① 王国维(1877—1927),字伯隅、静安,号观堂、永观,汉族,浙江海宁盐官镇人。清末秀才。我国近现代在文学、美学、史学、哲学、古文字学、考古学等各方面成就卓著的学术大师。

本华的学说,其世界观和人生观带有明显的唯意志论和悲观主义色彩。他把康德和叔本华等西方近代美学观点与中国传统美学思想结合起来,运用在研究中国古典小说、诗词和戏曲方面,卓有贡献,主要著作有《红楼梦评论》、《人间词话》、《宋元戏曲考》等。他的美学思想由游戏说、天才说、古雅说、意境说构成,意境说是其精华。这几部分都贯穿一个根本观点:美和文学艺术是超越利害的。

王国维的游戏说来自康德的超功利说和席勒的游戏说,他称:

> 美之性质,一言以蔽之曰:可爱玩而不可利用者是也。[①]

即美不具有物质利害性质,文学艺术和审美不是"道德政治之手段"。文学就是一种游戏的事业。"人之努力,用于生存竞争而有余,于是发而为游戏。"王国维还接受了叔本华的观点,认为艺术的根本作用在于解脱人生苦痛:

> 美术之务,在描写人生之苦痛与其解脱之道,而使吾侪冯生之徒于此桎梏世界中,离此生活之欲之争斗而得其暂时之平和,此一切美术之目的也。[②]

尤其作为"美术之顶点"的悲剧,其解脱的意义更大。总之,他把康德、席勒、叔本华等人的观点集中在一起,认为美超越利害,根源是游戏冲动,目的是解脱。

王国维接受了康德关于艺术都是天才之作的观点,认为文学是天才的游戏事业,而天才是"旷世而不一遇"的。同时他又提出古雅说以补充康德的天才说。所谓"古雅",指的是和自然美不同的艺术美。前者是"第一形式",后者则是"第二形式",但第一形式的美即自然形式的美必须通过第二形式的美即"古雅"方能在艺术上得到表现和完成。而且,本来不美的第一形式还可以通过第二形式而取得美的价值。王国维的古雅说肯定了艺术形式所具有的美的价值,并且认为

---

① 《王国维文集》第3卷,中国文史出版社1997年版,第31页。
② 《王国维文集》第1卷,中国文史出版社1997年版,第9页。

这种美的创造不完全依赖于天才,也可以通过后天的努力学习和修养而达到。古雅与优美、宏壮,虽有如上的区别,但其根本性质——超功利,又是完全一致的。

王国维的"意境说"概括了诗词、小说以至戏曲艺术创作和欣赏的审美经验。所谓的"境"是对"自然人生之事实"的客观描写,"意"是对这种"事实"的主观态度,所以意境是主客观的统一,而崇尚自然和真实,反对矫揉造作则是意境创造的根本要求。意境不仅指景物、喜、怒、哀、乐,也是人心中的一种境界,所以能够写"真景物真感情"者,谓之有境界。

2. 宗白华的美学思想

宗白华[①]的美学思想,不仅是他的理论研究成果,更是他审美体验的结晶,是哲理与情感的有机结合。他的主要美学著作有《美学散步》、《美学与境界》等。《美学散步》几乎是宗白华一生美学论文的结集。文集中的文章,最早写于1920年,最晚作于1979年。他没有构建什么美学体系,只是教我们如何欣赏艺术作品,教我们如何建立一种审美的态度,直至形成艺术的人格,而这正是中国艺术美的精神所在。

宗白华是中国美学思想的大师,他崇尚生命艺术化,将古典美学精神与近代欧洲审美主义融贯起来,以艺术美为宇宙美、人生美的出发点,他阐发意境为介乎功利境界和伦理境界之间,用他的话说:

> 功利境界主于利,伦理境界主于爱,政治境界主于权,学术境界主于真,宗教境界主于神。但介乎后二者的中间,以宇宙人生的具体为对象,赏玩它的色相、秩序、节奏、

---

① 宗白华(1897—1986),字伯华,祖籍为江苏常熟虞山镇。在安庆长至8岁后到南京上小学,1916年8月受聘上海《时事新报》副刊《学灯》,任编辑、主编。1920年赴德国留学,在法兰克福大学、柏林大学学习哲学、美学等课程。1925年回国后在南京、北京等地大学任教。曾任中华美学学会顾问和中国哲学学会理事。 宗白华是我国现代美学的先行者和开拓者,被誉为"融贯中西艺术理论的一代美学大师"。著有美学论文集《美学散步》等。

和谐,借以窥见自我的最深心灵的反映;化实景而为虚境,创形象以为象征,使人类最高的心灵具体化、肉身化,这就是"艺术境界"。艺术境界主于美。①

宗白华把中国艺术精神的重要特色之一归结为"充实"与"空灵"、有限与无限的统一。他认为,"空灵"和"充实"是艺术精神的两元。在对"充实"的阐述中,他认为"充实"和歌德的进取精神有某种相通的地方;其对"空灵"的阐述,包含着对艺术特征的深刻理解,并对歌德所描绘的离开有限去追求无限的所谓"浮士德的苦闷"提出了批评。宗白华对中国魏晋玄学中的美学思想给予了特别的关注,认为其中包含有积极的东西。他还着重论述了中国艺术中的意境和空间意识问题,认为中国艺术中的空间表现了人与悠久无限的大自然生命的亲切统一,是一种节奏化、音乐化了的时空合一的空间;这种空间意识是以道家和《周易》的宇宙观为哲学基础的。他对中国古典美学的现代诠释,已成为中西比较美学难以逾越的高峰。

3. 朱光潜的美学思想

朱光潜②对中国近现代美学起着重要的导引和建基作用,他的美学融贯中西。1943年他出版了《诗论》一书,对中国和西方的诗学理论进行了比较研究。1963年至1964年他出版了上下两卷本的《西方美学史》,将西方古代至近现代美学理论系统地介绍到中国。他还著有《悲剧心理学》、《文艺心理学》、《谈美》、《谈文学》等著作,并撰有大量的文章。可以说,朱光潜是我国现代美学理论的开拓者。

朱光潜早期的美学思想主要受克罗奇直觉论的影响,同时也吸收了心理学美学的思想内容,如李普斯的移情说和布洛的距离说等。他

---

① 宗白华:《美学散步·序》,上海人民出版社1981年版。
② 朱光潜(1897—1986),笔名孟实、盟石。安徽桐城人。中国美学家、文艺理论家、教育家、翻译家。曾为北京大学一级教授、中国社会科学院学部委员,曾任全国政协二、四、五届委员,六届政协常务委员,民盟三、四届中央委员,中国文学艺术界联合委员会委员,中国外国文学学会常务理事。

认为审美是"形象的直觉",具有独特的创造性。他说:

> 艺术活动只是直觉,艺术作品只是意象。①
> 艺术的活动即美感的活动,美感的活动即直觉的活动。②

因此,朱光潜在美的本质上坚持心物关系说,心即主体表现为"直觉—情趣",而物即客体表现为"形象—意象",心与物、审美主体与客体是一种你中有我、我中有你的有机统一。

新中国成立后,朱光潜接受了马克思主义理论,转而对自己以前的哲学观念和克罗奇的美学理论进行批判,力图用创造性劳动来解释美感问题。他反对把美归结为客观事物的属性的观点,也反对把美归结为纯粹的主观意识的观点,而强调美是主客观的统一,他指出:

> 所谓美感就是发现客观方面某些事物、性质和形状适合主观方面意识形态,可以交融在一起而成为一个完整形象的那种快感。③
> 作为艺术的一种特性,美是属于意识形态的,只有这个意义的美才表现出矛盾的统一,即自然性(感觉素材,美的条件)与社会性(意识形态,美的条件)的统一,客观与主观的统一。④

这一观点使朱光潜成为我国美学界主客观统一论的主要代表人物。

4. 蔡仪的美学思想

蔡仪⑤是中国现代马克思主义美学家和文艺理论家。他的美学思

---

① 《朱光潜美学文集》第 1 卷,上海文艺出版社 1982 年版,第 160 页。
② 《朱光潜美学文集》第 1 卷,上海文艺出版社 1982 年版,第 161 页。
③ 《朱光潜美学文集》第 3 卷,上海文艺出版社 1982 年版,第 71 页。
④ 《朱光潜美学文集》第 3 卷,上海文艺出版社 1982 年版,第 72 页。
⑤ 蔡仪(1906—1992),中国美学家、文艺理论家。原名蔡南冠。湖南攸县人,著有《新艺术论》、《新美学》、《中国新文学史讲话》、《唯心主义美学批判》、《论现实主义问题》等十多种专著,还主编高等学校教材《文学概论》和《美学原理》,主编《美学论丛》、《美学评林》等刊物。

想最早集中体现在他的《新美学》中。在对待美学的根本问题上,他既不是侧重于从西方美学理论中来引申自己的观点,也不是侧重于从中国传统艺术观念出发来阐述自己的见解,而是源自他对马克思主义的认识论的理解,从而对美学问题做出了新的探索。

在蔡仪看来,美学的根本问题有两个,一是美的存在问题,二是美的本质问题。以往的美学家只回答了这两个问题中的一个。或者认为美的根源只在于人的心灵,只要人感受到它,它就存在,不被人感受到,就不存在;或者将美理解为主观与客观的辩证的统一;或者认为美是社会实践的产物。蔡仪认为,问题的症结在于这些观点混淆了美的存在与美的认识的本末关系,忽视了美的客观存在归根到底是以美感即人的主观感受来判定的。对此,蔡仪根据马克思主义认识论和方法论的原则,观点鲜明地回答了这两个问题。他指出:就美的存在而言,美的根源在于客观现实;就美的本质而言,美在于现实事物属性条件的统一关系上。①

蔡仪不同意朱光潜关于美是主客观的统一的观点,坚持认为,现实的美是一种客观存在。人们观念中对美的认识即美感总是以具象概念的认识为基础的。为此,他提出"美的东西即典型的东西"、"美是客观事物显现其本质真理的典型"等观点,强调美感不仅是对于美的存在的反映,也是美的观念形成的基础,进而发展为美的创造,即按照美的规律来塑造产品(即艺术)。蔡仪坚信马克思主义认识论是科学地理解美学的基础,他说:

> 马克思主义认识论,由于掌握辩证的思维方法,能正确认识客观现实事物的普遍规律,并能用唯物主义观点去考察精神世界,因此,马克思主义认识论当然是马克思主义美学的基础,不用说,也是马克思主义美学的美感论的基础。②

---

① 参见蔡仪:《新美学》第 1 卷,中国社会科学出版社 1991 年版,第 238—255 页。
② 蔡仪:《新美学》改写本第 2 卷,中国社会科学出版社 1991 年版,第 58 页。

5. 李泽厚的美学思想

与宗白华、朱光潜和蔡仪等老一辈美学理论家相比，李泽厚[①]堪称是在新中国成长起来的新一辈美学理论家，他的美学思想对 20 世纪后半期的中国美学产生了深刻的影响。

李泽厚在我国美学理论中的重要贡献，在于将马克思哲学中的"实践"范畴引入了有关美的本质的思考中，从而创立了"实践美学"。他的基本观念是：

> 就只有遵循"人类社会生活的本质是实践的"这一马克思主义根本观点，从实践对现实的能动作用的探究中，来深刻地论证美的客观性和社会性。从主体实践对客观现实的能动关系中，实即从"真"与"善"的相互作用和统一中，来看"美"诞生。……一方面，"善"得到了实现，实践得到肯定，成为实现了（对象化）的"善"。另一方面，"真"为人所掌握，与人发生关系，成为主体化（人化）的"真"。这个"实现了的善"（对象化的善）与人化的真（主体化的真）便是"美"。人们在这客观的"美"里看到自己本质力量的对象化，看到自己实践的被肯定，也就是看到自己理想的实现或看到自己的理想……于是必然地引起美感愉快。[②]

他认为，作为个体的人之所以能够从审美的角度欣赏自然，是因为作为类的人的"实践"改变了自然与人之间的关系，使本来与人对立的自然变成了某种程度上人为的自然，即所谓"人化的自然"。探求美的本质，主要不能依据个体心理意识层面的所谓反映，而应依据群体人类物质实践层面的创造。为此，他对什么是美，做出了这样的界说：

[①] 李泽厚（1930—），著名哲学家，现为中国社会科学院哲学研究所研究员、巴黎国际哲学院院士、美国科罗拉多学院荣誉人文学博士，德国图宾根大学、美国密西根大学、威斯康辛大学等多所大学客座教授。主要从事中国近代思想史和哲学、美学研究。

[②] 李泽厚：《美学三题议》，《美学论集》，上海文艺出版社 1980 年版，第 161—162 页。

就内容言，美是现实以自由形式对实践的肯定，就形式言，美是现实肯定实践的自由形式。①

李泽厚进而认为，这种实践的创造是过程性的，所以对美的本质的透视，不能局限于个体美感对它的横向的认识关系，而且还必须转向纵向的美的历史生成过程。为了说明这一点，李泽厚提出了"积淀说"。他指出，无论是具体自然物的审美属性，还是具体个体内在的文化—心理结构或审美形式感，都不是总体性的物质实践活动所能直接创造的，也不是在这种实践活动基础上抽象出来的认识理性或道德理性所能直接设计的，这种决定必然经过个体活动的中介。

所谓"积淀"正是指人类经过漫长的历史进程，才产生了人性——即人类独有的文化心理结构，亦即从哲学讲的"心理本体"，即"人类（历史总体）的积淀为个体的，理性积淀为感性的，社会积淀为自然的，原来是动物性的感官人化了，自然的心理结构和素质化成为人类性的东西。"②

20世纪80年代末，李泽厚又将通过"积淀"而形成的"文化—心理结构"进一步归结为"情感积淀"，提出所谓"情本体"概念。他说："这个似乎是普遍性的情感积淀和本体结构，却又恰恰只存在在个体对'此在'的主动把握中……去把握、去感受、去珍惜它们吧！在这感受、把握和珍惜中，你便既参与了人类心理本体的建构和积淀，同时又是对它的突破和创新。因为每个个体的感性存在和'此在'，都是独一无二的。"这样，李泽厚后期的美学思想具有一种明显的心理主义的倾向。

第三节 进入生活世界的美学

以上，我们概要地介绍了古今中外一些具有代表性的美学思想和

---

① 李泽厚：《美学三题议》，《美学论集》，上海文艺出版社1980年版，第164页。
② 李泽厚：《美学四讲》，天津社会科学院出版社2001年版，第141页。

美学理论,这些思想和理论从不同的角度对人们的审美意识进行了解释和论证。然而"美"首先并不是存在于美学理论中,而是存在于人们的现实生活中。19世纪后半叶,俄国著名的美学家、作家和文艺评论家车尔尼雪夫斯基①最早提出"美是生活"的观念,他说:

> 任何事物,我们在那里面看得见依照我们的理解应当如此的生活,那就是美的;任何东西,凡是显示出生活或使我们想起生活的,那就是美的。

确切地说,美存在于以人们的感性活动即劳动为基础的"生活世界"中。人类改造自然的客观物质活动,之所以不同于自然界本身的运动变化,其根本原因之一,就在于这种活动自始就包含着"美的尺度",从而使通过这种活动所创造出来的"生活世界"具有日益充分的审美价值。因此,美无处不在、无所不在,问题只在于你能否真切地感受到它,并理解它。正如法国19世纪著名雕塑家罗丹②所说:"生活中从不缺少美,而是缺少发现美的眼睛。"

一、美源于人们的物质生活

人类的美感究竟是怎样产生的呢?历史上,有关审美起源的理论多种多样,如本能说、巫术说、游戏说、符号说和劳动说等等。但无论对审美的发生做何种解释,一个基本事实总是不能否认的,即审美意识最初是产生于人们的物质生产或物质生活过程之中,并为物质生产或物质生活服务,而后才逐渐从物质生活中分离出来,成为具有独立艺术价值的领域。

---

① 尼古拉·加夫里诺维奇·车尔尼雪夫斯基(Nikolay Gavrilovich Chernyshevsky,1828—1889),俄国革命家、哲学家、作家和批评家,人本主义的代表人物。主要美学著作有《艺术对现实的审美关系》与《俄国文学果戈理时期概观》,另有小说《怎么办?》等。

② 奥古斯特·罗丹(Auguste Rodin,1840—1917),法国著名雕塑家。十四岁随荷拉斯·勒考克学画,后又随巴耶学雕塑。1875年游意大利,深受米开朗基罗作品的启发,从而确立了现实主义的创作手法。他的主要作品有《青铜时代》、《思想者》、《雨果》、《加莱义民》和《巴尔扎克》等。

人类的物质生产活动总是制约、影响着人们的精神生活的。在原始时代,生产力极其低下,几乎没有什么剩余产品,社会也未出现分工,先民们的一切活动主要是为了谋生,而不是为了审美。他们制造工具是为了捕杀动物或种庄稼,这是原始先民赖以生存、发展的基础,是生活的第一需要。人们只有首先满足了这种最起码的物质生活后,才能产生出对精神性的美的需求。如中国先秦哲学家墨子说:"食必常饱然后求美,衣必常暖然后求丽,居必常安然后求乐。"

随着物质生产和物质生活的不断发展,原始先民在漫长的生产实践活动中逐步产生了朦胧的审美意识。在生产活动中,娴熟的技艺产生了协调、舒展的劳动动作和富有节奏感的劳动过程,人们对劳动产品的制作也不仅追求其结实、耐用,而且也追求其美观的外表。劳动的动作、过程和产品给人带来的愉悦,使"美"的意识在艰苦的劳作中慢慢地升华出来。不过,在原始先民那里,审美意识还不是自觉的,而是与生产和生活的过程紧密地结合在一起。例如,生产工具、生活器具等劳动产品的使用价值总是先于审美价值,而且它们的审美价值也是源于其实用价值的。即使是现代人感受到的原始的美,如果"还原"到最初的历史境遇中,这种审美仍是服务于外在的功用目的的。

从大量的考古发现中,我们可以看到原始先民的作品,如岩画、洞穴壁画、雕刻等。但是这些"作品"并不是纯粹的"艺术品",而是原始人类生产和生活的必要手段。1879年发现的西班牙的阿尔塔米拉洞穴,其中的"大壁画"刻着二十多个旧石器时代的动物形象,这些动物形象栩栩如生,显示出很高的绘画技巧。然而,据考证,这些绘画源自原始人类的巫术信仰,是他们在狩猎前后进行巫术仪式时使用的符号图案。这表明了审美意识、审美价值与人类生活实践的原始联系,是劳动创造美的有力证据。只不过当审美活动还与人们的生产活动直接融合在一起并服从于实用的和功利的目的时,审美活动尚不可能从生产活动中独立出来成为一种专为满足人们精神需求的艺术活动,审美情趣也不会是一种独立的纯粹的艺术情趣。但随着历史的发展和人类文明的进化,审美最终要从孕育它的实用目的中逐渐独立出来、解放出来。

然而，随着物质生产活动的不断发展，劳动对象的合乎规律的自然形式，经由人的劳动，被改造成合乎人的目的的形式。无数次的实践、无数次的重复，则使那些在人的活动和劳动产品中体现出来的合乎规律又合乎目的的形式逐渐在人们的心理中"积淀"下来，成为人们感受事物的心理结构，于是便有了对称、端正、均匀、平衡、协调、光滑、舒缓、刚健、稳重、柔和等等一系列使人感到愉悦的抽象形式。这些抽象的形式构成了人们审美的心理结构，这种审美心理结构与对象的美的形式具有一种对应关系，当对象的形态与人们的审美心理结构相吻合、相呼应时，便悠然产生了审美意识，唤起了美的感觉，使对象给人带来的愉悦超出了对象本身的功用目的。

人类实践活动本身是一种"赋形"活动，也就是通过实践活动，改变客观对象原有的存在形式，赋予它新的存在形式，这种新的存在形式既合乎对象的客观属性和规律，又合乎人的目的和要求，因而是合规律性与合目的性的统一。人的这种"赋形"活动，体现着人的自由的本质，因为"自由"就是打破事物的既定形态，使之获得体现人的意志和目的的新的存在形式。这种"赋形"活动，不仅给事物以符合人的功利或实用目的的形式，而且赋予事物以能够唤起人们愉悦感的形式，使人们对自己的创造物产生超出功利目的的审美情感。因而当人们在人的创造物身上看到了人自身智慧的显现、理想的实现和打破界限的自由能力时，就会产生一种"感动"、一种发自内心的喜悦，这种审美快感甚至会使创造物的功利目的变得微不足道。因此，没有什么能够比"美感"更能体现人的纯粹的精神需求，更能展现人的自由本质。人的活动及其创造物体现着、确证着人的自由本质。

人的自由本质不仅体现在人和自然的关系中，也体现在人类改造社会的实践活动中。自文明社会诞生以来，随着财富的增长和私有制的出现，人类社会逐渐划分出不同的阶级、阶层和各种各样的利益集团，在这些阶级、阶层和利益集团之间充满了利益的抗争和权力的角逐。人们对自由的追求，无论是表现为为正义而奋斗，还是表现为为真理而献身，无论是追求道德人格的自我完善，还是渴望情爱自由的实现，总是在情欲与理性、真理和谬误、善良与邪恶、正义与奸佞、自由与奴役的胶着对抗中艰难地挺进。当我们看到代表正义、善良、自由的进步力量最终战胜邪恶势力的时候，我们会不由自主地欢欣鼓舞，凯旋高歌，赞美人性的伟大。这是一种美，一种"阿波罗"式的美：自由的阳光普照大地，万物复苏，生机盎然。那些曾经喧嚣于世的邪恶，在自由之光的照射之下，萎缩溃败，成为人们嘲讽蔑视的对象。而当我们看到，正义、善良和自由的价值被邪恶的势力所毁灭时，我们的心灵也会不由自主地被强烈地震撼，以至痛心疾首、热泪纵横。这也是一种美，一种"狄奥尼索斯"式的美：生存的痛苦激荡心灵，阴云笼罩、凄风习习。然而，它也激发着人们对邪恶的痛恨，唤起人们同一切毁灭人类生存价值的势力进行斗争的意志。①

美感和审美形式的产生及其历史积淀表明，人们在创造性的劳动中，不仅按"物的尺度"和需求制造出有使用价值的生产、生活用品，而且还按"美的尺度"塑造自己的劳动产品，使之引起人们的审美快感。所谓"美的尺度"，就是指在人们心理结构中历史地积淀起来的那些使人感到愉悦的抽象形式，人们力求让自己的产品具有这些美的形式，以便能够唤起人们的审美情感。因此，"劳动创造了美"。劳动越是发展，就越是具有"艺术化"的倾向。当审美情趣成为人们自觉追求的目标时，艺术就诞生了。因此，美不是自然界的自在属性，它是在人们的生产实践中主体与客体相统一的产物，它体现着、确证着主体的智慧、能力和自由的本质。随着人类物质生活实践的发展，美才得以展开它的全面性、丰富性。正是在这个意义上，我们可以说：

---

① 这里所说的"阿波罗"式的美和"狄奥尼索斯"式的美，是转用了德国哲学家尼采在《悲剧的诞生》这本著名的著作中的说法。尼采通过对希腊悲剧的分析，认为存在着两种艺术精神，一是阿波罗精神，即"日神精神"，一是狄奥尼索斯精神，即酒神精神。阿波罗精神高踞奥林匹斯的神山上，俯瞰宇宙人生，把它当成一个梦境和意象去赏玩。希腊的雕刻和史诗，就是阿波罗型的艺术。狄奥尼索斯精神则是酒神的酩酊大醉，它在狂歌醉舞中忘记了人生的苦恼，从而感到生命的酣醉和欢悦。希腊的舞蹈和音乐，就是狄奥尼索斯型的艺术。

美是人的实践本质的感性显现,或者说:**美是人的自由本质的感性显现**。一旦生产实践的发展导致了体力劳动和脑力劳动的分工,精神生产成为相对独立的分工领域,这就使专注于艺术创作的实践活动最终摆脱了物质生产的束缚,成为满足人类精神需求的最伟大的活动之一,它使审美活动获得了最纯粹的形态,使艺术之光普照生活世界。

二、美的形态:自然美、社会美、艺术美

在生活世界中,"美"无所不在,形态万千,人们的审美情感更是丰富多样且富有综合性。在这里,仅就自然美、社会美和艺术美三个方面对美的形态做一简要的描述。

1. 自然美

"自然",顾名思义,就是天造地设、自成自化的种种现象或过程。因此,自然,无论是天地万物,还是千姿百态的景象,本身都无所谓"美"与"不美"。然而,当自然的形态、色彩、声音、结构、布局等等客观属性映入我们的感官和心灵,与我们审美的心理结构相呼应、相契合时,就会使我们悠然产生愉悦或快感。这就是说,"自然美"只能在人与自然的关系中产生,是人用其在生活实践中形成积淀出来的审美心理和美感形式观照自然对象的精神合成。可以说,"自然美"就是对自然的精神的"人化"。我们不妨运用中国美学思想中的"意境说"把人对自然美的感受分为"欣赏之境"、"投入之境"和"超越之境"三个层次。

对"自然美"的感受最初当然是"欣赏之境",即自然的景色、形态带给我们的愉悦或快感。当你驾一叶轻舟,穿行于桂林山水之间,那舒缓柔和的绿水,那婀娜多姿的青山,有如一幅不断展开的画卷映入你的眼帘,又流向你的心田。你仿佛置身于世外仙境,水色山光带给你的那份舒畅、安宁和清净使生存的烦恼、世间的嘈杂在你的心灵中悄悄地隐去。当你携好友情侣,攀步在黄山的峻岭之中,你会看到,那座座山峰,或雄伟,或险峻,或奇异,或秀丽,尽语言之能难以尽述。古柏苍松在霞光里随风摇曳,奇峰异石在云雾中时隐时现,山路蜿蜒起伏如飘动的长带,花草争奇斗妍似落地的彩云……所有这一切,会使你惊叹不已、感慨万端:大自然是何等的能工巧匠,把这自然的国度装点得如此绚丽多彩、生机勃勃,让人流连忘返、梦绕魂牵。是的,自然的形态、声音、色彩、结构、布局一旦迎合了你的审美心理和美感形式,就会给你带来美的享受。因此,自然的"美"首先是一种形式的美,它是对自然形态的感受,而并不关乎自然物的内容。山是如何形成的,水有怎样的分子结构,颜色是否是不同波长的电磁波,这些对于审美感受都是无关宏旨的。这也正是审美与科学的基本区别。

自然的景物或形态带给你的愉悦和快感还只是自然美的最初层次。在这个层次上,审美主体与审美客体处在相互分离的状态中,你虽身在美景之中,但自然的景物对你来说,仅仅是外在的观赏对象,自然美的生成还取决于你的心境和你对美的感受能力。而当你沉浸在对自然景致或景物的欣赏中时,你的心境往往会悄悄地发生变化。自然美给予你的愉悦和快感潜移默化地唤起你对审美对象的向往和追求,你的全部感官和心灵都被这个对象所吸引,于是"意随境高",你逐渐忘却了尘世的喜怒哀乐,忘却了世事的利害得失,忘却了人世间的宠辱悲欢,甚至忘却了自己的存在。此时,你已经不是作为旁观者去观赏对象,而是把全部身心倾注到对象身上,你不是把美吸收到你的感官之中,而是从精神上把自我毫无保留地投入美的对象中,这就是自然美的第二境界——"投入之境"。在这一境界中,审美主体的精神活动完全被审美对象所吸收,美的感受扫除了心灵中一切阴暗、忧烦的东西,由此获得一种极高的、没有任何负累的精神享受。

"投入之境"已是自然美的升华,但不是自然美的最高境界。审美主体在精神上消融于审美客体之中,但却没有超出审美客体的直观形态和时空的有限性。因而在这个境界中,美的享受是极高的,却是一时一地的;是纯然的,却带着对象的固有形式。只有超越了审美对象的直观形态和时空局限,才能达到自然美的最高境界——"超越之境"。在这个境界中,自然的美不只是一种感官的享受,更是一种心灵的观照。因为，这一境界的生成是与个人对生活的体验密切联系在一起的，更为深刻地体现着人的自由本质。人作为一种经验的存在物，其生存无时无处不受到来自自然和社会的种种条件的制约，然而人又是一种超验的存在物，他的生命活动的特征就在于他欲求努力打破或超越现实的界限，用自己的创造性的活动来塑造自己的生存世界。因此，人的生存的最高价值就是超越与创造，这既是一种现实的活动，又是一种崇高的境界。而当一个人历经坎坷真正体验到自己的生存价值就在于超越和创造，他的精神世界也会因此而更加开阔豁达。这种精神境界无形中强化了他对自然美的感受能力。当他"身临美境"时，他不仅会"意随境高"，沉浸在美的享受中，而且会使"境随意高"，把自己的精神境界和对生活的体验投射到自然的景物之中，使它们获得一种生命。面对雄浑威严的山峰，他慷慨昂扬，那山，象征着刚毅、庄重和永不低头的英雄气概；面对波涛汹涌的大海，他壮怀激烈，那海，蕴涵着力量、激情和搏击困境的快感；那绵延起伏的山峦，不是他在荣辱成败的交替中挺进的身影吗？那遍染苍穹的霞光，不是他对宏大理想的美好憧憬吗？在这个境界中，物与我的界限消失了，那景物化为我思想的象征、情感的寄托和心灵的符号。

2. 社会美

社会美是由人的生活实践本身所造就的美。人是社会的存在物，生活实践亦是人的社会性的活动。人在自身的生活实践中必然有三种最基本的精神追求：其一，人作为实践的主体本质上具有自主性和自由性，因而人必然要在生活实践中追求自己的自主性和自由性的不断深化和扩大；其二，人们通过广泛的社会交往活动使众多个体的力量结合或凝聚，形成超越个人有限性的整体力量或社会力量，因此人们必然要在生活实践中追求交往的和谐、真实与真诚；其三，人们生活实践的目的是改造自然与社会，改造个人的生活境遇，创造出属于自己的生活世界，因此人们必然要在生活实践中追求目标的实现或事业的成功。这三种最基本的精神追求构成了社会美的实质内容。也就是说，凡是能够扩大、深化、体现、实现人的自主性、自由性的，就是美的，反之，凡是压抑、贬损、扼杀人的自主性和自由性的东西就是丑恶的；凡是有利于人们社会交往的和谐性、真实性和真诚性的就是美的，反之，凡是有害于社会交往的和谐性、真实性、真诚性的东西就是丑恶的；凡是有利于推进人类进步事业的就是美的，反之，凡是阻碍、破坏人类进步事业的东西就是丑恶的。

社会美直接地体现在人们的实践活动的过程和结果中，我们可以把社会美大致分为三个相互联系着的方面：实践活动的美、实践结果的美和实践主体的美。

实践活动的美既体现在人与自然的关系中，也体现在人与人的社会交往关系中。在人与自然的关系中，无论是改造自然的生产活动，还是探索自然的科学实验活动，都是人的本质、力量、智慧、能力的展现，体现出人类挣脱自然的束缚、征服自然、驾驭自然的那种人格力量和自由本质。因此，人类的实践活动本身就具有极高的美学价值。因为只有人才能进行这种活动，而且环境越是险恶、进程越是艰难，就越能显示人格力量的伟大。尽管这种实践活动并不总是能够成功，甚至会招致惨重的失败，但这无损于这种活动本身的审美价值，因为在这种活动中人们克服困难的勇气、百折不挠的毅力、战胜怯懦的意志、矢志不移的决心以及不畏艰苦的气概本身都体现出一种可歌可泣的"壮美"。此外，在实践活动中，我们也会追求这种活动本身所具有的形式美。优雅、协调的动作或体态，舒展、均衡的节奏和韵律，不仅表现出活动技艺的娴熟、轻松，而且也给自己和他人一种令人赞叹的审美情趣。

美也存在于人们的交往实践中。这不仅是因为通过社会交往，每个个人的活动和生活被整合为整体的共同活动、共同生活，使众多人的力量整合为整体的或社会性的力量，从而克服了个人的有限性，而且还因为交往本身就是目的。交往不仅能够充实我们的个人力量，而且还使我们获得极大的精神满足。离开了与他人的交往，我们不是获得了独立，而是必然要陷入孤立，并因孤立而产生孤独感、恐惧感和陌生感。因此，当你独自一人长途跋涉于山野之中时，你会为遇到一个人而欣喜若狂；当你不幸陷入困苦之中时，你会为他人的一个简单的问候而感到温暖。所以，我们需要亲情、爱情、友谊，需要真诚、热情、信誉，需要用微笑泯去冤仇，需要用爱来化解矛盾。所有这一切都能使你体会到生活的美好。在交往中，我们也追求交往活动的形式美。我们进行人际交往，就是要达到互相沟通、互相理解的目的。而要达到这个目的，我们在交往中就不仅要强调真实的内容、真诚的情感、善良的愿望，而且要辅之以令人感到愉悦、舒畅和宽松的形式。因此，我们讲究生动、得体的言语，优雅、自然的身姿、手势和表情，注重仪表和礼仪等等。所有这些形式有助于为人际交往营造宽松、友好的氛围，表现出你对他人的尊重，并由此获得他人对你的尊重。

社会美更为直观地体现在人类社会实践的结果中。美既然是人的实践本质的感性显现，那么，社会实践的结果，即人类改造自然和社会的成果，或者说，人类活动的一切文明创造物，就是以感性的形式体现着、确证着人的实践本质。在改造自然的活动中，我们不仅创造出各种满足我们生存和发展需求的产品，而且我们还用美的尺度塑造我们的劳动创造物。在这方面，自然美和社会美的一个基本区别就是，自然美是因自然物固有的、自在的形态与我们的审美心理结构和形式相呼应而产生的，而社会美则是我们按照自身的审美结构和形式创造出来的。因此，劳动的创造物所具有的美的形态直接地就是美的理念的对象化。正是这种对象化，才使"人化自然"具有强烈的美学特征。特别是，当我们通过劳动变荒山为田园，变沙漠为绿洲，变天崭为通途的时候，创造性的劳动不仅赋予自然以美的形态，而且更因人的本质、力量、智慧和理想对象化为感性的事实而具有崇高的审美价值。

在改造社会的过程中，社会美既表现为人们在摆脱奴役、争取自由，反抗邪恶、追求正义，摧毁暴政、获得解放的斗争中体现出的那种波澜壮阔、震撼人心的美，又表现为人们用善良的心灵、友好的行为塑造出来的那种和谐稳定、舒畅安宁的美。前者以矛盾抗争的形式显示出人类自由的不断扩大和深化，因而当人们经过坚苦卓绝的斗争最终战胜了奴役、邪恶和暴政的时候，就会载歌载舞、欢呼雀跃；后者则以协调均衡的形式建构出平和安稳、宽松有序的生活世界，使人们在相互理解、友爱互助的关系中体验家园般的幸福。

无论是实践过程的美还是实践结果的美，最终都塑造了实践主体的美。实践主体的美作为一种社会美，不是指实践主体的自然形态，而是指实践主体在丰富生动的生活实践中体现出来的人格的美。这种人格的美或者表现为一个人在面临困难、身处逆境时所具有的那种刚毅、坚韧、豁达、乐观的品格和气质；或者表现为渊博的学识、开阔的视野、敏锐的洞察力和果断、准确的判断力；或者是在人际交往中表现出的那种情感真挚、乐于助人、善解人意、以解他人之危困为己任的道德品质以及举止优雅、谈吐不凡、宽容大度的风度等等。所有这些都能使一个人获得一种人格魅力，树立一种美的形象。人格的美不同于人的自然形态的美，它是后天形成的，是在生活实践中锤炼出来的。因此，我们在用美的尺度塑造事物的同时，也要自觉地注重用美的尺度塑造自身。

3. 艺术美

艺术美是美的最纯粹的形态，它体现出人们对美本身的自觉追求，并通过艺术实践把来自自然和社会生活中的美提炼出来，用感性的形象将它们再现出来。因此它不像自然美那样受到自然物固有形态的限制，也不像社会美那样总是与实践的功利目的纠缠在一起，也就是说，它超越了物质的形态、超越了有限的目的，而达到纯粹的审美境界。

艺术美当然离不开生活实践。它是把握生活世界的特殊方式。它不像哲学、科学那样用抽象的概念、范畴、理论体系来反映客观世界的本质规律，而是用生动具体的艺术形象和形象体系来再现或表现生活的本质，来再现或表现自然的和社会的美。因此，艺术思维是一种创造性的形象思维，这种思维虽然要深入到生活的本质当中，但始终离不开艺术家对事物的具体的形象感受和情感体验。艺术作品则是通过对生活素材的选择、提炼和集中，概括出揭示生活本质的具有鲜明个性特征的典型形象或意境。因此，艺术的形象思维总是以情感体验为中介，使美的形象的塑造带有强烈的、富有感染力的情感特征。

艺术形象既是对现实生活审美特征的概括，又是艺术家对现实的审美情感的呈现，它的内容是客观与主观、再现与表现的有机统一。当艺术家对生活素材进行选择、提炼和概括时，不能不表现他本人对生活的理解、评价和理想。因此艺术作品，就其反映生活的真实而言，是对生活的再现；而就其抒发和表达艺术家对生活的理解、评价和艺术家的情感、旨趣而言，则是一种表现。这样，在艺术家的作品中，形象的东西不是现成的事物，而是创造出来的新的形象。中国古代诗歌、绘画所讲究的"气韵"、"神韵"，所倡导的"情景交融"都包含着作为艺术美所特有的审美特征。

由于艺术美可以完全超越物质界限的束缚，而使人们的想象力、创造力在精神生活的世界中得到充分发挥，因而艺术美也就成为人类自由本质的最典型的体现。

三、以美启真，以美育德

真、善、美的统一通常被人们认为是人生追求和社会文明的最高境界。这同时也表明，真、善、美三者之间既有区别，又有联系。在人类的精神追求中，真、善、美是相互蕴含着的。理论分析尽可将其分门别类，但在现实生活中，它们交融并蓄，很难分隔开来。在这里，我们以"以美启真，以美育德"为题，从美学的角度，简要地分析一下真、善、美的关系。

1. 以美启真

从本章前面介绍的那些美学思想中，我们已经可以看到，不少思想家都把审美活动或艺术活动理解为达到真理的认识方式。如谢林认为美是"以有限的形式表现出无限来"，黑格尔认为美是理念的感性显现等等。当然，艺术家的艺术创作活动与科学家的科学研究活动是很不相同的。后者是用概念和符号来揭示自然和社会的本质和规律，是人直接面对真理；而前者总是要用感性的，甚或用虚构乃至虚幻的手段来塑造生动的艺术形象，以唤起人们的美感。但是，如果艺术作品不能深刻地反映社会生活的真实情理，不能表现人们的真实情感，它就不会有太高的艺术价值。因而，艺术必然蕴含着真，并因此能唤起人们的美感。

有趣的是，自然科学这个在人们看来似乎是最无艺术情趣的领域，同样有着自己的审美情趣。而且这种审美情趣，也的确在科学真理的发现中，起到了重要的作用。许多直接从事认识世界的科学家也都将自身经过艰苦的实验分析之后最终豁然开朗的那一刻看作是一种审美状态。直到近代以来，仍然有些科学家秉承着毕达哥拉斯学派所坚持的那种世界的和谐论，认为一切自然的规律也必然符合美的规律，并在构成上具有对称、和谐等诸多特征。许多公式的产生就是以其中所包含的各个要素之间的平衡关系而先于实验被假设出来，并最终得到确证的。对此，著名美籍华裔科学家杨振宁教授[①]有这样一段话：

> 狄拉克在1963年的《科学美国》(Scientific American)中写道："使一个方程式具有美感比使它去符合实验更重要"……今天，对许多物理学家来说，狄拉克的话包含有很大的真理。令人惊讶的是，有时候如果遵循你的本能提供的通向美的问题而前进，你会获得深刻的真理，即使这种真理与实验是相矛盾的。[②]

再进一步说，真本身虽然不是美，但求真却是美的。人的自由在于人能够通过实践活动打破客观事物的既定形态，赋予其符合人的目的和要求的新的存在形式。这种自由必然是以认识和把握对象的属性和规律为前提的。自然的奥秘、社会的奥秘在其没有被人们掌握之前，是一种神秘的、强大的、异己的、左右着我们的生活的力量，而一旦被我们所掌握，就会成为我们人类自身的力量。真理就是对自然和社会奥秘的揭示。当然，获得真理的过程往往是艰辛的，常常伴随着挫折和失败，困惑与迷惘，甚至还有贫困和屈辱，然而这一切又起到了

[①] 杨振宁（1922—），安徽省合肥市人。著名美籍华裔科学家、物理学大师、诺贝尔物理学奖获得者。1957年由于与李政道提出的"弱相互作用中宇称不守恒"观念被实验证明而共同获得诺贝尔物理学奖。

[②] 杨振宁：《美和理论物理学》，《自然辩证法通讯》1988年第1期。

淘汰懦弱、锤炼意志的作用，因此求索真理的过程本身就显现出人的本质力量的伟大。试想，当一个科学家经过艰苦的探索，最终揭去了层层神秘的面纱，使客观事物的本质和规律赤裸裸地呈现出来的时候，还有什么能够比这更使他振奋不已。这就是一种"美"，一种战天斗地的快感。历史上那些为真理而献身的志士仁人，他们耐得住寂寞、耐得住贫困、耐得住流言蜚语、耐得住强权迫害，显示出人格的崇高，因而，当他们把毕生奉献给真理的时候，他们也就达到了美的境界。

2. 以美育德

美与善，不必说，更是古今中外美学理论家最为关注的话题。柏拉图把"美"置于"善"的观照之下，认为不理解善，也就不能真正理解美本身。以孔子为代表的儒家学说，更是把美和德统一起来，用一种道德力量来塑造人格的美。的确，美与善作为人的生存的价值或意义，作为人的存在方式，都是以人格的自由为前提的。当人们的道德行为体现出人格的尊严和人性的伟大时，这种道德行为必然具有充分的审美价值。同样，当人们在审美活动和艺术创作活动中体验并彰显人的自由精神时，这种审美的实践也就必然具有充分的道德价值。美与善的这种融合，归结为一点，就是康德所说的，二者都是以"本体的人"为最终目的的。

在现实生活中，善本身就是引起美感的力量。它表现为心灵的美、行为的美、人格的美和社会的美。"善"根源于人类生活实践的社会本性。人类之所以能够与动物相揖别，之所以能够生存与发展，之所以能够创造出经天纬地的辉煌事业，就在于人们能够通过相互交往、相互合作、相互依存而构成一个社会整体，由此形成了超越个人有限性的社会力量，并孕育出洞悉世间一切奥秘的人类智慧。每一个生活在社会中的人都与他人、与社会须臾不可分离。他的生命存在，他的创造生活的能力来自于通过交往而对这种社会力量的占有。当他意识到这一点时，当他努力使自己的行为有助于他人、有助于社会、有助于人们之间的和谐共处时，"善"就产生了。"善"就是如此平凡，每个人都能在生活的琐碎细微之处体验"善"所带来的温馨和愉悦；"善"又是如此伟大，它是那种"使人成其为人"的精神力量，或者说只有人才能升华出的精神境界。在这个意义上，"善"与"美"相互交融。当一个人为济他人之难而做出自己的奉献时，他会由衷地感到欣慰，他便获得了由"善"而来的美感；当一个人能够为人类的进步事业奉献自己的才智甚至抛头洒血时，善的力量就为他绘制出壮丽的人生画卷；当一个人舍弃自己的生命以拯救他人于水火之中时，我们每一个人都会为此热泪盈眶，纵情讴歌。这正是"善"凝铸出的可歌可泣的"壮美"。

因此，美育和德育自然地就是相通的，在人格的自我塑造上相辅相成。孔子说"志于道，据于德，依于仁，游于艺"（《论语·述而》），又说："兴于诗，立于礼，成于乐"（《论语·泰伯》）。如果用我们今日之话语加以转释，那就是说，追求宇宙万物的真理是我们的志向，崇高的道德精神是我们的依据，而审美的艺术活动则是我们自由精神的成就和体现。

真、善、美的统一固然是人类生存的最高境界，但它并不因此就是可望而不可即的彼岸，而是就存在于我们朴实无华的现实生活中。只要我们持守人的自由与尊严，世间就没有任何力量可以阻止我们达入此境。

本章思考题

1. 中国和西方古代哲学中关于"美"有哪些基本的观念？
2. 近现代西方美学理论中对于"美"的理解都有哪些基本观点？这些观点之间有什么区别和联系？
3. 中国近现代有代表性的美学理论都有哪些？它们的基本观点是什么？
4. 怎样理解美与生活的关系？
5. "以美启真"和"以美育德"的含义是什么？

第七章 本体论与形而上学

在了解了真、善、美之后，我们接下来将要讨论哲学活动的最后一种、或许也是最重要的一种活动，即对所谓"终极问题"的反复追问。如亚里士多德所说："求知是人类的本性"。而就哲学而言，求知就是谋求、探索对理解人类的生存方式具有最高普遍性的知识。因此，之所以会有哲学的探究，就是因为人类思维不会满足于对各种各样的具体事物、现象或过程的经验把握，而总是力图使理性思维超越对个别事物的经验把握而指向事物的全体，并沿着抽象思维的逻辑路线一步一步地推向最高的普遍性，即追问作为最大的"全体"（the whole）的那个整体世界，探问这个孕育万物、纷繁复杂的世界是否具有某种统一性？在万事万物的生灭变化和永恒运动中是否存在着某种不变的"终极实体"？其运动变化有没有终极原因？人们的各种各样的思想观念是否有某种共同的、最终的根据？对于判断人类的生存意义来说是否存在着某种终极性的价值尺度？等等。所以，终极问题乃是哲学的最高领域，它是我们这种理性存在者的好奇心的思想高端，因为它试图将"所有问题"通过追问归结为"一个问题"。这种追问的基本特征就是超越知识的特殊性、有限性与相对性，达到知识的确定性、普遍性、无限性和绝对性。在这种追问中产生的问题，就是哲学的本体论问题。由于对这些问题的探索，超越了对具体事物的经验把握，无法用感性形象予以理解，而必须借助抽象概念加以逻辑地阐释，因而也被称之为"形而上学"。在很多哲学家看来，哲学就形而上学。

第一节　古代哲学中的本体论观念与实体论形而上学

哲学开始于对本体论问题或形而上学问题的探讨。17世纪英国著名的经验论哲学家弗兰西斯·培根从古希腊哲学中区分出两条相互对立的路线。一条是以阿那克萨戈拉、德谟克利特、伊壁鸠鲁为代表的路线，他们把世界的本体归结为某种自然存在物，主张深入到自然中去研究自然。另一条是以毕泰戈拉、柏拉图以及亚里士多德为代表的路线，他们把世界的本体归结为某些超自然的抽象物，如数、理念、实体等，主张从思维本身出发来把握世界。这两条路线相互对立的焦点就是"何为世界的本体"这样一个本体论问题。为了能够更好地理解这两条路线的分歧，我们有必要对"本体论"、"存在论"和"形而上学"这些基本概念做一概要的解释。

一、本体论、存在论、形而上学

1. 本体论、存在论

在我国学界，人们通常把"本体论"看成是对西词"ontology"的翻译。"ontology"这个词最早出自德国哲学家格克勒纽斯（Goclenius）[①]所著的《哲学辞典》（*Lexicon Philosophicum*）。格克勒纽斯依据相对于物质的抽象模式区分了三种"沉思的科学"：研究一般物质的物理学、研究上帝和天使的超自然科学以及研究存在者和超验物的"ontology"。[②] "ontology"这个术语是根据古希腊文造出来的。它的第一个词根 ōn，是古希腊语的系动词的不定式"einai"（"存在"

[①] 格克勒纽斯（Goclenius，1547—1628），又译郭克兰纽，16—17世纪德国哲学家、经院学者，著有《哲学辞典》一书，最早使用"ontology"（本体论、存在论）一词。

[②] 参见"Ontologie", in *Historische Wörterbuch der Philosophie*, Bd. 6, Schwabe Verlag, 1984, S.1189.

或"是")的现在分词,表达存在、在场的事物或事物的存在和在场;它的第二个词根是古希腊语"logos",意为言说、逻辑和理性,引申为学说和科学。这两个词组合在一起,便是"关于存在者之存在的学说"或"存在论"。而研究存在者之存在也就是追究事物之根本,因此我们又可以将这个词翻译为"本体论"。①

确切地说,"本体论"一词并不是对西词"ontology"的附会,而是在中国文化的语境中生成的基本概念。在中国古代哲学文化中历来有"本""末"之分。"本"原指草木的根茎,如"木下曰本"(《说文解字》),"体"则是构成事物的那个东西,有"实体"之意,而"本体"则是构成某物的最根本的东西。事物的具体形态可以千变万化,但只要保持本体不变,事物就不会因其具体形态的变化而改变或消失,如"伐木不自其本,必复生。"(《国语·晋语》)在更为抽象、宽泛的意义上,"本体"亦被用来指称衍生宇宙万物的总体,或构成宇宙的那种最根本的东西,如东汉哲学家王充在《论衡》中所说,"天之与地,皆体也"。将"本体"作为一个哲学范畴来使用,也是比较早的事情。明代中叶著名心学家王阳明在阐述他"知行合一"的观点时,就使用了"本体"这个概念。他说:"知行如何分得开?此便是知行的本体,不曾有私意隔断的。"[《传习录》(上)]在很多情况下"本"也和"原"并用,"原"在古汉语中通"源",指水的源头,本原并用即所谓"木水之有本原"(《左传·昭公元年》)。在引申意义上,本原并用可以表达事物的根本、开端、起源、根源的意义,或表示事物的本质、存在的根据或事物变化的根本原因等,如"为是者有本有原"(韩愈《原毁》)。

从词源上看,汉语中的"本体"或"本原"实际上更接近于古希腊语的"archē"(始基、本原)一词。无论是在中国古代文化的语境

---

① 当然,关于"ontology"的翻译,学术界一直有很多争议。希腊语中的"ōn"和英语中的"being",兼有汉语中的"存在"、"是"、"有"等含义。而汉语中的这三个词显然不能通用。因而国内学界一直存在着"存在论"、"是论"、"有论"、"本是学"、"万有论"等不同的译法。这些译法均有一定道理,但无论哪一个词都不能涵盖"ōn"这个词的全部含义。本书采用"本体论"这个译法,是学界比较通用的译法。

中，还是在西方哲学文化中，这个词总是被用来表达生生不息、纷纭复杂的表象世界中万变不离其宗的东西。这种东西或者是构成事物乃至构成整个宇宙的最基本的因素，或者是事物得以生成的起源或根源，或者是事物的根本性质和运动变化的根本原因。在思想观念领域也是这样，在众多的思想观念中，必有一统摄一切思想观念的最根本的道理，或者说，任何思想观念必统一于一个最终的根据。

2. 形而上学

"形而上学"（metaphysics）这个术语则来自古希腊文"meta ta physika"，它是亚里士多德的一本著作的名称，但是这个书名却不是亚里士多德本人所起，而是后人加上去的。亚里士多德是个百科全书式的大哲学家，他的科学研究涉及那个时代的人类知识的方方面面，因此后人在编辑他的著作时就需要分门别类。在这个过程中，有个叫安德罗尼科斯（Andronikos）的编者遇到了麻烦：他没法对亚里士多德的某一部分手稿进行分类。这些手稿所讲的不是关于具体事物的现象或过程，而是一些晦涩抽象的概念，如"实体"、"形式"之类，不属于人们熟知的任何一门具体科学，但其对象似乎又跟物理学的对象比较接近。这样，安德罗尼克斯就只得将它们编排在"物理学"的后面，取名为"meta ta physika"（物理学之后）。

西方哲学传到东方后，在我们的词汇中并没有一个现成的词可以与之对应，所以只能新造"形而上学"这个词。当然这不是凭空乱造的，它在中国的思想史上自有一番根据。《周易》里面有这样一句话："形而上者谓之道，形而下者谓之器。"所谓"形而上者"，就是超越于具体的、有形体的事物"之上"的领域，它不能通过我们的感官而被感知，而只能用思维去把握；而所谓"形而下"的东西，就是我们可以通过感官感受的普通事物。可见，"形而上学"这个中文词与古希腊文中的"物理学之后"是相通的，它们都表达出了那种超越性的、玄虚的学问。

本体论问题也就是形而上学问题。问题在于，我们既然生活在感性世界中，为什么要超越这个感性世界才能追索这个世界的本体？为什么会有"形而上学"这样一种理论思维呢？在哲学家们看来，这主要是因为，单凭感官并不能够为我们提供有关世界本体的知识。感官之所感都是个别的、流变的东西，绝无可能感知深藏于事物之中的永恒不变的本质，亦即"眼见"未必为"实"。此外，我们也不能用关于这个世界之中的个别事物的知识来解释这个世界，因为世界本身乃是一个全体。出于这些理由，形而上学哲学家们就试图超越可感的世界去寻找世界的本质，以解释这个复杂流变的可感世界。

形而上学即以抽象的概念思维追踪将世界万物统一起来的那个"本体"或"本质"，探寻世界万物及其运动变化的终极根据或动因，追求永恒不变的、具有最高普遍性的绝对真理，因此它不同于以具体事物为对象的经验知识和技能，而是一种最高的智慧。在这个意义上，人们通常把"形而上学"等同于"哲学"，这对于传统哲学来说，尤其如此。古希腊哲学家巴门尼德认为最高的真理就是思维对"存在（有、是）"的把握，万物统一于"存在"，与这种真理相比，来自感性经验的知识均不过是一些缺乏确定性的、模糊不清的东西。柏拉图把那个统摄万物万念的绝对真理称之为"理念"。对于这个理念，他推崇备至，认为它是如此地光明和神圣，以至于"普通心灵的眼睛"都无法持久地"凝视"①，而只有高贵的心灵才能面对这类对象。亚里士多德在他的《形而上学》中在经验的知识和形而上学的知识之间划分了等级，认为哲学就是最高级的普遍知识。因而他把自己的形而上学，也就是关于事物和世界的"本体"的理论，称之为"第一哲学"。欧洲近代理性主义哲学家笛卡尔、斯宾诺莎、莱布尼茨、沃尔夫等，更是各依自己的理解来完善形而上学理论，竭力建构形而上学的理论大厦。他们的观点很不相同，甚至是相互对立的。但他们普遍确信，唯有形而上学能够提供普遍的、无限的、必然的真理，也只有形而上学能够把我们关于世界万物的知识统一起来，否则我们关于各种各样的事物的知识，不过是一些互不相关的碎片。如黑格尔所说的那样：经验的领域是有限的，经验的知识也是有限的，而"在另一范围内，

---

① 《柏拉图全集》第3卷，人民出版社2003年版，第59页。

有许多对象为经验的知识所无法把握的，这就是：自由、精神和上帝。……这些对象之所以属于另一范围，乃因为它们的内容是无限的"①。所以在他看来，"一个有文化的民族"如果没有形而上学，"就像一座庙，其他各方面都装饰得富丽堂皇，却没有至圣的神那样"②。

二、古希腊自然哲学中的本体论观念

在古希腊哲学中，最初的哲学问题就是万物的"本源"是什么的问题。所谓"本源"（archē）又被称为"始基"，我们有时候也将其翻译为"本原"。它是指万物的来源，或者是指构成万物的最基本的因素，又可以指万物的原因、原理。对本原问题的最初探讨起之于古希腊的自然哲学。这种自然哲学侧重于用自然的物质和过程来解释世界，研究自然物质的构成因素，力求在自然界本身中找到万物生成变化的原因，从而排除对自然界的超自然理解。亚里士多德在他的《形而上学》中回顾了古希腊人对"本源"问题的探索历程。从某种意义上说，这个过程实际上就是哲学的产生和最初的发展过程。虽然最初的哲学家们在本源问题上的理论思索还没有达到亚里士多德那样的高度抽象的水平，但他们提出的本源问题却规定着后来的形而上学探讨。所以我们考察形而上学，就要从最初的形而上学问题开始，而这个问题实际上就是最初的哲学问题。

1. 古希腊自然哲学中有关"本源"的诸种观点

古希腊第一位有文字可考的哲学家、米利都人泰勒斯推测"水"是万物的"始基"，用水的本性解释万物的生成与毁灭，认为万物产生于水，又复归于水。他之所以这样认为，主要是因为，在他看来万物的生息都含有"湿"的成分，而水又是一种本身没有固定形态的东西，它可以渗透于任何事物之中。泰勒斯的一个学生阿那克西美尼则

---

① 黑格尔：《小逻辑》，贺麟译，商务印书馆1980年版，第47页。
② 黑格尔：《逻辑学》上卷，杨一之译，商务印书馆1966年版，第2页。

称"气"是万物的始基,"一切存在物都由空气的浓厚化或稀薄化而产生"①。在冷热交互作用下,气发生稀薄和凝聚,由此产生了水、火、土、气四种元素。这四种元素是构成世界万物的基本成分。泰勒斯的另一个学生阿那克西曼德发展了他的老师的思想。他认为能够构成万物始基的东西不应当是某种有形体的东西,而应当是没有形体的但却能构成一切形体的东西。他把这个东西称之为"无限"。

古希腊自然哲学对"本源"的探讨显然包含着一种努力,即摆脱原始宗教观念那种对自然的超自然理解,而力求从自然本身来理解和解释自然。古希腊爱菲索学派的哲学家赫拉克利特主张"火"是万物的本原,他很明确地坚持世界的自然性和规律性,他说:

> 这个世界对一切存在物都是同一的,它不是任何神所创造的,也不是任何人所创造的;它过去、现在和未来永远是一团永恒的活火,在一定的分寸上燃烧,在一定的分寸上熄灭。②

所谓分寸,大致是指规律性的东西,赫拉克利特也将之称为"命运"或"逻各斯"。"赫拉克利特断言一切都遵照命运而来,命运就是必然性。——他宣称命运的本质就是那贯穿宇宙实体的'逻各斯'。"③同时,他还把"逻各斯"理解为人的理性所共有的东西。

古希腊自然哲学的最高成就可能体现在原子论学派的思想中。如属于该学派的哲学家恩培多克勒提出的"四根(水、火、土、气)说",就是力图用四种元素的不同比例来解释万物的生成和特性。阿那克萨哥拉的"种子说"则认为万物都有自己的种子。种子不生不灭,永恒存在,种子不仅数量无限,而且种类无限。种子的比例不同,构成的事物也不同。对后世影响极大的学说当属留基波—德谟克利特的"原子论"。该理论认为,世界的本原是"原子"和"虚空"。原子是构成万物的最小单位或不可分的基本粒子。原子在时间上是永恒的,在

---

① 《古希腊罗马哲学》,商务印书馆1961年版,第12页。
② 《古希腊罗马哲学》,商务印书馆1961年版,第21页。
③ 《古希腊罗马哲学》,商务印书馆1961年版,第17页。

数量上是无限的，有形状、次序、位置的区别。虚空是原子运动的空间，是无实体的空，但同样是本原的东西。德谟克利特还把原子在虚空中的"漩涡运动"称之为"必然性"，并认为"一切都由必然性而产生"。

不难看出，古希腊自然哲学探讨"本源"问题的一个基本特征就在于把某种或某几种自然的物质视为构成万物的"基元"或"始基"，而将其他自然物理解为这种基元的各种转化形态，从而使那些作为基元的东西成为解释世界的终极根据，而万物转化和向本体的复归也构成了对世界的自然统一性的界说。正因为如此，他们的自然观才是一种哲学。

2. "本源"问题的内涵

显然，从现代科学和哲学的发展水平来看，古希腊自然哲学家的观点实在是太幼稚、太朴素了，但是在这些质朴的、看似荒谬的思想中却包含着哲学思维的基本因素。这些因素体现在对本源的理解中。本源（arche）一方面指万物的来源，或者说万物的根；而另一方面，它又可以指万物的原因、原理。初看起来，这两方面的意思区别并不大，但其中的细微差异却对后来的形而上学思维产生了深远的影响。

首先，本源是万物的来源，万物都是通过它变化而成的。因此在没有万事万物的时候，它就已经存在了。这样，本源就意味着最初、最古老的东西。这种思考往往使人们从时间的先在性、创始性和永久性上来理解"本原"的东西。亚里士多德推测，泰勒斯之所以说水是万物的本源，乃是因为在希腊神话里创世之神往往指水为誓，因此水是创世的最早见证物。[①]这种思维方式我们是不难理解的。其实，我们也常常将古老的事物与真实性这个概念联系起来。事物的古老，至少表明它经受住了时间的考验，在时间的流逝中仍保持自身的稳定。例如，我们往往会相信一些古老的箴言，认其为真理；又如，我们会倾向于相信自己的最直接的感觉，或者说是事物第一时间呈现在我们

---

① 亚里士多德：《形而上学》，吴寿彭译，商务印书馆1959年版，第8页。

眼前的样子，而经过转述、加工的信息会被认为不可靠。总而言之，我们会很自然地倾向于相信最先出现并且经受住时间考验的事物。对最初的哲学家而言，这些最先存在的事物就意味着对这个世界提问的终点，也就是从眼前事物开始的不断向前追溯所能达到的终点。

其次，本源还意味着任何事物都因为它而得到解释，因此它也就是世界的原因或原理，其标志性特征就是普遍性和抽象性。很显然，泰勒斯提出本源这个概念，并不仅仅是为了解释这个或者那个事物，而是解释所有事物。因此它就可以被理解为所有具体事物都与之发生关系的那种东西，或者所有事物都具有的共同的东西。如果本源这个概念不能解释所有事物，那么它就是不合格的。在这个意义上，本源这个概念也体现了人类理性的另一方面的兴趣，那就是追求普遍的真理，而形而上学所追求的正是最普遍的真理。为了获得这种普遍性，本源就要尽可能地不受到具体事物的形体的限制。例如，我们说世上的万物来源于水，就比说来源于石头更有说服力，因为水比石头更加灵活和富于变化，受具体事物形态的限制就更少。关于这一点，泰勒斯的学生阿那克西曼德把本源设定为"无限"，表现出他对本源的更为深刻的理解，如亚里士多德所评述的那样：

  任何一件东西，若不是始基，就是从一个始基里产生出来的；然而"无限"没有它的始基，因为说"无限"有它的始基就是说它有限。无限之为始基，凡是产生出来的东西都要消灭，而一切毁灭都是有限的。因此"无限"没有始基，而它本身就是其他事物的始基。它包容万物，并且支配万物。①

由此可见，自然哲学对本原的探索包含着对无限性、必然性的追求。这就是人类抽象思维的开始。人类越是追求普遍的解释力，就越要求高度的抽象性。

如果深究下去，本源概念的这两个方面的差异是很大的。我们不难理解，作为万物的来源，本源是一个具有时间性的概念，它意味着

---

① 《古希腊罗马哲学》，商务印书馆1961年版，第6页。

最早的那个起点；但作为最抽象和最普遍的东西，本源却是排斥时间的，或者说是在时间之外的，它的有效性没有起点也没有终点。这表明本源这个概念是包含着某种矛盾的，这或许也是人类理性思维本身包含着的矛盾。

但是最初的那些哲学家却没有意识到这个矛盾，或者说，这种矛盾在一开始的时候是可以容忍的。这就不得不涉及他们探讨世界本源的特定视角了。自然哲学家对本源的探讨的一个基本思路，就是要从自然本身中找到解释自然的根据。因而，他们的思考通常会集中在自然物中之哪一种是最基本的、最原始的。这使他们的思想带有"构成论"和"元素论"的特征。如亚里士多德所说：

> 初期哲学家大都认为万物唯一的原理就是在物质本性。**万物始所从来，与其终所从入者，其属性变化不已，而本体常如，他们因而称之为元素，并以元素为万物原理。**①

"构成论"和"元素论"实际上都是从物质材料或"质料"的角度来探讨世界本源的。质料这个概念能够很好地将本源概念的两个方面统一起来。一方面，质料——在早期哲学家那里就是水、火、气等——是构成事物的原料，因此在事物还没有成型之前，材料就已经存在了，它是事物产生和形成的开始，因此可以说是世界上最古老的东西；另一方面，质料又不是具体的事物，而只是事物的潜在状态，我们可以用同一种材料做成不同的东西，但材料却是不变的。可以说，在质料这个概念上，最初的存在和最普遍的、最抽象的存在是统一的；越是原始的材料，就能够解释越多的事物，也就越具有普遍性。

3. 自然哲学"本源论"的局限性

自然哲学的目的在于寻求具有最高普遍性的原理，但当其把"本源"最终归结为某种或某几种具体的物质形态时，就已经暗含了一个难以克服的矛盾：最高的普遍性必然是抽象思维的结果，具有不可感

---

① 亚里士多德：《形而上学》，吴寿彭译，商务印书馆1959年版，第7页。

知的性质；而具体的物质形态，无论做出怎样的界说，终究不能脱去可感知的属性。例如，德谟克利特认为，构成万物的原子是不可见的微小颗粒，并因其不可见而能充塞于所有事物中。这表明德谟克利特的原子论确有一种超出感性知觉而达及思维抽象的努力。但由于他把原子设定为构成万物的"元素"或"质料"，他又不能不从大小、形状、次序、位置等空间形式上规定原子，而这些属性意味着它最终还是可以通过某种方式被看见的。既然原子不可见仅仅因为它太小，那么我们设想一下，如果德谟克利特拥有一台倍数足够大的显微镜，也许他就能看到他所说的原子了。但是，如果原子真的成了可感知的实体，那么它本身就成为需要被解释的有限物，而不再是解释世界的终极根据。这说明原子本身还是不够抽象，它的可感特性影响了它的抽象性。

此外，自然本体论用物质材料或元素来解释万物的生成也是有很大问题的。我们可以设想，一块木头和一块金属之间的差异也许就是因为构成它们的原子以及其结构之间的差异，但是我们如何通过这种差异来理解一张木桌子和一张木椅子的差异呢？又如何解释一张木桌子和一张铁桌子都叫"桌子"呢？显然，自然哲学只是解释了事物的材料，而对事物的形式却无法解释。例如，我们通常说，我看到了一张桌子。但仔细想想，我们看得见摸得着的无非是桌子的颜色、材质、高矮、大小而已，我们不能因为这些属性而将它称为桌子。一个工匠也不会仅仅凭这些属性而造出一张桌子，更重要的是他脑子里有一个桌子的形式。任何事物均有使该事物成其为该事物的形式。如果这个形式不能从物质材料中得到解释，那么它又来自于什么？实际上，任何物质性的东西都是质料和形式的统一，没有离开质料的形式，也没有离开形式的质料。但是，自然哲学家们显然忽视了事物的"形式"方面，这就使他们的自然本体论成为一种片面的抽象。

三、存在、理念、实体

当自然哲学家把某种物质性的东西理解为"始基"或"本原"时，

就倾向于把这种物质的东西看成是没有任何形式的质料，因为作为"始基"的东西应当能够以任何形式存在，而它本身必然是无形式的，唯其如此它才能成为解释万物生成与存在的根据。然而，无形式的质料又是如何获得某种形式而成其为一个事物呢？这样的思考显然会把对本原问题的探究推向另一个极端，即无质料的形式。所以在一些哲学家看来，无形式的质料不过是一些没有确定性的或无规定性的东西，只有获得一定的形式，才能真正构成一个事物。因此，对于解释事物的存在来说，"形式"才是事物最重要、最根本的要素。无论桌子是长的、短的、方的、圆的、木质的、铁质的，都因其有桌子的形式而被称为"桌子"，这个形式就是桌子的"共相"。这个共相不过是关于事物的概念，或者用苏格拉底和柏拉图的话说，就是事物的理念。而概念或理念既然无关乎事物的质料，因而作为"本原"也就不存在于感性的世界中，而存在于与感性世界不同的另一个世界中，这个世界只能靠思维来把握。这样一来，抱有这种看法的哲学家就不是从可感知的物质世界或自然中，而是从人的思维中寻找"本原"。这也标志着形而上学的真正诞生。

1. 巴门尼德的"存在论"

以思维本身为出发点，在事物的"共相"或概念中追寻万物的本原，这样一种哲学路线开始于古希腊爱利亚学派的哲学家巴门尼德。黑格尔称赞巴门尼德是古希腊第一位真正的哲学家，因为他把对世界本原的思考从自然哲学的具体的物质形态上升为概念，也就是第一位将"存在"这个最抽象的"共相"视为万物的本原的哲学家。

巴门尼德认为，整个世界就是一个由各种各样的存在物所构成的共同体。而所有存在物的共同本质就是"存在"。他说：

> 我们不能不这样说和这样想：只有存在物是存在的。因为存在物的存在是可能的，非存在物的存在则不可能。①
>
> 在存在物之外，决没有任何别的东西，也决不会有任何

---

① 《古希腊罗马哲学》，商务印书馆1961年版，第51页。

别的东西,因为命运已经把它固定在那不可分割而且不动的实体上。①

巴门尼德所说的这个不可分割而且不动的实体就是"存在"。在感官所感的世界中,万物各不相同,从而表现为"多",人们也通常用语言来区分不同的存在物。但不管万物如何表现为多,作为存在物它们都是同一的,都是充满着存在的东西,因而"存在"本身是唯一的,或者说是"一",亦即万物统一于"存在"这个概念。在感官所感的世界中,万物都是有限的、可分的,但无论怎样分割,它们作为存在物并不缺少存在,因而存在本身是不可分割的、完满的、无限的。在感官所感的世界,万物都是流变的,人们也经常谈论存在物的产生和消灭,存在和不存在以及位置的改变和颜色的变更等等。但每个存在物都是与其他存在物紧密地连接在一起的,万物的流变无非是存在物的连接,这其中存在本身是不变的,它无所谓产生和消灭。

总之,通过感官我们所能感知到的只是事物的多样性、有限性和流变性,但这些看法都是来自感官的"意见",没有确定性,不是真理。真正的、绝对的在于把握那唯一的、不动的、完整的、无限的"存在"。这同时也表明,存在本身是不能通过感官来感知的,只有通过理性思维才能把握。因为:

> 可以被思想的东西和思想的目标是同一的;因为你找不到一个思想是没有它所表达的存在物的。

例如,我们通常说:"这是一棵树","这是一朵花"或者"这棵树是高大的","这朵花是红色的"等等。也就是说,存在物及其可感知的属性的存在都是通过"是"(存在)这个概念予以表述。这表明,"存在"不是作为可感知的属性直接呈现在存在物身上,而是作为概念呈现在人们对存在物的判断之中,或者说,呈现在人们的思维之中。因此,巴门尼德认为"思维和存在是同一的"②。巴门尼德看到了在

---

① 《古希腊罗马哲学》,商务印书馆1961年版,第53页。
② 《古希腊罗马哲学》,商务印书馆1961年版,第51页。

可感世界中追求真理的局限性，因而试图超越可感世界而达到思维的真理。而这正是形而上学的典型特征。黑格尔对此称赞说："因为哲学一般是思维的认识活动，而在这里第一次抓住了纯思维，并且以纯思维本身作为认识的对象。"①

2. 苏格拉底和柏拉图的"理念论"

巴门尼德虽然将"存在"本身视为哲学的第一真理，但"存在"这个概念在他的哲学中还是相当抽象、相当空泛的。"存在"作为纯粹的抽象概念只是纯思的起点，尚没有在思维中展开。在他之后，苏格拉底和柏拉图的学说把思维本体论大大地向前推进了一步。

在本体论问题上，苏格拉底对自然哲学的自然本体论明确地表示不满。他认为，真正的"本原"不是指事物是由什么东西构成的，而是指那种使一个事物成其为这个事物的力量。例如，当我们问"桌子是什么"的时候，所要求的回答决不是构成桌子的材料，也不是描述长桌子、短桌子、方桌子、圆桌子等等，而是要指出"桌子"的定义是什么，换句话说，就是要求告诉我们"桌子本身"是什么。哲学的任务就是要追究"事物本身"。而"事物本身"也就是事物的"共相"或概念，在这个意义上，形而上学就是一种概念论，即它不是以事物为对象，而是以事物的概念即"事物本身"为对象。

柏拉图进一步扩展了概念论的研究视野。他认为，呈现在感官中的事物总是表现为多，但每一类事物又都有一个共同的名称，即事物的类的概念。他把这概念称之为"理念"，也就是苏格拉底所说的"事物本身"。柏拉图认理念为本源性的东西。每一类事物中的个体，即具体的感性存在的事物，则是"模仿"或"分有"理念而生成的。在这个意义上，柏拉图的理念论多少克服了巴门尼德存在论的空泛性，即他不像巴门尼德那样片面地坚持一，而否定多，而是把理念理解为一和多的对立统一，即"一"是多的"统一者"。这是一种思维的辩证法。这种辩证法起到了充实形而上学概念论的作用。在柏拉图看来，

---

① 黑格尔：《小逻辑》，贺麟译，商务印书馆1980年版，第191页。

可见的事物作为感官的对象，表现为繁多，但由于它们都是对理念的"模仿"或"分有"，因而和理念本身相比，都是相对的、有限的存在物。因而从这些感性存在物出发，单凭感性经验，无论如何也不能获得理念本身的知识。理念只能是思维的对象，这种思维并不凭借任何感性经验，而是一种"纯思"。

不过，在柏拉图那里，尽管理念是思维的对象，但他依然直观地将理念表述为独立存在的东西，从而把理念和感性事物硬性地划分为两个世界，即理念的世界和感性的世界，亦即在现实的感性世界之外，构筑出一个理智的存在体（本体）。与此相应，他也把知识分为两种，即"意见"和"真理"。意见就是以感性世界为对象的感性知识，真理则是以理念世界为对象的理性知识。而理性知识中的哲学和辩证法则是最高的知识，这种知识"决不引用任何感性事物，而只引用理念，从一个理念到另一个理念，并且归结到理念"。这样，柏拉图的理念论进一步明确了形而上学思维范式的特征：从思维本身出发探求具有普遍性、必然性和确定性的真理性知识。

3. 亚里士多德的"实体论"

柏拉图构建了宏大的理念论体系，这个体系构成了西方形而上学的典范，对后世产生了极大的影响。无怪乎有人认为，整个西方哲学的历史，不过是对柏拉图哲学所做的"注脚"而已。但这不是说柏拉图的哲学是没有问题的。柏拉图虽然发展了巴门尼德开创的存在论哲学，但他的学说却没有把"存在"概念本身作为哲学思维的对象。这至少部分是因为，巴门尼德的存在概念太过抽象和空泛，对此很难说出什么新的东西来，因而思维的进展必须从这种毫无规定性的空泛概念中走出来，谋求纯思所能达到的丰富内容。然而，只要是纯思，就必然要以"存在"为出发点，纯思的丰富内容应当必然地表现为这个出发点在思维中的延伸。亚里士多德完成了这个工作。

亚里士多德十分明确地区分了"形而上学"与其他学科的知识。他把"形而上学"称之为"第一哲学"，认为这个第一哲学既是关于宇宙本体（实体）的学说，即本体论，同时又是关于"存在"或"有"

本身的学说，即存在论。他说：

> 有一门学问，专门研究"有"本身，以及"有"凭本性具有的各种属性。这门学问与所谓特殊科学不同，因为那些科学没有一个是一般地讨论"有"本身的。……我们现在既然是在寻求本原和最初的原因，那就很明显，一定有个东西凭本性具有那些原因……因此，我们也必须掌握"有"本身的最初原因。①

亚里士多德把"有"本身作为第一哲学的研究对象，但他没有像巴门尼德那样停留在"有"或"存在"的抽象规定上，而是从概念论或范畴论的角度，对"有"进行剖析。他认为，"有"作为所有种类的事物的最高的"共相"，它可以被用来表述各种不同的内容。这些内容可以被概括为十个基本范畴：实体、数量、性质、关系、地点、时间、姿态、状况、活动、遭受。其中，"实体"是第一位的，它是可以独立自存的，而其他九个范畴均为实体的属性，它们只能被用来述说实体，离开实体它们没有独立自存的意义。因此，只有实体才是根本意义上的"有"。这样，亚里士多德就从"存在"或"有"这个纯思的概念中推演出实体和属性关系，这同时就是语言中主词和谓词的关系，亦即我们把握和指称存在者的最基本的思维形式和话语形式。形而上学的概念论在亚里士多德这里开始有了完整的表现形式。

进而，亚里士多德又对"实体"本身进行解析。他区分出两种意义上的"实体"：一是个别存在着的事物或个体意义上的实体，即"第一实体"，这是最真正的、第一性的实体。在这个意义上，如果说实体即是本体，那么本体即是个体。二是作为"种"概念和"属"概念而存在的实体，即"第二实体"。这里的"种"或"属"是指事物的"共相"，或柏拉图意义上的"理念"。

亚里士多德的实体说显然有意弥合柏拉图在理念世界和感性世界之间制造的断裂。他研究他之前的几乎所有的哲学，并试图将它们

---

① 亚里士多德：《形而上学》，《西方哲学原著选读》上卷，商务印书馆1981年版，第122页。

综合起来。他既不同意早期自然哲学家仅仅从质料的方面解释事物的生成与变化,也不同意柏拉图把理念世界和感性世界割裂开来的观点。他认为,事物的"理念"或"共相"作为实体(即第二实体)无非就是使一个事物成其为这个事物的"形式"。而形式不是空洞的东西,必须要与事物的质料相结合才能实现自身。为了论证这一点,他提出了著名的"四因说"。他认为,万物生成的原因无非是四大类:形式因、质料因、目的因和动力因。四因中,质料因是指构成事物的材料,它是事物的可感知的部分。但是,单凭质料我们还不能创造一个事物,就像木头不等于桌子。质料在本性上是不确定的,它有可能构成各种不同的事物,只有当它被赋予了一定的形式时,才能构成某种现实的事物。因此,就事物本身的性质而言,形式是使一个事物成其为这个事物的决定性因素。动力因和目的因主要是为解释事物的运动而设立的,但都可以通过形式因而得到解释。质料是被动的、消极的,它自身没有什么目的,而形式因则是能动的、合目的的。亚里士多德认为,事物的生成过程就是质料获得形式并实现一定目的的过程,这就如同一个工匠赋予木料以"桌子"的形式,而这个形式又必然符合一定的目的。因而形式决定了质料能够构成什么事物并实现什么目的。可见,事物的动力因和目的因最终都是形式因。

由此可见,亚里士多德强调形式必须在个别事物中实现自身,也就是必须与质料结合才能构成事物。因而他不同意柏拉图把形式(理念)看成是独立于事物的观点。但亚里士多德并没有把自己的这个思想贯彻到底。当他把形式因当作动力因和目的因来解释事物的生成过程时,由于强调形式对质料的决定作用,就得出了形式先于质料的结论。如他所说:"假如认为形式先于物质而更为切实,同样理由,形式也将先于两者的组合。"①这样一来,形式依然可以游离于质料而独立存在。进而,亚里士多德认为质料和形式的区分是相对的。如砖瓦对于黏土是形式,对于房屋是质料。如果这样推导下去,必然会逻辑上推论出一个绝对消极被动的"纯质料"(没有任何形式的质料)和

---

① 亚里士多德:《形而上学》,吴寿彭译,商务印书馆1959年版,第127页。

一个绝对积极能动的纯形式（没有任何质料的形式）。这个纯形式是一切形式的形式，是万物的绝对本质或范型，是万物所追求的绝对目的，也是推动万物的"第一因"。亚里士多德极力强调事物可感方面的重要性，而在具体考察事物的过程中，形式的优先性又重新得到肯定。因此，在最核心的形而上学问题上，也就是对世界本原的解释上，亚里士多德的立场是不够明确且充满矛盾的。而这些矛盾亦可以说是整个古典形而上学的基本矛盾。

四、中国古代哲学中的本体论观念

与古希腊人相似，中国古人也是很早就在思考终极存在的问题，并以自己的方式进行了回答。中国古人没有发展出类似于古希腊形而上学的一套概念系统。我们知道，系动词在古代汉语中并不重要，而且中国古代思想中也没有一个根本性的存在概念，更没有严格意义上的存在学说。但是在较为宽泛的意义上，我们仍然可以探讨中国古代的本体论思想，因为对于万物的根本原因和存在根据的问题，中国古人也进行了深入的探讨，并贡献了丰富的智慧。

1. 道家学说中的本体论思想

在我国古代哲学中，道家学说是最具本体论意味的理论。道家学说的核心概念就是"道"。但道家学说的创始人老子从未给"道"下一个明确的定义。在老子的心目中，"道"根本不同于有名有实的事物，它不可言说、不可命名，甚至用"道"这个字来表示也是很勉强的。因而《道德经》开篇便说：

> 道可道，非常道；名可名，非常名。无，名天地之始；有，名万物之母。常无，欲以观其妙；常有，欲以观其徼。此二者，同出异名，同谓之玄。玄而又玄，众妙之门。（《道德经·一章》）

他在《道德经·二十五章》又进一步解释说：

> 有物混成，先天地生。寂兮寥兮，独立而不改，周行而不殆，可以为天下母。吾不知其名，字之曰道，强为之名曰大。(《道德经·二十五章》)

这就是说，道是天地之始、万物之母，它创生万物，支配万物的变化，但又隐而不见，只能从万物的生成变化中加以观察体悟。

老子进而用道来解释万物的生成。首先，"天地万物生于有，有生于无。"(《道德经·四十章》)这里所谓的"无"不是说绝对的空无，而大致是指"道"创生万物之前的"无物"状态。接下去："道生一，一生二，二生三，三生万物。万物负阴而抱阳，冲气以为和。"(《道德经·四十二章》)因而"大道泛兮其可左右，万物恃之而生而不辞，功成不名有，衣养万物而不为主。"(《道德经·三十四章》)

"道"既然创生万物又衣养万物，因而"道"是无所不在的。对于"道"的无所不在，庄子做出了一个十分有趣的说明：

> 东郭子问于庄子曰："所谓道恶乎在？"庄子曰："无所不在。"东郭子曰："期而后可。"庄子曰："在蝼蚁。"曰："何其下耶？"曰："在稊稗。"曰："何其愈下耶？"曰："在瓦甓。"曰："何其愈甚耶？"曰："在尿溺。"东郭子不应。庄子曰："夫子之问也，固不及质。正获之问于监市履狶也，每下愈况。汝唯莫必，无乎逃物；至道若是，大言亦然。周、遍、咸三者，异名同实，其指一也。"(《庄子·知北游》)

"道"不仅是万物的本原，而且也是"万理"的终极依据。关于这一点，先秦哲学家韩非子做出了更为明确的解释。他说：

> 道者，万物之所然也，万理之所稽也。理者，成物之文也。道者，万物之所以成也。故曰：道，理之者也。物有理不可以相薄。……万物各异理，而道尽稽万物之理；故不得不化。不得不化，故无常操。(《韩非子·解老》)

可以看出，道家学说在本体论方面是相当深刻、相当系统的，在

2. 朱熹的理气论

在中国古代哲学中同样也产生了高度思辨的体系性的形而上学学说，其中最典型的就是宋代著名哲学家朱熹①的"理气论"。在朱熹的哲学中，所谓的"理"就是指无形体、无方所的抽象精神，很类似于柏拉图所说的"理念"；所谓的"气"就是指有形有象、能"结聚"、能"造作"、能运动变化的东西，也就是指构成事物的原始材料，大致相当于物质元素的概念。

朱熹哲学的一个基本观念，就是"理在气先"。朱熹说：

> 未有天地之先，毕竟也只是理。有此理便有此天地，若无此理便亦无天地，无人无物，都无该载了。有理便有气，流行发育万物。（《朱子语类》）

然而，朱熹又反复强调，在现实事物中理气是不可分割的，"天下未有无理之气，亦无无气之理"。因此，理在气先并不是指时间上的先后。按朱熹的解释，"理"是"形而上者"，"气"是"形而下者"，理比气更根本。也就是说，理在气先是一种形而上的推论，是一种逻辑意义上的"在先"。

> 理与气本无先后之可言，但推上去时，则理在先，气在后相似。（《朱子语类》）

> 此本无先后可言，然必欲推其所从来，则须说先有是理。然理又非别一物，即存乎是气中。无是气，则是理亦无挂搭处。气为金、木、水、火，理则为仁、义、礼、智。（《朱子语类》）

可见，朱熹不像柏拉图那样把理念同具体事物截然分为两个世

---

① 朱熹（1130—1200），字元晦，祖籍江南东路徽州府婺源县（今江西婺源），南宋著名哲学家、思想家、教育家、诗人，南宋理学的集大成者，著有《四书章句集注》、《楚辞集注》、《朱子语类》等。

界，而是强调"理在气中"，万事万物都是气的结聚造作，其运动变化错综复杂，但其中又都是有规则、有秩序的，这个规则和秩序就是"理"，所以理支配了万物的生成与变化。

在解释万物生成运动方面，朱熹把他的理气说同之前的"太极说"、"阴阳说"和"五行说"等综合起来。他认为"太极"就是理的原始状态，"太极动而生阳，静而生阴"，动静阴阳又互为前提，其运动变化无始无终，即所谓"动静无端，阴阳无始"。在运动变化过程中，起初阴阳之气浑沦未判，混合幽暗，以后逐渐中间宽阔明朗，从而"分阴分阳，两仪立焉"。两仪即天地。进而"阳变阴合而生水火木金土"。这五行便是构成万物的材料，由这五种材料又构成了世间一切可感知的事物。

第二节　近代哲学中的主体论形而上学与经验哲学

在近代哲学中，哲学家们对形而上学问题的思考发生了一次重大的转折。在古代哲学中，形而上学所追究的是世界的本原问题，无论这个本原被理解为自然实体，还是被理解为精神实体。在古代哲学家们看来，世界是现成地摆在我们眼前的，本体也是现成地存在于这个世界之中。这当然不是说，那时的哲学家没有思考过关于人的问题，实际上很多哲学家都探讨了人的灵魂、人的感觉、人的思维等等，但人往往是被当作一个外在的客体，而不是作为主体被探讨的。在近代哲学家看来，任何有关世界本体的论断都不过是一种观念，而问题在于这种观念是否可靠。观念归根到底是人的活动，是人的理论思维的产物，而且我们面对着的世界也和我们的观念活动有着密切的关系。因此，真正的问题不是世界的本体是什么，而是我们有关世界本体的观念的根据是什么，我们能否为我们关于世界的各种观念找到一个确定无疑的立足点。要解决这样的问题，就必须首先探究人这个主体的认识活动、认识能力和认识形式，必须探讨人的活动对这个现存世界的构成作用。一句话，就是要把人作为观念和活动的主体来加以探讨。

如果我们将古代形而上学称为一种实体论的形而上学，那么近代形而上学就应当是一种主体论的形而上学。

一、唯理论与主体论形而上学的产生

1. 中世纪经院哲学中"唯名论"与"唯实论"之争

形而上学从古代到近代的转变不是突然之间发生的，而是经历了一个漫长的酝酿过程，这个过程至少可以追溯到中世纪经院哲学的一场著名的争论，即"唯名论"和"唯实论"之间的争论。这场争论围绕着一个古老的形而上学问题，也就是普遍与特殊或一般与个别的关系问题，但争论的结果却为超出古代形而上学的范围迈出了重要的一步。

我们知道，在柏拉图那里，理念乃是一个普遍性概念，也就是一个共相。它与个别事物相对，独立于个别事物，并且是诸多个别事物的原因。而在亚里士多德那里，这个概念曾遭到怀疑和反思，反思的结果就是亚里士多德的那种内在于个别事物的形式概念。而在唯名论与唯实论的争论中，问题的焦点不再是共相能不能与个别事物相分离的问题，而是"共相"能否独立于人的思维的问题。如黑格尔所说：

> 现在争论的焦点在于：究竟共相是在思维主体之外自在自为地存在的实在的东西，独立于个别存在的事物呢，还是只是一个名词，只在主观的表象之内，是一个思想物。……凡主张共相在思维的主体之外，区别于个别事物，是一个存在着的实在，并认为只有理念才是事物本质的人，叫做唯实论者……反之，另外一面，唯名论者或形式主义者坚持共相只是表象、主观的一般化、思维心灵的产物，当人们形成类等等的观念时，这些共相仅仅是名字、形式、一个心灵构造出的主观的东西，是我们的、为我们所造成的表象，——因

此只有个别的东西才是实在。①

我们不难发现，这里出现了一个重要的概念，就是主观的思维。并且，思维已经出现在问题探讨的焦点的位置。唯实论者其实还是停留在古代形而上学的思考方式上，他们认为共相独立于个别事物，是独立于思维的、实在的理念。而唯名论者则显然已经超出了古代形而上学的思考方式，在他们这里，问题的实质已经从共相与个别的对立，转换成了个别事物与思维的对立。也就是说，近代哲学的基本框架，即思维与事物或思维与存在的对立，在这里已见雏形。因而可以说，唯名论者已经一只脚踏入了近代哲学的问题域之中。思维在这里被确立为一个基本方面之后，哲学家们就很自然地从思维与外界事物的对立出发来探讨形而上学问题了。

2. 笛卡尔第一哲学与思维的内在性原则

欧洲近代主体论形而上学的奠基者是 17 世纪法国著名的唯理论哲学家笛卡尔。按照黑格尔的理解，欧洲近代哲学是从笛卡尔开始的。他说："从笛卡尔起，我们踏进了一种独立的哲学。这种哲学明白：它自己是独立地从理性而来的，自我意识是真理的主要环节。"②

笛卡尔哲学的突出贡献就是为主体论形而上学找到了真正属于自身的立足点，这就是他在自己的所谓"第一哲学"中所确立的心灵实体——"我思"。他的"我思"首先是一种普遍怀疑的精神，即把一切既有的观念放到理性中加以质疑，清除一切可疑的观念，追寻出无可怀疑的思想基点，并将全部哲学建立在这个基点上，以确保理论本身的明晰性和确定性。这样，笛卡尔在我思中首先确立了思维的主体即"我"的存在，这个"我"也是第一个无可怀疑的实体或本体。不过这个实体只能是一个纯粹的精神实体，如他所说：

> 这个实体的全部本质或本性只是思想，它并不需要任何

---

① 黑格尔：《哲学史讲演录》第 3 卷，贺麟、王太庆译，商务印书馆 1959 年版，第 306—307 页。
② 黑格尔：《哲学史讲演录》第 4 卷，贺麟、王太庆译，商务印书馆 1978 年版，第 59 页。

地点以便存在,也不依赖任何物质性的东西,因此这个"我",亦即我赖以成为我的那个心灵,是与身体完全不同的……纵然身体并不存在,心灵也仍然不失其为心灵。

也就是说,从思维所能达到的确定性上说,唯一可以确定的也只能是这种精神意义上的抽象自我。"这样,哲学就恢复了它的固有基地,即:思维的出发点是确认自己的思维,并不是什么外在的东西,给予的东西,某一个权威;它是彻底从'我思维'中包含的这种自由出发的。"①

黑格尔把笛卡尔的这种从"我思"出发的理论原则,称之为"内在性原则"。这个原则就是确认一切普遍性、必然性、确定性的真理,一切应当得到思维承认的规定都应当取自思维自身。这个原则同时也是一个自由的原则,即只有通过自由思索,通过自己的思想去洞察,才能证实那些被认为确实可靠的东西。如笛卡尔所说:"我们还分明具有一个自由的意志,以任意来同意或不同意。"②在这个意义上,思维的内在性原则无可怀疑地确立了自由思维的权利。对此,黑格尔评价说:"自笛卡尔起,我们踏进了一种独立的哲学。这种哲学明白:它自己是独立从理性而来的,自身意识是真理的主要环节,在这里,我们可以说是到了自己的家,可以像一个在惊涛骇浪中长期漂泊之后的船夫一样,高呼'陆地'。"③

从这个思维的内在性原则出发,笛卡尔认为普遍性、必然性的真理或确定性的知识只能来自于"我思",确切地说来自于理性直觉和演绎推理。然而,尽管"我思"意味着思维着的我的存在,但这种我思和我在的同一性,归根到底不过是思维的自身联系或思维的纯粹的自身同一,而并没有指向思维与外部世界的关系。笛卡尔并没有否认外部世界的存在,只不过在他看来,从"我思"中不可能直接引申出外部世界的存在,若想明确地、无可怀疑地确立外部世界或物理世界

---

① 黑格尔:《哲学史讲演录》第4卷,贺麟、王太庆译,商务印书馆1978年版,第73—74页。
② 笛卡尔:《哲学原理》,关文运译,商务印书馆1958年版,第15页。
③ 黑格尔:《哲学史讲演录》第4卷,贺麟、王太庆译,商务印书馆1978年版,第59页。

的存在,必须借助一个思维的中介,这个中介就是上帝。所以,他从"我思故我在"这一原理出发,推论出他的第二条哲学原理:上帝存在。有了这个上帝,笛卡尔就把"实体"分为无限实体和有限实体两种类型。上帝是无限实体,我以及其他一切存在物都是有限实体,这些有限实体都是由上帝这个无限实体创造出来的。他论证说,既然我可以从我思中明白无误地引申出"我"这一有限实体的存在,那么我们同样有理由从上帝这个无限实体中进一步论证出我之外的其他一切实体即物质世界及其规律的存在,因为这些有限实体如同我的心灵一样是由上帝这个无限实体创造出来的。在心灵实体和物质实体之间,上帝的中介作用即为:

> 上帝一方面把这些规律建立在自然之中,一方面又把它们的概念印入我们的心灵之中,所以我们对此充分反省之后,便绝不会怀疑这些规律之为世界上所存在、所发生的一切事物所遵循。[①]

经过这番推论,笛卡尔就为近代形而上学确定了三个主题,即心灵(自我)、世界和上帝。后来康德把这三个主题分别表述为心理学命题、宇宙学命题和神学命题。

可见,从笛卡尔开始,哲学家就意识到了主观思维的优先性,并使得哲学思维的重点返回到主观的领域之中。尤其值得注意的是,笛卡尔把"我思"理解为唯一无可怀疑的东西,那么在知识论的范围内它就成为其他事物的支撑点,而且这个支撑点也可以从知识论延伸到本体论(存在论),也就是说,把我思扩展为事物存在的条件。笛卡尔认为物的最基本属性是广延,反之,没有广延的物是不存在的。然而,广延所具有的几何形式,乃是主体的"天赋"。这样,笛卡尔就把物的存在归结为主体或"我"的存在。由此,笛卡尔就奠定了近代主体性哲学的基础。在这种哲学中,"人获悉自身已从自然的存在秩序中超拔出来,在某种程度上成为唯一坚持到底的,成为一切存在者

---

① 笛卡尔:《方法谈》,《十六—十八世纪西欧各国哲学》,商务印书馆 1975 年版,第 152 页。

的关系的基础。一切存在者从与主体的单纯的'对峙'而得到自己的地位,成为对象,因而失去了自己的独立性和自为存在。人因而在其他存在者面前得到了优等的地位;现在,他不再把自己看作存在者中的存在者,而看作与他的客体相对的主体。"①

但是,虽然笛卡尔肯定了外部世界的存在,却没有成功地论证我思与外部世界的同一性。我思是一个有限的实体,外部世界中的有形体的东西同样都是有限的实体。这两种实体的区别是,我思只是一个在思想而无广袤的东西,它是完全不可分的,而形体则是有广袤而不思想的东西,它是永远可分的。在笛卡尔那里,这两种实体是借助上帝这个无限实体而达到某种意义上的沟通的,但这是一个没有论证的论证,没有说明的说明。上帝这个中介,只能凭信仰使我确信心灵中关于外部事物的观念是真实的,但不能说明外部事物的观念是怎样在我们的心灵中建立起来的。笛卡尔也试图从身心关系角度解决这个问题,但很不成功,反而闹出点笑话,如他提出的所谓松果腺的说法。

3. 斯宾诺莎与莱布尼茨对形而上学的发展

笛卡尔哲学奠定了主体性的基础地位,这直接影响到接下来欧洲大陆的唯理论哲学。这种哲学认为观念是世界的基础,观念之中已经包含着世界存在的所有秘密,因此我们对世界的认识事实上就是认识我们的观念。而经验为我们带来的知识,只是一些零散的、不可靠的知识,真正的具有普遍性、必然性的真理只能从我们的思维中推论出来。在这方面,荷兰哲学家斯宾诺莎的"实体论"和德国哲学家莱布尼茨的"单子论"是最具代表性的。

对于笛卡尔留下来的问题,斯宾诺莎力图通过改造亚里士多德的实体论予以解决。斯宾诺莎认为,实体是在自身之内并通过自身而被认识的东西。实体以自身为存在的根据,是自因的,不依赖于任何他物,它本身就必然包含着存在的概念,即"存在属于实体的本性"②。

---

① 绍伊博尔德:《海德格尔分析新时代的技术》,宋祖良译,中国社会科学出版社1993年版,第44页。

② 斯宾诺莎:《伦理学》,《十六—十八世纪西欧各国哲学》,商务印书馆1975年版,第247页。

同时，这个作为总体的实体只能是"一"，而不是"多"。因为，如果存在着多个实体，那么势必会出现一个实体依赖于另一个实体，一个实体只能借助于另一个实体才能得到说明，而这必定会与实体的本质相违。

基于这种实体观，斯宾诺莎认为，思维和广延并不像笛卡尔所说的那样是两个互不相干的实体，而只是这个唯一实体的两个属性。实体的这两个属性作为属性是不同的，但它们同是一个实体的属性，因而在本质上是同一的。所以他相信，"观念的次序和联系与事物的次序和联系是相同的"①。也就是说，思维和存在是同一的。从实体和属性的关系出发，斯宾诺莎进而自上而下地推论个别事物的存在。他用"样式"这个概念表示个别事物的存在。由于实体本身具有思维和广延两个属性，因而作为样式而存在的个别事物也就相应地区分为两类，即作为思维或理智的各种观念和作为有形体的各种自然事物。这两类事物归根到底又都出自同一实体，因而本质上也是同一的，凡是出现在广延中的事物无不出现在思维中。由此可见，斯宾诺莎与笛卡尔一样坚持理性主义的思维内在性原则。他认为实体只能通过实体本身来说明，实体的概念完全可以不借助任何感性经验而在纯粹的理性思维中建立起来。从这个实体概念出发，推出"属性"，再从属性推出"样式"，由此建构出把抽象的总体实体与丰富的感性世界连接起来的形而上学体系。

不过，斯宾诺莎的实体论同样没有很好地解决思维和存在的同一性问题。他的"实体"概念尽管是一个纯思的构建物，却不像笛卡尔那样是通过"我思"建立起来的，不是通过自我意识这个中介而建立起来的。按照他的理论，个人不过是实体的样式，没有独立存在的实体性。这样，他虽然从实体和属性的关系上明确论证了思维和存在的同一性，但思维和广延作为实体的属性依然是平行的，谁也不能决定谁，因此思维和存在的同一性只在抽象的实体本身之中，而不属于作为个人而存在的思维者。

---

① 斯宾诺莎：《伦理学》，《十六—十八世纪西欧各国哲学》，商务印书馆1975年版，第299页。

如果说斯宾诺莎的实体论是一种"总体实体论",那么德国哲学家莱布尼茨的实体论则是以绝对的、独立的众多单个实体为基础的,他把这种个体的实体称之为"单子"。这是一个独具特色的思维本体论。因为在莱布尼茨那里,单子并非物质性的或具有广延性的原子,而是一种独立的、精神性的个体,其基本属性就是"知觉"。世界万物包括人在内都是由性质各异的"单子"构成的。每个单子都是封闭的、孤立的,同时又都是能动的,单子的运动就是从一个知觉变化过渡到另一个知觉,这是单子运动的"内在原则",即"欲求"。在这个内在原则的推动下,单子的知觉不断地由低级向高级发展,从而构成一个不同等级的连续发展的序列。

莱布尼茨利用这种单子论,在一定程度上承认了个人的主体性地位。他认为,人是由高级的单子构成的,不仅具有清晰的知觉和记忆,而且有理性或精神,能运用概念进行推理、判断等思维活动。但最高级的单子不是人,而是上帝,它全智、全能,一切具有普遍性和必然性的真理都在它之内。依靠上帝这个中介,各自孤立的单子之间又普遍联系、相互影响,每个单子的发展都能够和其他单子的发展协调一致,形成了和谐的宇宙秩序,即所谓"前定和谐"。不过,在莱布尼茨看来,上帝的作用更像一个立法者或建筑师,它给出和谐秩序的蓝图,却不干预实际生活的进程。而每一个单子,特别是高级的单子——精神(即人)都是一个有独立活动能力的小宇宙。很明显,莱布尼茨利用单子概念来迂回地确认个人的独立性、自主性、能动性,强调个人的独立地位和自由活动的能力。当然,莱布尼茨的"单子论"又是十分荒谬的,具有明显的神秘主义和信仰主义色彩。

二、来自经验论哲学的质疑

如弗兰西斯·培根所表明的那样,欧洲近代经验论哲学可以说是古希腊本体论哲学中自然哲学思维路线的延伸。唯理论与经验论在认识论上的对立是十分鲜明的。唯理论在认识论上贯彻思维的内在性原则,从思维本身出发,先验地确立思维的普遍原则或原理,并以此为出发点推出特定的东西。相反，经验论哲学家以物理的自然界为对象，从人的感性经验出发，通过对自然的观察和对经验的归纳概括，引导出"共相"和普遍规律。毫无疑问，经验论是一条直接通向经验科学的哲学路线，它本身就具有反形而上学的特征。

1. 经验论哲学的自然本体论观念

弗兰西斯·培根无疑是这条哲学路线的奠基人。他明确地强调，自然界真正存在的就是按照一定规律运动的个别物体，自然事物及其运动规律是人们的知识的基础和前提。他说：

> 在自然中真正存在的东西，虽然除掉个别物体按照一定的规律进行纯粹个体的活动之外，没有什么别的，但是在哲学里面，就是这种规律以及对于这种规律的研究、发现和解释构成知识与活动的基础。①

立足于这种自然本体论观念，培根阐释了经验论哲学的基本原则，即人的一切认识起之于感觉经验。这其实也是对观念的根据问题的经验论解答，即可靠的知识只能来自于感觉经验。为此，培根强调，经验是一切科学知识的基础。

培根之后，霍布斯堪称英国经验论哲学中最典型的自然本体论者。他的哲学的核心概念是"物体"。对于这个物体，霍布斯解释说：

> 就是这个东西，由于它有广袤，我们一般称它为物体，由于它不依赖我们的思想，我们说它是一个自己存在的东西……可以为感觉所知觉，并且为理性所了解。所以，物体的定义可以这样下：物体是不依赖于我们思想的东西，与空间的某个部分相合或具有同样的广袤。②

这可以说是欧洲哲学史上第一个明确的、完整的机械唯物主义的

---

① 培根：《新工具》，《十六—十八世纪西欧各国哲学》，商务印书馆1975年版，第46页。
② 霍布斯：《论物体》，《十六—十八世纪西欧各国哲学》，商务印书馆1975年版，第82—83页。

物质概念。霍布斯还明确地肯定了物质的永恒性，认为世界统一于物质，指出：

> 宇宙的每一部分都是物体，不是物体的就不是宇宙的一部分。而因为宇宙是全体，如果不属于宇宙的一部分，那就是无，也就什么地方都不存在。①

这样，他十分明确地把神学从哲学中驱赶出去，强调哲学的任务就是从物体的产生求知物体的特性或从物体的特性求知物体的产生，因而"哲学排除关于天使以及一切被认为既非物体又非物体的特性的东西的学说。"②他也反对笛卡尔关于精神和物质是两种互不相干的实体的观点，指出："不能想象没有思想者的思想。……我们不能把思想同思想的物质分开。"③

霍布斯在贯彻经验论原则方面，特别重视对感觉的分析。他指出一切观念都是外部事物在人心中的影像。但对感觉的分析却使霍布斯对感觉是否真正反映了感觉对象本身的性质这一点产生了怀疑。他认为感觉只是感官对外物压力所产生的抗力而引起的纯粹的主观的心理状态，而不是对外物性质的反映，而只能把感觉理解为认识物体性质的方式。经验论的怀疑论特征在霍布斯这里已经初露端倪。

在英国经验论的发展中，洛克做出了卓越的贡献。他高度注重对观念的分析，而使经验论原则真正达到了系统化。但在本体论问题上，洛克却只能说是一个不够彻底的自然本体论者。他的思想深受笛卡尔的影响，认为存在着两种实体：一种是有形的但不能思想的物质实体，另一种是能思想的但没有形体的精神实体。人的一切精神的活动都是精神实体的作用。然而在认识论问题上，洛克却完全抛开了笛卡尔，并确立了彻底的经验论原则。

---

① 霍布斯：《利维坦》，转引自冒从虎主编：《欧洲哲学通史》上卷，南开大学出版社 1986 年版，第 344 页。

② 霍布斯：《论物体》，《十六—十八世纪西欧各国哲学》，商务印书馆 1975 年版，第 64 页。

③ 霍布斯：《对笛卡尔〈沉思集〉的诘难》，转引自冒从虎主编：《欧洲哲学通史》上卷，南开大学出版社 1986 年版，第 346 页。

当然，洛克的经验论较之霍布斯更具有怀疑论的特征。这特别表现在他对因果关系的分析上。洛克认为，尽管人们在经验中经常看到一种结果总是有规则地跟着一种原因而来，因而凭着过去的经验，借助于类比来猜想相似的物体在别的实验中会产生相似的结果，但这不等于说一定的原因会必然地、普遍地产生一定的结果。由此可见，到了洛克哲学，经验论所面临的困难问题已经比较充分地暴露出来。自然本体论最初是经验论路线的前提，但是如果感觉经验构成了经验论不可超越的底线，那么自然本体论本身就必然会失去辩护的理由，因为我们原则上对感觉经验以外是否存在着一个自然实体很难做出合乎逻辑的论证。这样，能否坚持自然本体论就决定了经验论哲学进一步发展的倾向。

2. 法国经验论：走向彻底的唯物论和无神论

受英国经验论哲学的深刻影响，以狄德罗、拉美特利、爱尔维修和霍尔巴赫为代表的法国"百科全书派"哲学家们继续坚持自然本体论的观念，并对其做出了较之前人更为出色的论证，这使得经验论在他们手里变成了比较彻底的唯物论和无神论。就自然本体论而言，这些法国唯物论者在论证世界的物质统一性方面的确做出了卓越的贡献。这得益于他们在编纂百科全书的工作中对当时自然科学的发展成果的汇集和整理。首先，他们依据自然科学材料对"实体"这个形而上学的概念进行了唯物主义的改造，认为宇宙中唯一的实体就是具有广延性的物质或自然。从这种观点出发，他们从根本上否定了上帝的存在。其次，受进化论思想的影响，他们把物质的自然理解为一个发展过程，把人理解为物质自然长期发展的结果。由此他们彻底否定了上帝创世论。最后，在物质和精神的关系问题上，他们从不同的角度论证精神是物质的产物并依赖于物质的观点。他们认为，人是一个由不同物质组成的有机整体，肉体是唯一的实体，灵魂或精神只是肉体的一部分，是肉体的作用或机能，而决不是什么独立于肉体的单纯的实体。不论是感觉、知觉，还是意志、思维，都不过是外界物体作用于人的外部感官所产生的印象而引起的人的内部器官，特别是大脑的变化。从这个观点出发，他们否定了灵魂不死的观念。

　　法国唯物论者在自然本体论方面所做出的理论努力可以说达到了当时自然科学理论在哲学上所能达到的范围，但同时他们也局限在这个范围内。他们对自然、物质、运动、规律以及物质和意识或身与心的关系的理解具有十分明显的机械论特征。例如，霍尔巴赫强调自然界的一切运动和变化遵循着不变的和必然的法则，强调自然界中的一切事物均为因果法则所支配，只存在着必然性而无所谓偶然性。这一观点被他用来批判神学目的论和对自然的超自然理解，但同时他也以此为据从根本上否定了人的自由意志。总起来说，法国唯物论者对自然或物质世界的理解以及对人及其精神获得的理解并没有摆脱古代自然哲学的那种直观性，即把自然看成是从来如此的且固定不变的东西，而把人的精神活动看成是对物质的消极被动的反映。因此，尽管他们从其对物质和精神一般化的理解中确信人从感性经验出发可以达到真理性的认识，但这并不意味着他们已经解决了或能够解决经验论所面临的种种困难问题。

3. 英国经验论：走向唯心论和彻底的怀疑论

　　经验论在法国走向了唯物论和无神论，在英国本土却走向了唯心论和有神论。在这方面，贝克莱的哲学是最为典型的代表。贝克莱从洛克的经验论出发，认为任何观念都来自于感觉经验且不超出感觉经验的范围。他由此认为，人们头脑中有关知识对象的观念，归根到底取决于两个方面：其一，这些观念或者是实实在在由感官印入的观念，或者是由于注意人心的各种感情和作用而感知的观念，或者是借助于记忆和想象而形成的观念。如"苹果"就是由颜色、滋味、气味、形状和硬度等感觉观念构成的。但凡我们能够说出一个东西是什么，说出来的总是对这个事物的感觉。其二，"除了所有这些无数的观念或感知对象以外，同样还有'某种东西'知道或感知它们，并对它们进行各种活动，如意志、想像、记忆等；这样一个能感知的主动实体，就是我所谓的心灵、精神、灵魂或自我。"①

根据上述这两个方面,贝克莱首先对"存在"这个形而上学概念进行了经验主义的或者说感觉主义的改造。在他看来,既然作为知识对象的事物不过是由感觉观念组合而成的,那么事物的存在就仅仅意味着它被感知。他说:

> 所谓不思想的事物完全与它的被感知无关而有绝对的存在,那在我是完全不能了解的。它们的存在(esse)就是被感知(percipi),它们不可能在心灵或感知它们的能思维的东西以外有任何存在。②

因此,构成宇宙的一切物体,在心灵以外都没有任何存在;它们的存在就是被感知或被知道,"如果它们不是实际上被我所感知,或者不存在于我或任何别的被创造的精神的心中,那么,它们不是根本不存在,就是存在于某种'永恒的精神'的心中。"③这可以说,是对思维与存在同一性的感觉主义界说。其次,贝克莱对"实体"这个概念进行了改造。他只承认一个心灵实体的存在,并认为心灵这种实体是一个全然与观念不同的东西。观念只存在于这个东西之中,或者说,被这个东西所感知。这就是说,"除了'精神'或感知者以外,再也没有任何别的'实体'"。这样一来,经验论原初的自然本体论就被贝克莱转变为心灵本体论,使经验论退出了唯物论的立场。

当然,在贝克莱那里,"存在即是被感知"这个命题并不意味着离开了人的感知事物就不存在。他一再声明,这个命题仅意味着事物的存在依靠一个能动的感知主体,即心灵实体。这个能动的精神体即心灵或精神,可以分为"有限的"与"无限的"两种,前者指人的心

---

① 贝克莱:《人类知识原理》,《十六—十八世纪西欧各国哲学》,商务印书馆1975年版,第539页。

② 贝克莱:《人类知识原理》,《十六—十八世纪西欧各国哲学》,商务印书馆1975年版,第540页。

③ 贝克莱:《人类知识原理》,《十六—十八世纪西欧各国哲学》,商务印书馆1975年版,第541页。

灵或精神，后者指上帝。所谓存在就是被心灵所感知，或者说事物不能离开心灵的感知而存在，决不是说事物的存在与否仅仅决定于我个人的有限的心灵是否感知它。一事物的存在，即使没有被我这个"有限的心灵"所感知，也可以被别人的有限心灵所感知，即使没有被别人的有限的心灵所感知，还可以被无限的心灵即上帝所感知。

贝克莱消解了物质实体概念，但是他提出的心灵实体概念也同样是可疑的。他认为心灵实体不是指任何一个观念，而是指一个与观念全然不同的东西，那么，这个心灵实体乃至那个无限的心灵的存在又是怎样从"存在即是被感知"这个命题中得到论证的呢？在这个问题上，贝克莱显然也不能把自己的观点贯彻到底。他说："我们可以说对我们自己的心灵、对精神和能动体有某种知识或理会；但在严格的意义下，我们对它们却没有观念。"①这个解答只能说是一种搪塞。

无论是物质（自然）实体还是精神（心灵）实体，在经验论的原则中都不可能得到切实的论证，这可以说是彻底的经验论原则所必然要达到的理论归结，这也正是休谟哲学做出的基本结论。在经验论方面，休谟明确否认理性主义关于普遍观念先于感觉经验的观点，强调"思想中的一切材料都是由外部的或内部的感觉来的"②。他也分析了形而上学的"存在"观念和"实体"观念。对于存在观念，休谟认为，我们可以意识到的或回忆到的一切印象或观念，没有一个不可以被想象为存在。存在的最完善的观念就是从我们这种意识得来的。这就是说，存在观念和我们想象为存在的东西的观念是同一的。我们愿意形成的任何观念都是一个存在观念。因此，心中除了知觉以外再也没有其他东西存在。"实体"观念也是如此。我们的实体观念只是一些特殊性质的集合体的观念。我们给这个集合体一个特殊的名称，借此我们便可以向自己和他人提到那个集合体。至于形而上学思想家所谈到的那种独立于知觉的实体，在观念中是根本无法论证的。

---

① 贝克莱：《人类知识原理》，《十六—十八世纪西欧各国哲学》，商务印书馆1975年版，第566页。

② 休谟：《人类理解研究》，关文运译，商务印书馆1957年版，第21页。

基于上述分析，休谟否认了唯物论哲学的物质实体说。他认为，唯物论肯定外物的独立存在，在认识论上只是一种先验的假设。如果从经验出发，便不能证明外物的客观实在性，不能证明我们的知觉是由外在事物引起的。因为，我们从经验中只能知道知觉，只能看到知觉之间的关系，看不到知觉和异于知觉的东西即外物的关系。依照同样的逻辑，他也否认了精神实体说。他认为，同物质实体一样，同样，精神实体的存在与否也是人们的经验所不能解决的。上帝的观念也是如此，上帝作为一种精神实体不能成为知觉的原因，人们也无法经验到上帝同人们感官之间的联系。人们头脑中的上帝观念不过是"由于我们反省自己的心理作用，并且毫无止境地继续增加那些善意和智慧的性质"而产生出来的。[①]"自我"或"灵魂"这种精神实体也是这样，"任何时候，我总不能抓住一个没有知觉的我自己。"[②]"关于灵魂实体的问题是绝对不可理解的。"[③]这样，休谟就把笛卡尔提出的三种实体（上帝、物体和心灵）统统否定了。

第三节 来自德国哲学的理论综合

欧洲近代理性主义和经验主义在理论上的交锋，使这两条哲学路线在相互批判中又有所相互吸收，一方面在各自的理论出发点上完善各自的理论，一方面也使各自所面临的主要问题充分地呈现出来。这同时也暗示着，这两种思潮或路线在理论上各有其合理性而又有其无法克服的片面性，其中任何一个都不可能取代另一个。因而哲学本体论或形而上学的进一步发展必然要通过这两条哲学路线的理论综合来实现。这正是马克思之前德国哲学所付出的理论努力。

[①] 休谟：《人类理解研究》，关文运译，商务印书馆1957年版，第21页。
[②] 休谟：《人性论》，关文运译，商务印书馆1980年版，第282页。
[③] 休谟：《人性论》，关文运译，商务印书馆1980年版，第280页。

一、康德的知识批判与"未来形而上学"

面对唯理论和经验论旷日持久的争论,德国哲学家康德十分清楚地意识到这两种思潮各自的合理性和片面性,因而他力图通过对人的认识能力和认识形式的考察,使这两种思潮达到一种理论上的综合,并克服它们各自的局限性。康德曾经是理性主义形而上学的信奉者,相信人们无须经验之助,单凭理性就能对宇宙中的一些根本问题做出理论上的绝对无误的证明。而在研究了休谟哲学之后,他的思想发生了根本性的转变。他承认,是休谟哲学首先打破了他的教条主义的迷梦,并给他的思辨哲学研究指出一个完全不同的方向,这就是欲知人的理性能否把握世界本体,必先考察人的认识能力,由此实现对传统形而上学的改造。

康德对人的认识能力的考察是以对"自在之物"(物自体)和"现象"分析为前提的。"自在之物"和"现象"是康德哲学的本体论范畴。所谓"自在之物",康德明确地指出,就是指存在于我们之外并刺激我们感官从而产生感觉的客体,而"现象"则是自在之物作用于我们的感官而在我们的心灵中引起的知觉和表象。这就是说,自在之物是现象的原因,只要承认我们的知觉和表象是被外在于感官的东西所引起的,也就是承认了自在之物的存在。但是,由于现象只是我们的知觉和表象,受我们感官机能的影响,因而它并不反映自在之物的任何性质,至少从知觉和表象本身不能证明现象就是物自体本身的性质,因而自在之物本身到底是什么样子,我们一无所知。因此,在本体论方面,康德接受了传统自然本体论的观念,他毫不怀疑作为我们的感官对象的而存在于我们之外的物的存在,毫不怀疑感官对象就是作为"物体"而存在的东西,所以他说:

> 提供了现象的物,它的存在性并不因此就像在真正唯心主义里那样消灭了,而仅仅说,这个物是我们通过感官所决

不能按照它本身那样来认识。①

康德也把由我们的知觉和表象构成的"现象界"称之为"自然界",即:

> 把自然界仅仅当作现象的总和,也就是当作在我们心中的表象的总和,来认识。②

这样,康德实际上也改造了经验哲学的自然本体论观念,使自然本体论同经验论的基本观念相互协调。

自在之物是现象或自然界的原因,那么我们的理性思维能否透过现象而达及对物自体本身的认识?或者说像传统形而上学所断言的那样,能否在思维本身中获得有关世界本体的真理性知识?这也就是"形而上学是否可能"这样一个尖锐的问题。为回答这个问题,康德考察了人的观念的性质和人的认识能力及其形式,提出了著名的"先天综合判断"说。关于这个"先天综合判断",我们在本书的第四章中已经进行了介绍和分析。在这里需要强调的是,康德认为我们的知识"开始"于经验,但却不能说它来"源于"经验。这句话有两方面的意思,首先它是说,我们的知识必须要有感性的材料,而不是像唯理论的哲学家认为的那样,一切只是从抽象的理性中演绎出来的。但单由感性经验并不能构成知识的全部,因为:

> 在经验的东西之外,并且一般说来,在给予感性直观的东西之外,还必须加上一些特殊的概念,这些概念完全是先天的,来源于纯粹理智,而每个知觉都必须首先被包摄在这些概念之下,然后才借助于这些概念而变成为经验。③

这样,康德就引入了纯粹理智概念,认为只有把感性的经验材料包摄在这种概念之下,才能形成具有必然性和普遍有效性的知识,也

---

① 康德:《未来形而上学导论》,庞景仁译,商务印书馆1978年版,第51页。
② 康德:《未来形而上学导论》,庞景仁译,商务印书馆1978年版,第92页。
③ 康德:《未来形而上学导论》,庞景仁译,商务印书馆1978年版,第63页。

就是具有"客观性"的知识。康德明确将知识的客观性归结为主体性，而在以往的哲学中，"客观性"这个范畴是属于自然的。在这里，康德并没有否认自然的客观法则，但他认为"自然界"不过是由我们的知觉和表象构成的"现象界"，现象之间的普遍的、必然的联系，即自然规律，本质上正是我们的纯粹理智概念或形式在经验上的运用，即：

    自然的本质，在这种比较狭窄的意义上说，就是经验的一切对象的合乎法则性，而就其是先天地被认识来说，它又是经验的一切对象的必然的合乎法则性。①

  这就是"人为自然立法"的思想。康德通过确认"人为自然立法"这一事实来证明，人对对象的认识能力也就是人对对象的构造能力。在他看来，人类能够认识的领域，无非是人类"产品"，或者说，认识的对象是人类通过自身的力量而构造出来的东西。

  但康德对人类认识能力做了明确的限定，即这种认识能力只能在经验的范围内有效，而对于"自在之物"的领域，则是无效的。自在之物是一个否定的概念，它意味着人类认识能力的界限，我们只能知道这个界限内的东西，而界限之外的东西，我们只知道它存在，并且对于我们的知识而言是必须存在的，但我们除此之外却对它一无所知。如果人类的理性的认识一旦跨越这一界限，那么便必然出现矛盾，即"二律背反"。为此，康德对传统形而上学的三个对象即"灵魂"（自我或心灵）、"世界"和"上帝"分别做出了分析，指出人类理性对这三个对象的探索，均超出了经验的界限，因而不可避免地导致相互对立的命题（正题和反题），这种矛盾的出现并不是因为理性思维本身违反了形式逻辑的规律，而是表明人类的理性不能超越经验世界或现象界而达到对物自体的认识。

  根据上述观点，康德尖锐地指出，传统形而上学并不像它自身所想象的那样，只要从一些抽象概念或范畴出发，遵循正确的推理规则进行推理，就能够对"灵魂"、"世界"和"上帝"做出绝对无误的规

---

① 康德：《未来形而上学导论》，庞景仁译，商务印书馆1978年版，第60—61页。

定。仅仅从思维本身出发去推论具有绝对性、无限性、普遍性和必然性的知识，除了导致各种矛盾的见解外，绝无其他可能。

值得注意的是，康德虽然否认了"自在之物"的可知性，却没有否认"感性世界"的可知性。他明确指出，我们生存于其中的世界就是作为现象而存在的"感性世界"，这种感性世界没有自在性，它以自在之物为基础，但是对于这个基础我们却一无所知，但这并不意味着"感性世界"也是不可知的。这个"感性世界"固然不是自在之物，却是自在之物表现给我们的样子。因此：

> 感性世界（即做成现象的总和的基础的一切）之与未知者之间的关系就好像一只钟表、一艘船、一团军队与钟表匠人、造船工程师、团长之间的关系一样。对于这个未知者，我固然并不认识它的"自在"的样子，然而我却认识它的"为我"的样子，也就是说，我认识它涉及世界的样子，而我是世界的一部分。①

这就是说，我们生存于感性世界之中，这个感性世界虽然以自在之物为其根源，但它的构成以及它的法则却来自于人类主体的感性的和理智的形式，因而它是一个"为我"的世界，我们不仅能够把握这个世界，而且我们对这个世界的把握，即关于这个世界的知识也不终止于某一点上。只不过，人类知识的任何扩展都不能超出感性世界的范围，因为人类的一切感性的和理智的形式都必然是以感性世界中的现象为经验的内容的。

总之，在康德那里，物自体的确只是一个不能有任何规定性的抽象存在物。而在现象界，康德只看到了我们的知觉和表象，构成经验知识的一切规则或原则均来自我们头脑中先天的认识能力或认识形式，而不是来自于物自体。因而，当他把普遍性、必然性的知识看成是来自纯粹理智建构时，他依然贯彻了传统形而上学的思维内在性原则。

按照康德的说法，对人的认识能力进行批判，并将其严格限制在

---

① 康德：《未来形而上学导论》，庞景仁译，商务印书馆1978年版，第148页。

经验的范围内,是为一种未来的形而上学作准备。康德对之前的独断的形而上学的批判并不等于要完全放弃形而上学,而是要在一个新的基础上重新建立形而上学。在他看来,形而上学是人类理性的本性的一部分:

> 世界上无论什么时候都要有形而上学;不仅如此,每人,尤其是每个善于思考的人,都要有形而上学。①

但是,在经过批判之后,形而上学也必须是科学的,必须先天地获得证明。康德认为这种形而上学在他的那个时代还没有出现,他已经给出这种作为科学的形而上学的标准。在这种标准面前,盖然性和假定,以及良知之类的似是而非的概念都是行不通的。

二、从费希特到黑格尔:走向绝对的形而上学

康德堪称是欧洲古典哲学的最后一人,同时又是现代哲学的第一人。这不仅是说,他的学术见解深刻地影响了现代哲学的各种思潮,更是说他提出的问题几乎决定性地制约了现代哲学的基本发展方向。有关自在之物的讨论,就是康德之后德国哲学最初的理论主题之一。我们知道,康德承认"自在之物"的存在,同时又认为,这个自在之物是完全不可知的。他设定自在之物的存在事实上是要限定主体的能力。这种限定显然是与近代以来的主体性哲学的基本精神相悖的。自在之物的存在表明主体并不是绝对的。为此,费希特、谢林和黑格尔对这个不可认知的"物自体"均表示强烈的不满。他们以各自的方式,试图消灭这个物自体,建构出一种"绝对的形而上学"。

1. 费希特的"自我"与"本原行动"

费希特(Fichte)最先对康德的"物自体"理论发难。在他看来,康德既然认为认识只能局限在经验之内,那他就没有任何理由肯定经

---

① 康德:《未来形而上学导论》,庞景仁译,商务印书馆1978年版,第163页。

验之外的"物自体"的存在,"物自身是一种纯粹的虚构,完全没有实在性。"①费希特承认我们的一切知识来源于感觉经验。但受康德启发,他着力探究"经验的根据是什么"这样一个问题。他说:

> 我们必须找出人类一切知识的绝对第一的、无条件的原理。如果它真是绝对第一的原理,它就是不可证明的,或者说是不可规定的。它应该表明这样一种事实行动(Tathandlung),所谓事实行动不是,也不可能是我们意识的诸经验规定之一,而毋宁是一切意识的基础,是一切意识所唯一赖以成为可能的那种东西。②

对这个问题的思考,使他又超越了经验论的视界,而努力去建构一个形而上学的公理体系。

费希特认为,哲学应当把出现在意识中的唯一确定的东西作为出发点。而当我们把出现在意识中的一切不确定的东西排除之后,剩下的不可排除的东西就是进行排除活动的"自我"和自我的排除活动。这个"自我"不是经验的自我,而是纯粹的自我,纯粹的活动。这样,费希特就把自我确立为一个行动的、能动的主体,认为自我既是行动者,又是行动的产物。他把这个纯粹自我的纯粹活动称之为"本原行动",自我的存在与这个本原行动是直接统一的,即:

> "自我存在"乃是对一种本原行动的表述,但也是对整个知识学里必定出现的那惟一可能的本原行动的表述。③

这种"本原行动"是一种"纯粹活动",它不以任何对象为前提,而是产生对象本身,因而它是一切经验和知识的绝对的、无条件的前提。

从这个作为"本原行动"的"自我"出发,费希特为自己的哲学体系确立了逻辑相关的三个命题。其一,正题:"自我设定自身",即

---

① 费希特:《"知识学"引论第一篇》,《十八世纪末—十九世纪初德国哲学》,商务印书馆1960年版,第142页。
② 费希特:《全部知识学的基础》,王玖兴译,商务印书馆1986年版,第6页。
③ 《费希特著作选集》第1卷,梁志学编,商务印书馆1990年版,第515页。

"自我原初无条件地设定它自己的存在"①。自我的本原行动就是自我设定的行动,即我在行动意味着一个行动的自我的存在,同时又意味着自我对这一行动的直接意识,因而它就是一种直观,是不证自明的,无须用概念来说明自我对自身的确认。其二,反题:"自我设定非我"。所谓"非我"就是以自我为前提的"感性世界"。这个感性世界同样是以自我的本原行动为根据的,也就是说,只有相对于"自我"来说,感性世界才是一个对象化的客观世界。如果说,自我设定自身是在意识上对自我的直观,那么自我设定非我就是自我从实践上设定自身,它意味着把自我设定到自身之外的有限世界中,并给自己的实践能动性设定一个界限。其三,合题:"自我和非我的统一"。自我设定非我,将自我置身于感性世界中,成为有限的自我或"经验自我"。但经验自我终归来自于绝对自我,与绝对自我保持自身同一性,它能够通过自身能动的活动超越非我对自我的限制,从而扬弃非我返回自身,达到自我与非我的统一。

费希特以这三个命题为框架构建出一个从抽象到具体的形而上学体系。其核心概念就是作为"本原行动"而存在的"自我"。他的哲学的突出贡献在于启发人们从能动的主体即自我的活动中重新理解"感性世界",把感性世界理解为人的活动的产物。但在他的笔下,作为一切经验的根据的"绝对自我"依然是一个行动着的理智存在体,是思维的出发点。

2. 谢林的"绝对同一"

在费希特之后,谢林提出了绝对同一哲学,力图用一种客观唯心主义的思维原则来解决思维和存在的同一性问题。和费希特一样,谢林也肯定康德哲学的革命意义,但他指责康德设定的"物自体"割裂了理论和实践、必然和自由、思维和存在的关系。费希特的自我哲学也并没有真正解决这个问题。因为,如果"自我"是与"非我"相对立的,受非我的反对和制约,那么自我就不可能是绝对的、无条件的

---

① 《费希特著作选集》第2卷,梁志学编,商务印书馆1990年版,第698页。

东西，它与非我的同一性就得不到任何保证。在谢林看来，自我和非我、主体和客体、自由和必然、思维和存在之所以具有同一性，是因为它们原本就是同一的，或者说就是以"同一性"本身为根据的。这就是说，必然存在着一种凌驾于它们之上的，既非主体又非客体的东西，这就是所谓"绝对"或"绝对同一性"。他说：

> 客观事物（合乎规律的东西）和起决定作用的东西（自由的东西）的这样一种预定和谐唯有通过某种更高的东西才可以思议，而这种更高的东西凌驾于客观事物和起决定作用的东西之上，因而既不是理智，也不是自由，反之，同时是有理智的东西与自由的东西的共同源泉。……那么，这种更高的东西本身就既不能是主体，也不能是客体，更不能同时是这两者，而只能是绝对的同一性……①

这种"绝对"是产生一切有限事物（物质的和精神的）的本原，"是个人和整个类族自由行动中的客观事物和主观事物和谐一致的真正根据。"

谢林相信，"绝对同一性"是主体和客体、精神和自然、思维和存在的来源和归宿，并且贯穿于双方的矛盾发展过程之中。最初无差别的"绝对同一"在其发展过程中产生了差别，出现了自然和精神这两个对立面，从而开始了自然和精神的矛盾发展史。然而，在他的哲学中，作为思维和存在的最终根据的"绝对同一"是一个神秘化的本体。谢林声称，这种"绝对同一"本身是无意识的，不可言说也不可证明，因而它不是知识的对象，而是行动中的永恒假定，即信仰的对象。一句话，"绝对同一"就是上帝。谢林用这种方式重复了传统形而上学的一个逻辑：把思维和存在的最终依据同化为上帝，把思维的真理性推向彼岸世界，由此走向信仰主义和神秘主义。

3. 黑格尔的思辨哲学与绝对形而上学

在康德之后，黑格尔以其极为卓越的哲学才能，对自古希腊以来

---

① 谢林：《先验唯心论体系》，梁志学、石泉译，商务印书馆1976年版，第250页。

欧洲哲学本体论的历史发展及其所面临的问题做出了深入细致的批判性总结，在此基础上创建出一个规模庞大、内容丰富，几乎包罗了所有哲学问题的形而上学体系。这个体系，十分明确地主张思维本体论，贯彻思维的内在性原则，并运用思辨逻辑的方法，从思维本身出发推论出一系列哲学原理，论证思维和存在的同一性。

黑格尔也激烈地批评了康德的自在之物。他说：

> 假如对理性认识没有本领来把握自在之物，实在又全然在概念之外……那就立刻表明："这样一个不能够建立自身与其对象——自在之物——的一致的理性，不与理性概念一致的自在之物，不与实在一致的概念，不与概念一致的实在，都是不真实的观念"。①

在黑格尔看来，康德关于自在之物的观念是荒谬的，因为声称能正确认识现象却不能够认识自在之物，"正像说一个人具有正确的洞见，但又附加一句说他不能够洞见任何真的东西，而只能够洞见不真的东西"。②在他看来，真正的知识，应当能穿透自在之物，将所有的内容纳入自身的范围之内；因此，真理是大全，是无所不包的，也就是其逻辑学的最后部分——绝对理念。绝对理念内不可能有康德的自在之物，如果强说有的话，那也只能作为它抽象、片面的环节。

当然，黑格尔借以消灭自在之物的，也还是从笛卡尔到费希特这个形而上学传统的核心观念，即主体的自我意识。不过，黑格尔认为康德和费希特没有很好地把握到主体的这种自发的能力，因为他们没有真正将其理解为主体不断反思的过程。黑格尔的"精神现象学"就是对主体的这种成长过程的陈述。因此可以说，黑格尔的整个哲学所关注的就是精神或主体的一个"生产性"的过程。黑格尔说：

> 这部《精神现象学》所描述的，就是一般的科学或知识

---

① 黑格尔：《逻辑学》上卷，杨一之译，商务印书馆1966年版，第259页。
② 黑格尔：《逻辑学》上卷，杨一之译，商务印书馆1966年版，第27页。

的这个过程。最初的知识或直接的精神,是没有精神的东西,是感性的意识。为了成为真正的知识,或者说,为了产生科学的因素,产生科学的纯粹概念,最初的知识必须经历一段艰苦漫长的道路。①

可见,黑格尔对精神成长过程的描述已经不是仅仅限于认识论的领域,而是扩展到哲学的整个范围。

作为一种思维本体论,黑格尔哲学的核心概念就是"绝对理念"。但黑格尔所讲的理念并不是柏拉图意义上的单纯的抽象概念或观念,而是"概念及其现实化"。这一方面是说,概念自身的规定性的展开,必然具有现实性,必然会走向现实,成为现实化的各个环节,而不会仅仅停留在思维的抽象规定中;另一方面是说,现实存在的具体事物及其发展也必然体现概念的必然性,从而具有合理性。在黑格尔看来,传统形而上学的基本缺陷之一就在于片面地坚持概念的抽象规定,使概念局限在抽象理智中,缺乏丰富的现实化内容,脱离经验,远离生活,成为抽象的、空泛的思维规定。

不过,在黑格尔哲学中,思维和存在的同一性,无论怎样体现在经验中或现实化,最终都要回归到思维本身,亦即精神要求它自己的最高的内在性——思维——的满足,而以思维为它的对象。但当精神在以思维本身为对象时,思维自身却纠缠于矛盾中。在这一点上,黑格尔高度赞扬康德说:"康德这种思想认为知性的范畴所引起的理性世界的矛盾,乃是本质的,并且是必然的,这必须认为是近代哲学界的一个最重要的和最深刻的一种进步。"②黑格尔认为,任何概念其规定性的充分展开都必然会走向自己的反面,走向自身的他物或者说走向自身的否定性。正是这种否定性推进了概念同时也推进了事物自身的发展。因此,否定性是概念自身所具有的,它构成了真正辩证的东西。康德虽然在抽象理智思维中发现了无可避免的矛盾,但他却没有在思维自身中解决这个矛盾。他的"二律背反"使正题和反题处于僵

---

① 黑格尔:《精神现象学》上卷,贺麟译,商务印书馆1979年版,第17页。
② 黑格尔:《小逻辑》,贺麟译,商务印书馆1980年版,第131页。

硬的对立中，看不到思维规定在走向自己的反面或否定性的同时，又会依据同样的逻辑从对立面中返回自身，使正题和反题相互融合为一个"合题"，即否定之否定。因此，康德的辩证法只是一种消极的"否定理性"。黑格尔认为，要在思维中解决它自身的矛盾，就必须把这种"否定理性"提高到积极的"肯定理性"，也就是提高到思辨哲学阶段。正是在这个意义上，黑格尔把自己的哲学称之为"思辨哲学"。

由于矛盾既是思维的本性又是事物自身的本质，因而思维和存在的同一性并不是谢林所说的那种绝对的、无差别的"绝对同一"，而是一个在内在矛盾的推动下，通过肯定、否定和否定之否定而不断实现自身的发展过程。康德把矛盾的出现归于思维着的理性或心灵的本质，因而矛盾在康德那里依然是主观意义上的矛盾，而非认识对象或世界的本质，这使他从思维的矛盾性中得出消极的结论：理性没有能力把握"物自体"。而黑格尔则认为，思维中的矛盾正是以思维为本质的那个世界本身的矛盾，把握了矛盾也就把握了物自体。并且矛盾绝不限于康德所列举的四个二律背反，而是可以在一切种类的对象中，在一切表象、概念和理念中发现矛盾。也就是说，矛盾是推动一切的原则，认识矛盾并且认识对象的这种矛盾特性就是哲学思考的本质。

从这种思维本体论出发，黑格尔的思辨哲学贯彻了彻底的思维内在性原则，这个原则作为思辨哲学的方法也就是辩证思维的基本方法，即从纯粹的思维规定出发，从一个思维规定合乎逻辑地推演出另一个思维规定，因而这种思维的进展是普遍的、必然的，无须依赖经验材料的佐证。用黑格尔的话说：

> 只有思维本身才构成使得理念成为逻辑的理念的普遍规定性或要素。理念并不是思维形式，而是思维的特有规定和规律自身发展而成的全体，这些规定和规律，乃是思维自身给予的，决不是已经存在于外面的现成的事物。[①]

运用这种思辨哲学的方法，黑格尔构建起他的庞大的思辨哲学的

[①] 黑格尔：《小逻辑》，贺麟译，商务印书馆1980年版，第63页。

体系。

特别值得注意的是，黑格尔在解决思维与存在的同一性问题时，把实践或人的活动作为人的认识过程的中介，从而把真理看作是理论和实践的统一。在他看来，作为世界本质的"绝对理念"，"它的是如此与它的应如此是相符合的"①，而人的实践活动就是这一符合的"中介"，即"活动和劳动，这是主观性和客观性的中介"②。人在环境面前不是一个消极的直观者，通过实践活动，"人把他的环境人化了，他显出那环境可以使他得到满足，对他不能保持任何独立自在的力量。"③因此人不仅为自己构成世界的客观图景，而且人也通过自己的活动改变外部的现实，实践"这个理念比以前考察过的认识的理念更高，因为它不仅具有普遍的资格，而且具有绝对现实的资格。④"

第四节 形而上学的批判与重建

形而上学的对象是抽象的领域，但这个领域却不是现成的，而是需要我们去追寻的。因此形而上学一开始就面临着如下问题：一方面，由于形而上学处理的总是概念，总是事物不变的本质，所以在历史上总被视为"难能可贵"的、崇高的智慧，被尊为绝对的真理。而另一方面，有些哲学家就认为，抽象的领域不过是人类思维制造出来的一种假象，现实中是没有这个领域的，因此形而上学不仅是玄虚的学问，更是虚幻的学问。这两种想法都是自古就有的，我们可以称之为形而上学和"反形而上学"。

当然，这两种观点的对立，要根源于形而上学中现象与本体、理性与感性、真理与意见的对立。形而上学只有强化这种对立，其崇高的地位才能突出出来，而反形而上学者也承认这种对立，不过他们认

---

① 黑格尔：《小逻辑》，贺麟译，商务印书馆1980年版，第420—421页。
② 黑格尔：《法哲学原理》，范扬、张企泰译，商务印书馆1961年版，第204页。
③ 黑格尔：《美学》第1卷，朱光潜译，商务印书馆1981年版，第326页。
④ 黑格尔：《逻辑学》下卷，杨一之译，商务印书馆1966年版，第523页。

为真实的一方在于可感的世界,在于现象,因此他们总是在告诫人们不要虚妄地超越。

一、形而上学与"反形而上学"

我们至少可以将这种对立追溯到古希腊。在古希腊哲学家巴门尼德那里,就区分了存在与非存在,存在与思想本同一,而意见则对应于非存在的领域。巴门尼德认为,"真正的知识只能通过抽象才可能获得,因此只有对物的抽象思索才可能得到真理,只有理性的言说(Logos)才有权作出判断;而向我们反映出杂多和变化、生成和消失之现象的感性,则是所有错误之原因。"①形而上学显然选择了抽象的真理之路。从苏格拉底到柏拉图,哲学逐渐发展成为理念论。而理念正是处于万物之后的作为原因的东西。如文德尔班所说,柏拉图的理念论就是"通过概念而认知的非物质存在",因而他属于"非物质的爱利亚主义"者,"毫不考虑发展和生成的世界,而将这发展和生成的世界留给了知觉和意见"②。

亚里士多德在他的《形而上学》中在经验的知识和形而上学的知识之间划分了等级,认为形而上学的领域标志着最高级的知识,它超出了自身科学的界限,超出了经验领域的界限。后来的黑格尔也表明了这样的态度:经验的领域是有限的领域,经验的知识也是有限的知识,而"在另一范围内,有许多对象为经验的知识所无法把握的,这就是:自由、精神和上帝。……这些对象之所以属于另一范围,乃因为它们的内容是无限的"③。所以在他看来,"一个有文化的民族"如果没有形而上学,"就像一座庙,其他各方面都装饰得富丽堂皇,却没有至圣的神那样"④。这些都说明,形而上学在哲学史上具有崇高

---

① Eduard Zeller, *Die Philosophie der Griechen*, Ⅰ.Teil, Erste Haelfte, Fues's Verlag, Leipzig 1923. S.700.
② 文德尔班:《哲学史教程》上卷,罗达仁译,商务印书馆 1987 年版,第 161—162 页。
③ 黑格尔:《小逻辑》,贺麟译,商务印书馆 1980 年版,第 47 页。
④ 黑格尔:《逻辑学》上卷,杨一之译,商务印书馆 1966 年版,第 2 页。

的地位。借柏拉图的说法,形而上学的对象是如此光明和神圣,以至于"普通心灵的眼睛"都无法持久地"凝视"①,只有高贵的心灵才能面对这类对象。

但我们知道,哲学史上也不乏反对形而上学的人。在古希腊,曾经有个智者学派,他们就嘲笑了巴门尼德的存在学说,认为只有人们可以感知的世界才是真实的,甚至由此推导出"人是万物的尺度"。今天我们在说形而上学的时候,常常不仅是指某种静止的、僵化的理论,而且也常常指代一种玄虚的思辨,甚至某些"纯粹的胡思乱想"的坏习惯。奥地利有个"维也纳学派",其代表人物石里克(Schlick)②和卡尔纳普(Carnap)③就提出了很尖锐的反形而上学观点。他们的理由主要是,形而上学的论断是不可证实的同语反复。④例如,我们可以通过感觉经验证明我们的面前"存在着"一张桌子,因为我们可以看到它、触摸它,甚至可以用仪器去测量它。但我们不能说通过感觉经验证明"存在"本身是什么。用形而上学的语言说,存在不是非存在,存在是存在的,而非存在是不存在的;存在不是存在着的东西,它只是存在本身。但在维也纳学派哲学家们看来,这些都是些故弄玄虚的做法,实质上都是些同语反复,谈不上科学;而只有跟经验相关,能被经验证明的才是真正的科学。

尼采是另一个激烈地批判形而上学的人。他说,在形而上学那里,"哲学家处理的一切都变成了概念木乃伊;没有一件真实的东西活着逃脱他们的手掌",哲学家也被他讽刺为"概念偶像的侍从"⑤。形而上学这种学问假设了我们知道或能够知道世界后面的另一个世界。在现象世界后面,一个真正现实的、永恒的、自在的、不变化的本质性

---

① 《柏拉图全集》第3卷,人民出版社2003年版,第59页。
② 莫里茨·石里克(Moritz Schlick,1882—1936),19—20世纪德国著名科学哲学家,维也纳学派和逻辑实证主义的创始人之一,主要著作有《广义认识论》、《道德问题》等。
③ 鲁道夫·卡尔纳普(Rudolf Carnap,1891—1970),20世纪德国著名科学哲学家,维也纳学派和逻辑实证主义的创始人之一,主要著作有《世界的逻辑结构》等。
④ 参阅 Milton K. Munitz, *Contemporary Analytic Philosophy*, Macmillan Publishing Co., Inc. 1981, pp.247-252.
⑤ 参见尼采:《偶像的黄昏》,周国平译,湖南人民出版社1987年版,第22页。

世界被遮蔽着,而破解和揭示这个世界应该就是哲学的任务,可以说,形而上学就是一种关于彼岸的哲学。但是在他看来,这个彼岸世界对我们这些常人来说却是不透明的,需要某些"神秘的"方法才能达到,而这些神秘的办法,就是形而上学获得尊贵地位的秘密。

尼采以非常尖锐和激进的方式将形而上学的概念崇拜表达出来。因为这种概念崇拜,形而上学家们的眼里只有抽象的彼岸世界,而忘记了世俗的生活世界。其实,马克思在批评黑格尔的时候也表达了类似的观点。马克思批判黑格尔的哲学是头足倒置的,黑格尔没有意识到,他所主张的精神的世界,其实乃是现实的、具体的人的生活的一种抽象。这种抽象在黑格尔的形而上学中获得了一种独立的假象,马克思将其称为一种意识形态。因此,马克思认为应该将黑格尔这种头足倒置的哲学颠倒过来。但后面我们将会看到,马克思对形而上学的批判并没有如此简单,它还包含着对形而上学的某种重新建构。但是无论如何,马克思和尼采的这种思想,深深地影响了后来的哲学,例如后现代主义、后结构主义等。在今天的哲学界,"克服形而上学"、"抛弃形而上学"的呼声依然很高。

从笛卡尔到黑格尔,近代主体论的形而上学逐渐发展到了极致。在这种哲学形态中,主体性得到最大限度的高扬并成为哲学的"阿基米德点"。从这个点出发,人的理性可以完全地穿透整个世界。在黑格尔看来,他所建立的逻辑体系,已经是无所不包的真理;既然他的哲学解决了所有的问题,那么哲学到了他这里就不会再往前发展了。但是事实并不是这样的,我们今天还在进行着哲学思考,并且这些哲学思考正是以对黑格尔为代表的主体性形而上学的批判为出发点的。前面我们介绍了哲学史上的反形而上学传统,现在要介绍的形而上学批判与这个传统有着密切的关系,但并不能简单地归结为这个传统。反形而上学的思路大致是,形而上的世界仅仅是一个概念的虚构,是虚假的,只有感觉的、此岸世界的东西才是唯一真实的。因此,任何做超越性思考的其他活动都被认为是不合法的。因此这种哲学倾向容易走向形而上学的另一个极端。但形而上学批判并不一定意味着对形而上学的简单否定。有些形而上学批判,例如实证主义、后现代主义等都主张完全地抛弃形而上学，而另外一些批判，例如马克思主义哲学、海德格尔的基础存在论，甚至更早的康德哲学，都并不主张完全地抛弃形而上学，也并没有完全放弃超越性的思维。我们可以说，这种批判在一定程度上乃是要重建形而上学，至少是保存形而上学的某些要素。就像康德在批判了独断的形而上学之后又试图建立作为科学的形而上学一样，我们可以说，马克思、海德格尔等人的哲学努力也是在试图建立一种新的形而上学。不过我们就需要在一种新的哲学视野下来理解这种形而上学了。

二、马克思：从抽象的精神到现实的个人

马克思的形而上学批判的直接对象是黑格尔。我们知道，黑格尔哲学是马克思哲学最重要的和直接的来源。马克思的哲学革命也就是从黑格尔哲学超越的过程。在这里，我们可以将这个过程概括为从抽象的精神到现实的个人的过程。在黑格尔那里，精神概念成为无所不包的大全。这个大全之所以成为可能，乃是在于黑格尔的唯心主义将对象、客体吸纳入自身的范围内，从而所有的东西无非是精神的外化。在马克思看来，这种无所不包的绝对精神，不过是现实的人的一种极端的抽象，而要获得人、主体的真实形态，就必须将其放到现实中来考察。那么，这个现实意味着什么呢？是不是我们前面讨论过的感觉、经验之类的东西呢？应该说，马克思的现实概念肯定是包含这些要素的，却不仅仅是这些。通过对黑格尔哲学的批判，马克思打开了一个新的哲学视野，也就是实践论的视野。

我们通常说，做事情要"现实"一点，其中的"现实"透露出了某种信息，就是做事情要多考虑实际存在的条件，包括诸多客观因素的限制，而不是单纯从主观愿望出发。马克思在研究现实的个人的过程中，实际上也包含着类似的观念。现实的个人不仅仅是通过其自身而得到规定的，它是受到它生存的环境限制的，最明显的是受到他的对象限制的。也即是说，人或者主体实际上是一种对象性的存在者。

马克思批评黑格尔的自我意识和精神是非对象性的存在。其实，

黑格尔的"精神现象学"也强调对象性，但黑格尔的对象无非是"对象化的自我意识"，因此这种对象性最终是要被克服的。"对象性本身被认为是人的异化的、同人的本质（自我意识）不相适应的关系。因此，重新占有在异化规定下作为异己的东西产生的、人的对象性的本质，这不仅具有扬弃异化的意义，而且有扬弃对象性的意义，这就是说，人被看成非对象性的、唯灵论的存在物。"① 而马克思认为，"非对象性的存在物是非存在物〔Unwesen〕","非对象性的存在物，是一种非现实的、非感性的、只是思想上的，即只是虚构出来的存在物，是抽象的东西。说一个东西是感性的即现实的，这是说，它是感觉的对象，是感性的对象，从而在自己之外有感性的对象，有自己的感性的对象。说一个东西是感性的，就是指它是受动的。"②

显然，说人是感性的和现实的，就是肯定他是有对象的，马克思认为这种有对象的存在必定是一个自然的存在。马克思说，"人的本质，人，在黑格尔看来＝自我意识。"③ 所以这个"人"是抽象的，而马克思则试图通过人的物质性寻求人的现实性和具体性。

> 人直接地是自然存在物。人作为自然存在物，而且作为有生命的自然存在物，一方面具有自然力、生命力，是能动的自然存在物；这些力量作为天赋和才能、作为欲望存在于人身上。④

当然，人作为一种自然的存在，作为一种受动的存在，并不是说他跟其他的自然物没有区别，完全没有主动性。其实，马克思曾批评以前的唯物主义没有把握到人的主观能动性，没有意识到人类改造世界的活动和能力。马克思强调环境影响人，而人又能改变环境。人与他生存的条件之间有着一种辩证关系。只有处于这种辩证关系中的人，才是现实的个人。那么这个环境，这个生存的条件是什么呢？这

---

① 马克思：《1844年经济学哲学手稿》，人民出版社2000年版，第102页。
② 马克思：《1844年经济学哲学手稿》，人民出版社2000年版，第106、107页。
③ 马克思：《1844年经济学哲学手稿》，人民出版社2000年版，第102页。
④ 马克思：《1844年经济学哲学手稿》，人民出版社2000年版，第105页。

个环境就是一种在唯物主义基础上理解的历史情境，一种生活世界。人的本质与这个生活世界是直接相关的，如果不联系人的生活世界，就只能得到抽象的人的观念。马克思说：

> 人们用以生产自己的生活资料的方式，首先取决于他们已有的和需要再生产的生活资料本身的特性。这种生产方式不应当只从它是个人肉体存在的再生产这方面加以考察。它在更大程度上是这些个人的一定的生活方式，是他们表现自己生活的一定方式、他们的一定的生活方式。个人怎样表现自己的生活，他们自己就怎样。因此，他们是什么样的，这同他们的生产是一致的——既和他们生产什么一致，又和他们怎样生产一致。因而，个人是什么样的，这取决于他们进行生产的物质条件。①

> 每个个人和每一代所遇到的现成的东西：生产力、资金和社会交往形式的总和，是哲学家们想象为"实体"和"人的本质"的东西的现实基础，是他们神化了的并与之斗争的东西的现实基础，这种基础尽管遭到以"自我意识"和"唯一者"的身份出现的哲学家们的反抗，但它对人们的发展所起的作用和影响却丝毫不因此而受到干扰。②

但从另一方面来说，这种生活世界又是属人的，是人类的活动历史地构成的。马克思所说的"个人不是他们自己或别人想象中的那种个人，而是现实中的个人，也就是说，这些个人是从事活动的，进行物质生产的，因而是在一定的物质的、不受他们任意支配的界限、前提的条件下能动地表现自己的。"③现实世界中的事物，无一不处于与人的关系中，无一不是一种"为我"的存在。这样，人与世界之间就形成了一种辩证关系。

无疑，马克思的形而上学批判为我们理解这个世界打开了一个新

---

① 《马克思恩格斯选集》第 1 卷，人民出版社 1995 年版，第 67—68 页。
② 《马克思恩格斯选集》第 1 卷，人民出版社 1995 年版，第 92—93 页。
③ 《马克思恩格斯选集》第 1 卷，人民出版社 1995 年版，第 71—72 页。

视野。但现在的问题是，马克思的形而上学批判是否就是完全消灭了形而上学，抛弃了形而上学。关于这个问题，我们还不能简单地肯定或者否定。但我们发现，马克思将黑格尔那种颠倒了的哲学翻转过来之后，其实形而上学的某些要素还是被保存下来了。其中最重要的就是主体性。马克思通过对人与生活世界之间关系的描述，刻画出了一种新的主体性。这种内在于生活世界的主体性，是马克思的哲学理论的出发点。这同一般的反形而上学的哲学立场是不同的。纵观整个形而上学的历史，我们不难发现，形而上学正是在不停的批判过程中前进的，每一次深入的批判都会导致形而上学的形态发生变化。如果我们考虑到马克思对传统形而上学要素的保存，那么也可以将其视为重建形而上学的一种尝试。

三、海德格尔：克服形而上学？

在当代哲学中，海德格尔的基础本体论呈现出与马克思的哲学理论的诸多相似。海德格尔也是形而上学的激烈批判者，但与马克思不同的是，海德格尔与传统形而上学的关系显得更加紧密，他的形而上学批判中，重建的意图也更加明显。

海德格尔对形而上学的批判有一个关节点，即他一再强调的"存在论差异"（Ontologische Unterschied）。所谓"存在论差异"，按照海德格尔的说法，就是存在不等于存在者。这看起来简单得不能再简单的差异，其实正是形而上学的"核心部件"。这至少要追溯到巴门尼德，我们知道巴门尼德做出了存在与非存在、真理与意见的区分。形而上学作为最高的真理自然是以存在为对象的。当然，海德格尔并没有像巴门尼德那样将不同于存在的东西视为非存在，但他的确认为形而上学的根本任务就是要探讨存在本身，并且是超出存在者来探讨存在本身。在他看来，整个西方形而上学传统的失误在于将某种特殊的存在者当作存在，因此遗忘了存在本身。无论是古代哲学中的理念、实体，还是近代哲学中的精神、意志，都不过是某种特殊的、非一般的存在者。而存在本身反倒被这些"伟大"的存在者遮蔽了。

那么，存在本身到底是什么呢？海德格尔认为，存在是不能用理论的语言表达的，也是不能用理论的方式来思考的，甚至我们在说存在"是"什么的时候，就已经包含着对存在的误解了。因为说某种东西"是"什么，就意味着首先肯定它是一个存在者。就像我们说眼前的是一张桌子，在还没有认定它是一张桌子之前，就已经肯定它是一个存在者了。它有可能是一把椅子，或者一个杯子，但无论如何它都是一个存在者。在海德格尔看来，问一个东西是什么这种思维方式，是对应于存在者的。也就是说，只有对于存在者，我们才能这么问，而如果要对存在本身发问，这种方式是不行的。这有点令人费解。

但回顾一下存在这个概念的来源，我们就不难理解了。存在，也就是"being"，源于系动词"be"。系动词是印欧语系特有的词汇，它没有自己独立的意思，但我们可以用它来对所有的名词做判断。我们总是说这"是"什么，那"是"什么。哲学家发现，所有的事物总都"是"个"什么"，所以就追问"是"本身是什么，这个"是"本身就是我们通常说的存在。它是所有存在者所共有的东西，也被理解为所有存在着的东西之所以存在的原因。但是如果将"是"转而用在"存在"之上，那么就等于否认了"是"作为系动词的特殊性，也就不再是我们想要的那个"是"（存在）了。

但是按照海德格尔的看法，我们对存在并不是一无所知的。在我们问某物是什么的时候，其实我们已经领悟了"是"意味着什么了，否则我们怎么会发出这种问题呢？只不过在他看来，这种领悟并不是能用理论的语言表达清楚的东西，原因很简单，因为存在不是存在者。我们可以用理论的语言去探讨存在者，却无法直接探讨存在本身。所以，存在本身是超出了存在者领域的东西。

当然，海德格尔并不仅仅是从语言的角度论证存在，他也给出了一种类似于实践论的模式。在他看来，存在是所有存在者存在的根据，而在所有的存在者中，人是一种特殊的存在者，也就是他所说的"此在"（Dasein）。只有人能够从存在者的领域超越出来，追问存在本身。其实人的生活本身就是对存在的一种理解和表达，只不过在我们的理论的、对象性的观念中，这种被原始地理解的存在被遗忘了。存在是支撑着所有存在者的一个隐性的背景,而我们研究的对象,不过是在这个背景之下被突出出来的东西。海德格尔举例子说,我们在使用一把锤子敲东西的时候,如果锤子没有什么问题,我们使用起来就会得心应手,也就不会去研究、观察锤子。这是一种"上手状态"。而一旦锤子出了问题,不能用了,我们就会去研究这把锤子,看看它出了什么毛病,这是一种不上手状态。这个时候,锤子已经被树立为我们的对象,在与这种对象打交道的过程中,就产生了理论的态度。在海德格尔看来,存在一刻也没有离开我们的活动,因为它是所有存在着的东西的条件,只不过我们的眼里通常只有作为对象的事物,而没有存在。以往的形而上学,都是这种理论态度的结果。所以它们最多是找到了某个终极的存在者,而不是存在。所以海德格尔断定,存在是"前概念"的和"前理论"的。

那么,人如何才能达到存在本身呢?按照海德格尔的观点,显然不能用传统形而上学的方式,但是如果不用传统的理论的方式,我们又能够用什么方式呢?这是困扰着海德格尔的问题,他试图用一种"思想"来代替传统的"哲学"。按照他的想法,这种思想已经超越了概念的思维,从而也就成了一种"诗性"的思维。而这种诗性的思维应当如何运作,海德格尔始终不能说清,以至于到最后只能求助于一种"悟道"的方式,就像中国的道家和禅宗一样。这是海德格尔哲学的一个难题。

但无论如何,海德格尔提出了一种批判形而上学的新模式。他也意识到了人的活动甚至所有存在者的背景性领域,并立足于这个领域来对形而上学提出批判。这种批判还被运用到了现实的层面上,跟现代技术的后果联系起来。在他看来,近代形而上学的基础乃是人成为一般主体(Subjectum),也就是成为柏拉图—亚里士多德传统所追求的"终极存在者"。而"如果人成了第一性的和真正的一般主体,那就意味着:人成为那种存在者,一切存在者以其存在方式和真理方式把自身建立在这种存在者之上。人成为存在者本身的关系中心。"①

---

① 海德格尔:《林中路》,孙周兴译,上海译文出版社 1997 年版,第 84 页。

这样，主体势必要将其他的存在者"摆置（stellen）"为其对象，将世界建构为其"图像"。这一过程实质上已经包含着现代技术的本质——座架（Gestell）。①所以现代技术对自然的统治、对人的统治，其根源要追溯到主体形而上学之中。

在海德格尔看来，克服形而上学就是"回到形而上学的基础（Grund）"，转向存在自身的真理。按照存在论差异，主体性及其与对象间的关系问题仅仅是存在者层次上的问题而非存在本身的问题。然而，在形而上学追问存在者之为存在者之际，存在尽管并没有在其真理中被思考，但存在本身总是已经以某种方式到达了。因此，存在的真理乃是形而上学的基础。②由于形而上学停留在存在者的层次上，所以它的基础被遮蔽了。在《存在与时间》中，海德格尔试图"回到这个遮蔽者中来进行追问"。在这里，海德格尔试图用作为一个特殊存在者的此在（人）与存在的关系替换近代哲学中主体与客体的关系。或者说，此在与存在的关系被放置在近代哲学的主体与客体或主体与自身的关系之"前"，后者唯有通过前者才能得到理解。③后来，海德格尔又将这种观念提升为一种直接考虑存在的"思想（Denken）"。在海德格尔看来，在思的任务得以考虑的地方，形而上学便宣告"终结"。

尽管海德格尔一再宣称他所谓的"思想"是与整个传统的形而上学的思维方式不同的东西，但是很多后来的哲学家却倾向于也将他看作形而上学家。因为，海德格尔哲学的根本问题乃是直接来源于形而上学的传统，并且海德格尔的思维方式也是包含着典型的形而上学的要素，例如存在不等于存在者，在一定程度上可以说正是巴门尼德和柏拉图以来的形而上学思维方式的某种变形。无论如何，在海德格尔那里，存在也是超乎存在者之上的，并作为存在者的本质来源的匿名领域。这恰恰符合形而上学传统的思维模式。

---

① 参见海德格尔：《海德格尔选集》下卷，孙周兴选编，上海三联书店1996年版，第937—939页。
② 海德格尔：《路标》，孙周兴译，商务印书馆2000年版，第430页。
③ 参见倪梁康：《自识与反思》，商务印书馆2002年版，第447—466页。

第五节　形而上学与信仰问题

按照通常的见解,哲学作为理性的知识与宗教信仰属于两个完全不同甚至相互冲突的领域,因为求知和信仰从根本上是不同的。但是人类精神的这两个领域又在某一个点上交汇在一起。因为人类的永无止境的求知与人类自身的有限性发生了矛盾,我们的理性知识需要一个最终原因,但是理性却又不能再为它进一步寻找原因,因此这个终极原因就处于人类理性的临界点上,再往前跨一步就超出其范围,进入信仰的范围了。所以很多哲学家都将终极原因称为神。从另一个方面看,宗教信仰并不完全是非理性和神秘的。人们在信奉宗教的过程中,并不完全受神秘力量的驱使,往往也有一个被"说服"的过程。在这个过程中,理性扮演了关键的角色。所以在宗教体系中就产生了一门专门论证上帝的存在以及其与这个世界的关系的学问。这两门学问的交汇,在西方的传统中被称为神—本体论(theo-ontology)。

一、古代形而上学中的神学问题

在哲学产生之前,希腊神话已经在以某种方式思考形而上学问题了。神话已经在为世界的本源、"最初的实在"的问题寻找答案,它以追溯神谱的方式探求自然最初始、最根本的起源。亚里士多德曾说,"去今甚久的古哲,他们在编成诸神的记载中,也有类此的宇宙观念;他们以海神奥启安与德修斯为创世的父母,而叙述诸神往往指水为誓,并假之名号曰'斯德赫'。事物最古老的最受尊敬,而凡为大家所指誓的又应当是最为神圣的事物。"[①]虽然形而上学的出现本身是对神话的反动,但是神话所包含的问题却在形而上学中延续下来,甚至有人认为早期的海神崇拜还影响到最早的哲学命题:水是万物的本源。

---

① 亚里士多德:《形而上学》,吴寿彭译,商务印书馆1959年版,第7—8页。

无论如何，在后来的形而上学中，总有一个部分涉及神的存在。柏拉图就说神是至高的善，是万物的秩序的来源。①而在亚里士多德那里，神的存在被形而上学进一步论证。按照亚里士多德的理论，存在一种脱离了任何质料的纯形式，它的地位最高，因此也就是神性的存在。在解释我们身处的这个可感世界的时候，形式必须与质料结合，但在这个世界之外，例如神的世界，形式就可以独立存在。与纯质料那种绝对的潜能相对，纯形式意味着绝对的现实。作为绝对的现实，神是世界上一切事物运动所指向的目标，他推动世界万物的运动，而自身却是不动的。就这点而言，亚里士多德与柏拉图是一致的。

　　这样，亚里士多德就将形而上学与神学直接联系起来了。这两种学问的确有同构性。无论是形而上学中的本原、实体还是神学中的上帝，都意味着超越我们生活的可感世界且为这个世界提供依据的那种抽象的东西。在一定程度上可以说，形而上学是科学形式下的神学，而神学则是服务于宗教信仰的形而上学。形而上学的主要问题是"形而上"世界的存在及其与可感世界的关系，而神学则要证明神的存在以及它是如何为我们的世俗生活提供依据的。

　　亚里士多德之后，新柏拉图主义者明确地将形而上学改造成了神学。这个学派的主要代表人物普罗提诺（Plotinus）②直接说，世界的最高本体乃是神。普罗提诺称神为"太一"或"善"。太一既是无所不包的统一性，又是单一、唯一的神。它不是万物的总和，而是先于万物的源泉。它的善不是伦理之善，而是本体的完善和圆满，或者说，它是生命之源、力量之源。普罗提诺的"太一"显然是从柏拉图的"至善的理念"改造过来的。③

　　既然太一是这样一个至大无外的东西，那么我们就不能将其与其他任何东西相等同、相对比。如果我们能说出太一具体是什么，那么它势必就不再是无限的东西了。因此，普罗提诺只能以否定的方式来

---

① 参见黑格尔：《哲学史讲演录》第2卷，贺麟、王太庆译，商务印书馆1960年版，第224页。
② 普罗提诺（Plotinus, 205—270），又译柏罗丁，罗马帝国时期著名哲学家，新柏拉图主义者，著有《九章集》等著作。
③ 参见黑格尔：《哲学史讲演录》第3卷，贺麟、王太庆译，商务印书馆1959年版，第189页。

规定这个太一。太一是我们逻辑思维的一个终点,我们只能说太一是它自身。太一之所以没有任何肯定性的特征是因为:它不具备多样性,是不可分割的原初的一;一切能够肯定的东西都有它的对立面,都是区分和分割的结果,只能归属于"多",而不是"一"。

既然我们不能直接认识这种高高在上的神,那么它与世俗的生活有什么关系呢?为了解决这个问题,普罗提诺提出了一种"发散论"。在他看来,世界生成的模式就像中国的老子说的那样,一生二,二生三,三生万物。太一首先发散为理智(nous),理智再发散为灵魂,灵魂再向下就是我们熟悉的现象世界。这个世界在普罗提诺看来是多、是质料、是恶。从善到恶,从一到多,从形式到质料,这是一个从高到低的等级体系。按照古希腊的目的论,处于低级世界中的万物是要朝向高级世界运动的,因此处于世俗世界中的人也必须朝向至善的上帝运动。这样,普罗提诺就沟通了神的世界与世俗世界,也为世俗世界中的宗教生活做出了形而上的论证。

二、近代形而上学中的神学问题

我们通常说,哲学在中世纪乃是神学的"婢女",是为论证宗教信仰服务的,而在近代哲学则获得了独立。但这并不意味着近代哲学不讨论上帝的问题了。事实上,上帝的问题在近代形而上学中延续了下来,只是它采取了与近代哲学的基本问题相适应的形式。在笛卡尔那里,上帝首先是作为思维与存在中介而出现的。笛卡尔的哲学从"我思"出发,但他并没有否认外部世界的存在,只不过在他看来,从"我思"中不可能直接引申出外部世界的存在,若想明确地、无可怀疑地确立外部世界或物理的世界的存在,必须借助一个思维的中介,这个中介就是上帝。所以,他从"我思故我在"这一原理出发,先是推论出他的第二条哲学原理:上帝存在。他的推论是,我在怀疑说明我不完满,而我知道自己是不完满的,乃是因为我心灵中有一个绝对完满的观念。这个绝对完满的观念不可能来自于不完满的东西,而只能是来自一个绝对完满的实体,这就是上帝。这个论证与安瑟伦的"本体论证明"没有太大区别。但在笛卡尔那里,上帝不过是推论物质世界存在的中间环节。他把"实体"分为无限实体和有限实体两种类型。上帝是无限实体,我以及其他一切存在物都是有限实体,这些有限实体都是由上帝这个无限实体创造出来的。他论证说,既然我可以从我思中明白无误地引申出"我"这一有限实体的存在,那么我同样有理由从上帝这个无限实体中进一步论证出我之外的其他一切实体即物质世界及其规律的存在,因为这些有限实体如同我的心灵一样是由上帝这个无限实体创造出来的。在心灵实体和物质实体之间,上帝的中介作用即为:

> 上帝一方面把这些规律建立在自然之中,一方面又把它们的概念印入我们的心灵之中,所以我们对此充分反省之后,便绝不会怀疑这些规律值为世界上所存在、所发生的一切事物所遵循。①

与笛卡尔类似,其他唯理论形而上学家几乎都不可避免地涉及神的问题。在斯宾诺莎那里,实体就是神,并从实体的唯一性出发,直言:"除了神以外,不能有任何实体,也不能设想任何实体。"在莱布尼茨那里,神则是灵魂和形体、思维和存在具有同一性的终极根据。

康德的知识批判也涉及了上帝。在康德看来,以往关于上帝存在的证明不外乎有三种:自然神学的证明、宇宙论的证明和本体论的证明。康德逐一表明这些证明都是不可能的。所有这些证明失败的原因在于,上帝是一种理念,而不是我们认识的对象。但是康德并没有就此放弃上帝的观念。尽管他不能为上帝存在提供知识的证明,但他却试图对此提供道德的证明,或者信仰的证明。在康德看来,人是一种感性的存在,同时是道德的存在;感性的意志的目标是幸福,而伦理意志的目标则是德行,这两个原则在"至善"的概念中才得到结合。然而作为有限的存在者的人是不能达到至善的。"如果道德意识需求至善的现实性,信仰就必然超越经验的人类生活,超越自然秩序,而

---

① 笛卡尔:《方法谈》,《十六—十八世纪西欧各国哲学》,商务印书馆1975年版,第152页。

越入超感的范围。信仰假定一种超越于暂时存在的人格的现实性（不朽的生命）和一种扎根于至高理性、扎根于神的道德世界秩序。"① 上帝的存在是道德生活的一个共设，是道德生活的条件。

黑格尔不同意康德这样一种作为设定的上帝，以及上帝的无限与人的有限这种不可克服的距离。在他看来，这种虚空的上帝概念可以通过一个形而上学概念来充实，这就是绝对精神，一种类似于上帝的"普遍神圣的理性"。他直言不讳地说：

> 事实上，真正的关系是这样的：我们直接认识的事物并不只是就我们来说是现象，而且即就其本身而言，也只是现象。而且这些有限事物自己特有的命运、它们的存在根据不是在它们自己本身内，而是在一个普遍神圣的理念里。这种对于事物的看法，同样也是唯心论，但有别于批判哲学那种的主观唯心论，而应成为绝对唯心论。这种绝对唯心论虽说超出了通常现实的意识，但就其内容实质而论，它不仅只是哲学上的特有财产，而且又构成一切宗教意识的基础，因为宗教也相信我们所看见的当前世界，一切存在的总体，都是出于上帝的创造，受上帝的统治。②

三、宗教形而上学与终极关怀

宗教问题的核心是信仰问题。信仰一方面包含着人类理性对终极真理的追求，另一方面包含着对人类生存的终极价值的确认，因此，如何理解信仰也就成为现代形而上学的主要内容之一。尽管信仰本身不一定是理性的，但对信仰的理解必定是理性的，这就使信仰问题成为哲学与宗教的思想接触区。以美国著名的系统神学家和哲学家保

---

① 文德尔班：《哲学史教程》下卷，罗达仁译，商务印书馆1993年版，第762页。
② 黑格尔：《小逻辑》，贺麟译，商务印书馆1980年版，第127—128页。

罗·蒂利希（Tillich）①为代表的现代宗教形而上学便是在这个接触区中产生出来的有关信仰的宗教哲学理论。

蒂利希是一位把形而上学命题转变为神学命题的哲学家。他的思想主要来自海德格尔的存在论。我们知道，海德格尔强调使一切"存在者"成其为"存在者"的那个"存在"本身是最普遍的也是最晦暗的概念，是不可定义但却是自明的概念。这个说法，多少使"存在"概念具有一种抹不去的神秘性。蒂利希干脆接过了这个话题，使之转变为一个神学命题，并由此提出关于人的生存价值的"终极关怀"（ultimate concern，又译"终极关切"）理论。

在蒂利希的宗教哲学中，"终极关怀"被视为神学研究的一个原则性命题。他对此做出这样的解释：

> 我们的终极关切就是决定着我们是生存还是毁灭（to be, or not to be——亦可译为"存在还是不存在"）的东西。只有那些能把它们的对象作为对我们具有生存和毁灭意义的事物来加以阐述的陈述，才是神学的陈述。②

如果我们暂且不论蒂利希对终极关怀问题的神学解答，这个解释的基本内涵对于哲学也是适用的。对人的存在来说，没有什么问题比关乎人的生存或毁灭的问题更根本、更具有终极性。这里所说的"生存或毁灭"不仅仅是指自然生命的存活或死亡，而且是指人作为"人"所具有的全部生存价值和意义的获得或丧失。我们可以将之称为价值生命的"生存或毁灭"。

受海德格尔哲学的影响，蒂利希从传统哲学有关"存在论"（ontology，又译"本体论"）的研讨中引申出了他的神学命题。他指出"存在论"的问题就是"什么是存在本身"，在对这个问题的回答中，蒂利希像海德格尔那样把"存在"和"存在者"区分开来，认为"存在本身"不是指任何特定的存在物，也不是指存在物的集合，而

---

① 保罗·蒂利希（Paul Tillich, 1886—1965），又译田立克，美籍德裔宗教哲学家，系统神学的创立者，基督教存在主义者，主要著作有《系统神学》、《文化神学》、《信仰的动力》等。
② Tillich, *Systematic Theology*, The University of Chicago Press, 1967, volum 1, p.13.

是指一切存在物得以存在和赖以存在的基础或力量。它比一切存在物更根本，渗透于一切存在物之中；它超越于主客体对立之上，无限高于一切存在物，因而它正是"决定我们存在还是不存在的那个东西"。这个"存在本身"在蒂利希看来，就是"上帝"。换句话说，只有把上帝理解为存在本身，才能真正体悟上帝何以成为万物存在以及人之生存的终极性根据。由此，蒂利希语出惊人地断言："肯定有上帝同否定有上帝一样，都是无神论。"[①]因为，说"有一个上帝"和说"没有一个上帝"一样，都是把上帝当作有限的"可有可无"的存在物，或归为存在物的一种，从而也就否认了上帝的无限性和永恒性。

　　蒂利希进而认为，对存在的领悟，必须通过人对自身生存的体验。人和其他任何存在物一样，都是有生有灭的或有限的存在，因而被"非存在"所包围，并随时可能陷入"虚无"。一旦人们体验到或意识到自身的有限性，就会对自身的非存在性（如死亡）产生忧惧，这种忧惧导致人们去思考"存在本身"，亦即追寻，我做的这一切有什么意义？这一切对我的生命或对我的存在有什么意义？我的生命的意义又是什么？这样的问题就使人走入了生活的深处，并体现出生命的"深度"。所以，在蒂利希看来，人是必然具有宗教性的。宗教不是人生的一个孤立的禀赋，而是人的全部文化和精神生活的"深度"方面，它表现的是人生之终极关切，指向的是维系人的存在并赋予人生以意义的东西。这种终极关切可以通过人的任何创造性的活动表现出来，可以表现为对真理的热切追求，可以表现为道德人格中无条件的良心命令，可以表现为献身艺术或爱情的热忱等等。总之：

> 人最终关切的，是自己存在及意义。"存在，还是不存在"，这个问题在此意义上是一个终极的、无条件的、整体的和无限的关切的问题。人无限地关切着那无限，他属于那无限，同它分离了，同时又向往着它。人整体地关切着那整体，那整体是他的本真存在，它在时空中被割裂了。人无条件地关切着那么一种东西，它超越了人的一切内外条件，限

[①] Tillich, *Systematic Theology*, The University of Chicago Press, 1967, volum 1, p. 237.

定着人存在的条件。人终极地关切着那么一种东西，它超越了一切初级的必然和偶然，决定着人终极的命运。①

然而，让蒂利希感到痛心疾首的是，人们对自身终极命运的关切，常常误入歧途。在物质极大进步的现代社会中，人们往往并没有自觉意识到自身的存在价值，而是表现为竭其心力地对一切可欲对象的占有，也就是把自己无条件的信赖和执着献给一些有限的和有条件的东西，例如荣誉地位、金钱财富、政治权力、种族优越之类，把这些东西当成终极关切的对象。蒂利希认为，对于人的生存来说，最可怕的就是把有限的存在物当作终极关切的对象。因为有限的存在物总是被非存在所包围，并将之作为毕生追求的对象，作为寄托自身全部价值的东西，最终不可避免地会陷入"生存的失望"，沦落于空虚和无意义的境地。因此，问题不在于人有没有"终极关切"，而在于关切的对象是否真的具有"终极性"。只有当人们超越了对有限物的追求，真正去体验"存在本身"的时候，生存的终极意义才能呈现出来。因为，一切存在物都是有限的，有生有灭的，只有使一切存在物得以存在的"存在本身"是不会随着存在物的生灭而生灭的，它是无限的、整体的。而这个"存在本身"就是上帝。对上帝的信仰，可以使我们体验自身生存的无限性根据，从而在信仰中摆脱由于生存的有限性带给我们的忧惧，获得克服非存在的勇气，在自己的创造性的活动中肯定自身存在的价值。

从以上可以看出，蒂利希实际上是采用了柏拉图理念论的方法，把"存在本身"从一切存在物的存在中分离出来，使之独立自存，进而将之神圣化为不可认知、只能心领的"上帝"。这就使他把"终极关切"变成了心灵深处的"彼岸世界"，重新恢复信仰的权威。马克思当年在评述路德的宗教改革思想时，说过这样一段话：

> 的确，路德战胜了虔信造成的奴役制，只是因为他用信念造成的奴役制代替了它。他破除了对权威的信仰，是因为

---

① Tillich, *Systematic Theology*, The University of Chicago Press, 1967, volum 1, p.14.

他恢复了信仰的权威,他把僧侣变成了世俗人,是因为他把世俗人变成了僧侣。他把人从外在的宗教笃诚解放出来,是因为他把宗教笃诚变成了人的内在世界。他把肉体从锁链中解放出来,是因为他给人的心灵套上锁链。①

用这段话来界说蒂利希的"终极关切"论也是很合适的。而且一旦把"存在本身"从一切存在物中分离出来,"存在本身"也就成了"虚无",它给予人们的充其量不过是虚幻的拯救。

四、终极关怀的实践哲学界说

"终极关怀"作为对人的生存价值的追问或反思,是对生活的深度理解和把握,同时也就是生活本身的深度。因为这种追问和反思必然会超越生活的直接的经验内容,超越浅近的功利目标,而从"人生在世"这样一个层面上,思寻生活的一般意义和信念,使人们在充满不确定性因素的生活世界中获得持久的价值定向,并把生活的直接经验寄寓在对生活的一般理解中,让生活本身为意义感所充实。这种追问和反思正是生活哲理的精髓之所在。哲学的探讨之所以包含着"终极关怀"的维度,就是因为哲学从整体上或总体上把握人与周围世界的关系,就必然要揭示人的价值生命存在的根据以及人的价值生命所具有的丰富内涵。因此,哲学是内在于我们生活深层的东西,不管人们是否自觉地意识到这一点,它总是一种对生活的深度思考,而且这种思考又是人的生存质量的有机构成。在这个意义上,我们甚至可以说,人不可能过一种没有哲学的生活。问题只在于,哪样一种哲学能够引导我们达到对人的生存意义的终极理解。

马克思的实践哲学始终把人的本质、人的解放和人的自由与发展作为其全部理论的起点和归宿,充满了人文精神,因而理所当然地包含着对人的终极关怀的维度。与以往旧哲学不同的是,它没有停留在对人的抽象把握上,而是立足于人类实践活动的历史性和具体性,把

---

① 《马克思恩格斯选集》第 1 卷,人民出版社 1995 年版,第 10 页。

对人的人文关怀与对社会生活的科学考察结合起来,从对社会生活的现实基础、客观关系、内在矛盾的理论分析和价值批判中探索人的解放或实现人的自由价值的现实途径。马克思的实践哲学的这一终极关怀维度首先体现在对物质生产活动这一实践的基本形式的双重意义的理解中。

从马克思理论中,我们不难看出,物质生产活动本身具有经济学的和人本学的双重意义。从经济学意义上说,物质生产活动是全部社会生活的基础、前提和条件,人们进行生产活动首先是为了满足自身生存的物质需求及社会生活对物质手段和条件的需求。这一经济学意义,构成了物质生产活动的外在价值。从人本学意义上说,生产活动作为人类最基本的实践活动又是一种自由自主的活动。马克思在《1844年经济学哲学手稿》中曾反对那种仅仅从表面的有用性的角度来看待物质生产活动的观念,他指出:

> 工业的历史和工业的已经产生的对象性的存在,是人的本质力量的打开的书本,是感性地摆在我们面前的、人的心理学。

> 如果把工业看作人的本质力量的公开的展示,那么,自然界的属人的本质,或者人的自然本质,也就可以理解了。……在人类历史中即在人类社会的产生过程中形成的自然界是人的现实的自然界;因此,通过工业——尽管以异化的形式——形成的自然界,是真正的、人本学的自然界。[①]

物质生产活动作为人的本质力量的公开展示,恰恰是人的自我实现,是人的实在的自由的获得。这一人本学意义,构成了物质生产活动的内在价值。关于这一点,马克思明确指出:

> 诚然,劳动尺度本身在这里是由外面提供的,是由必须达到的目的和为达到目的而必须由劳动来克服的那些障碍所提供的。但是克服这种障碍本身,就是自由的实现,而且

[①] 马克思:《1844年经济学哲学手稿》,人民出版社2000年版,第80—81页。

进一步说，外在目的失掉了单纯外在必然性的外观，被看作个人自己对自我提出的目的，因而被看作自我实现，主体的物化，也就是实在的自由，——而这种自由见之于活动恰恰就是劳动，——这些也是亚当·斯密料想不到的。①

由此可见，在马克思那里，生产活动就是一种与人的自由直接联系在一起的，具有本体论意义的实践形式。以往人们仅仅关注物质生产活动的经济学意义，完全忽视了其所蕴涵的人本学意义，因而只看到生产活动的单纯外在必然性的外观，这就不能不遮蔽马克思哲学的终极关怀维度。

事实上，人们所从事的任何一种实践活动本身都具有外在价值和内在价值两个方面。所谓外在价值是指通过实践活动所能获得的各种实际利益（如金钱、权势、地位、名声等）；所谓内在价值则是指人们把实践活动作为自我实现的现实方式，当作人的自主性和自由性的现实形态，从而在实践中体现出对生活的意义和终极信念的追求。正是实践的内在价值体现了实践的终极关怀的维度。因为，一旦人们自觉地意识到实践的内在价值，就会在实践活动中不仅创造出具有实际效用的产品以满足自己的直接需要，而且还会超出这种有限的实际需要，去追求自己的自主性和自由性的全面发展，并为自己的本质、能力、智慧能够在自己创造的文化产品中得到显示和确证而获得极大的满足和喜悦。在这个意义上，人本身就成了最高的价值，成为实践活动的终极目的。

实践的二重价值原本是统一于实践活动之中的，但在现实生活中，对外在价值的追求和对内在价值的追求却经常处于矛盾状态之中。对外在价值的追求关系到人的生存所必需的物质条件和社会条件的获得，是通过实践对利益的谋取，这对于人的生活来说是必需的。但是，如果一个人把外在价值的获得理解为实践活动的主要目的或唯一目的，那么他所从事的实践活动就随时会被过分的利益考虑所阻断。因为，一旦他发现自己所从事的实践活动不能获得预期的利益，

---

① 《马克思恩格斯全集》第46卷（下），人民出版社1980年版，第112页。

或者发现另外一种实践活动能够获得更大的利益,他就会放弃自己正在进行的事业而另谋他途。对实践的内在价值的追求则会使人去选择最能体现、发挥和发展自己的智慧、才能和品格的实践活动,这种实践活动对他来说就具有了唯一性或排他性,因为这种实践活动就是他自我实现的现实方式,凝聚着他对人生意义的理解和对自我价值的肯定。在这种情况下,他会产生一种把事业进行到底的执着精神,即便劳其筋骨、饿其体肤,也乐此不疲。在人类社会的发展史上,那些真正推进文明的辉煌成就往往是基于这种对内在价值的不懈追求。当然,每个人都会希望在自己的实践活动中能够促使两种价值同时得到令人满意的实现,但外在价值的实现通常会受到自身难以控制的多方面因素的制约,义利难以兼得的现实状况往往会使行为主体在得失之间进行艰难的甚或痛苦的选择。

实践的内在价值不会因人们过分地看重外在价值而在实践活动中泯灭。一旦实践的内在价值被利益的驱动所遮蔽,它就会以否定的方式在实践中显现出来。以市场经济为基础的现代社会就是以利益的驱动机制有力地推进了现代工业文明、商业文明和科学文化的发展,但也恰恰是这个利益驱动机制使人们在激烈的竞争当中特别看重实践活动的外在价值,忽视或淡化对内在价值的追求,从而导致在生活实践的诸领域中出现相当普遍的意义缺失或迷失。著名哲学家弗洛姆把这一问题准确地称之为"现代人的危机",他指出,在现代社会的发展中,人依靠理性运用了物质的力量,这种物质力量使人类能够获得维护尊严和生产性生存所必要的物质条件,"然而,现代人却感到心神不安,并越来越困惑不解。他努力地工作、不停地奋斗,但他朦胧地意识到,他所做的事情全是无用的。当他的处世能力增强时,他在个人生活和社会中却是软弱无力的。人创造了种种新的、更好的方法以征服自然,但他却陷入在这些方法的网罗中,并最终失去了赋予这些方法以意义的人自己。人征服了自然,却成了自己所创造的机器的奴隶。他具有关于物质的全部知识,但对于人的存在之最重要、最基本的问题——人是什么,人应该怎样生活、怎样才能创造性地释放和运用人所具有的巨大能量——却茫然无知。"[1]缺乏追求实践的内在价值的动力和热情，必然导致人们在生活的终极价值和意义问题上陷于迷惘、困惑，或者使人们把满足浅近功利目的的外在价值当作终极价值来追求（如拜金主义），从而造成精神生活的萎缩和混乱，甚至给那些欺世盗名的歪理邪说侵占人们的心灵世界留下可乘之机。

哲学，是根植于现实生活的对人的终极关怀。在这里，人的生存的终极价值和意义并不存在于虚幻的"彼岸世界"，也不是仅仅存在于道德、法律、宗教、政治等生活领域之中，而是内含于现实生活的一切形态的实践活动中。哲学应当把揭示生活实践的内在价值或本体论意义以及蕴涵在生活实践中的人文理性精神作为不可推卸的责任，以便为人们的生活实践提供意义支撑，为道德人格的完善和信仰的确立提供理论依据。

本章思考题

1. 怎样理解"本体论"和"形而上学"这两个概念？
2. 什么是实体论的形而上学？
3. 什么是主体论的形而上学？
4. 现代哲学中的形而上学批判有哪些基本观点？
5. 哲学史上形而上学与宗教信仰的关系是怎样的？
6. 什么是"终极关怀"？如何理解马克思实践哲学的终极关怀维度？

---

[1] 弗洛姆：《为自己的人》，孙依依译，生活·读书·新知三联书店1988年版，第25页。

英文阅读资料（1）

WHAT IS PHILOSOHPY?

Philosophy is for everyone. In fact, we all engage in philosophy every day. Even when a person does not know how to define philosophy, he will make such statements as "My philosophy about eating is…" or, "Let me tell you my philosophy about taxes."

Philosophy begins with our ordinary everyday experiences. We not only do things, we think about them. Such a simple experience as eating is capable of leading to some major philosophical questions. How much should we eat? Animals do not ask this question. We ask it because it makes a difference in our daily life. The amount we eat can affect the pleasure we get out of life, especially if we eat too much. But eating is in itself a pleasure. We begin to philosophize when we try to decide which pleasures are most important to us, for example, looking slim and trim on the one hand, or enjoying bountiful meals on the other. We even ask whether pleasure is the proper standard for making our decisions in life. Before long, we no longer talk about eating but about the more general question that the experience of eating makes us think about, namely, What values are most important to us? How, in short, do we achieve the good life?

Similarly, the person who says, "Let me tell you my philosophy about taxes," starts to think about this matter because of his experience of paying taxes. Paying taxes is not always pleasant. We want to know more about this part of our experience. Who should pay and how much? Once again, the discussion soon becomes philosophical. From being only about the inconvenience of paying taxes the discussion moves to such questions as "What is the purpose of the tax?" or "What is a fair tax?" Before long, this line of thought leads to the philosophical question "What is justice?"

From these examples of eating and paying taxes we learn at least one thing about philosophy—that it is a quest for knowledge. That, after all , is what the Greek roots of the word philosophy mean, namely, *philo* (love) and *sophia* (knowledge or wisdom), hence, the love of knowledge. To say that philosophy is the love of knowledge still leaves the question "What kind of knowledge does philosophy involve?" To that question, there are several helpful answers. The best clues to what philosophy is all about are found in the writings of the philosophers themselves.

PHILOSOPHY AS A TOOLBOX

To say the philosophy is like a toolbox, as Ludwig Wittgenstein (1889-1951) of Cambridge University once said, is to emphasize the many uses and functions of philosophy. We use words and ideas for different purposes, just as we use different tools to do different jobs. Pounding nails calls for a hammer, screws require a screwdriver, and to cut wood we need a saw. All these jobs are different, but in each case they are done with a tool taken from the toolbox.

Philosophy is in a similar way called upon to do many jobs. These jobs reflect the richness and the variety of our daily experiences. First of all there is the job of helping us decide how to behave. In our private moments we wonder how we can achieve the happiest or best life for ourselves. This is the job of ethics. Secondly, as we become aware of other persons and groups around us, we realize the need for developing communities and for designing governments and making laws. This is the job of politics of political philosophy. Third, as we extend our thinking beyond ourselves and even beyond our communities, we wonder how we fit into the larger setting of the world and beyond. To deal with these questions about our destiny is the job of religion. Fourth, we all have the experience of changing the way we think at different times. Sometimes we are sure of what we know while at other times we are not so sure. To help us understand how our minds work in our quest for true knowledge is a special job for philosophy. The tool for this job is the theory of knowledge. And fifth, we have the common experience of seeing things appear and disappear, trees grow and die, indeed everything constantly changing. All this fluctuation in things raises the question whether there is anything that is permanent. To deal with this question is the job of metaphysics. There are other jobs for philosophy, but we have selected these five subjects to serve as our introduction to philosophy. We can get a good idea of what philosophy is and does by looking at the elements of ethics, politics, religion, the theory of knowledge, and metaphysics.

THE FLY IN THE BOTTLE

Why do we engage in philosophy? Again, it was Ludwig Wittgenstein who compared our situation to a fly in a bottle. The fly is trying to get out but does not know how. The function or aim of philosophy is to show the fly how to get out of the fly bottle. For us this means that, like the fly, we are trapped and have difficulty getting out. In our case, the fly bottle represents problems or questions that are difficult to solve and philosophy is what helps us find our way out. In ethics our question is "What should I do?" In politics we ask "Why should I obey?" In religion a major questions is "What can I believe?" The central question for metaphysics is "What is there?" All these questions grow out of our daily experiences, and we want some answers to them. At least, we want some help in finding our way about.

Let us look at these questions briefly through the eyes of some philosophers. Here we will get a first look at how they attempted to sort out some of the problems in our five areas of philosophy.

THE UNEXAMINED LIFE

Socrates (470-399 BC), the brilliant teacher in Athens, whose most renowned pupil was Plato (428-348 BC), said that "the unexamined life is not worth living" (*Plato's Apology*). Nothing is more important, he said, than to develop one's personality or character. Although he was not the first thinker to ask the question "What should I do," he was among the first to focus upon the moral life as a central concern of philosophy. Earlier philosophers had been concerned with what we today call science. Socrates did not criticize the scientist, although he did say in the *Apology* that "the simple truth is⋯ that I have nothing to do with physical speculations." More important to him than speculations about physical things were the urgent question about human nature, about truth and goodness.

In Athens, Socrates engaged in vigorous debate with a group of teachers called Sophists or "intellectuals". Some of them were teachers of the art of persuasion who could make an unjust cause appear just or make a bad case look good. The Sophists had said what there is no reliable truth and therefore there are no universally true moral principles. They pointed to the different customs among different peoples. They also referred to the disagreements among those who tried to describe the world of nature. One of the early Sophists, Protagoras (490-421 BC), concluded that "man is the measure of all things", meaning that whatever knowledge man could achieve about anything would be limited by his human capacities. And because each person's perceptions will differ from another person's, there cannot be one single absolute truth. There can be no knowledge of the "true" nature of anything. For similar reasons, Protagoras maintained that moral ideas are also relative, that is, different in each culture and at different times. Another Sophist, Thrasymachus, taught that there is no absolute standard for justice; actually, he said, "might makes right." For this reason he urged individuals to pursue their own interests aggressively in a virtually unlimited form of self-assertion. He said finally that "the sound conclusion is that what is 'right' is the same everywhere: the interest of the stronger party."

Socrates disagreed with the Sophists. He was convinced that there could be a solid basis for truth and that there are some moral principles to guide human beings, when they ask "What should I do?" He rejected the Sophists' skepticism regarding knowledge and their relativism, concerning morality. Regarding our knowledge, Socrates was fascinated by the fact, for example, that we can say about something that it is beautiful or about a human action that it is good. How is it that we can recognize something as beautiful or an action as good? No particular thing, he said, is perfectly beautiful, but insofar as it is beautiful it is because it partakes of Beauty. Moreover, when a beautiful thing passes away, the Idea of Beauty remains. Socrates was struck by the ability of the mind to think about general ideas （Beauty, Goodness） and not only about particular things （this beautiful flower, that good mother）. Although various beautiful things differ from one another, whether they be flowers or persons, they are each called beautiful because in spite of their differences they share in common that element by which they are called beautiful.

True knowledge, said Socrates, is more than simply looking at specific things. Knowledge has to do with the power of the mind to discover in facts the permanent elements that remain after the particular fact disappear. To the mind an imperfect triangle suggests the triangle. All triangles are different. If our knowledge consisted only of these particular triangles, as well as all other particular things, we would conclude that everything is different. Similarly, if we based our definition of good upon the behavior we observed in each of several cultures, we would have as many definitions of good as there are cultures. What Socrates searched for was a definition of the good which makes it possible to say about any person that he is good. He thought he discovered a solid basis for the concept of "good"; an action is good, said Socrates, if it is appropriate to man's nature. If man is a rational being, to act rationally is the behavior appropriate to human nature. The good person is the rational person. From this insight it was only a short step for Socrates to say that a person ought to act rationally. This is a view that Plato and Aristotle elaborated in considerable detail as they developed their theories of ethics.

THE WAR OF ALL AGAINST ALL

Thomas Hobbes (1588-1679) described the condition of human beings before there was any organized society as "a war of every man against every man". He called this condition "the state of nature", "where the life of man is solitary, poor, nasty, brutish and short." How did he know that there was ever such a state of nature? Obviously, he had no evidence to prove it. Instead, as an example, he pointed to the fact that the nations of the world are even today in virtually such a state of nature. As these nations are sovereign, that is, recognize no other authority than themselves in deciding their own affairs, so must individuals have possessed at one time unlimited personal discretion and independence in deciding how to treat others. Among nations there is always the threat of war because of "continual jealousies and [therefore] nations are in the state and posture of gladiators; having their weapons, and their eyes fixed on one another; that is, their forts, garrisons and guns upon the frontiers of their kingdoms; and continual spies upon their neighbors; which is the posture of war." If we want to answer the question "Why should I obey? ", Hobbes would point to his vivid description of the treacherous conditions of life in the state of nature. What makes life so hazardous is the unpredictable behavior of each person. Because each person in the state of nature can decide for himself what is right, there is virtually no limit to what people will do to one another. To avoid this situation, that is, because of fear for one's safety, people in the state of nature decide to give up some of their independence. They agree among themselves that instead of everyone deciding what is right each person will hand over to a "sovereign" (either an individual or a group) the sole right to establish the rules for social and political behavior. Hobbes called this agreement a "social contract." Civil society with a system of laws and legal rights begins with this contract. One reason to obey the laws, says Hobbes, is that if everyone reserved the privilege of not obeying, there would be a return to the war of all against all.

THAN WHICH NOTHING IS GERATER

Saint Anselm (1033-1109) defined God as "that than which nothing is greater" (*Proslogium, or Faith Seeking Understanding*). This is obviously a philosophical rather than a religious expression of God's nature, but that is just that Anselm wished to achieve. After all, he had been educated in a Benedictine monastery in France and at the height of his career was named the Archbishop of Canterbury in England. Personally he had no doubts about the existence of God. What he was groping for was an adequate reply to someone who would ask, "What can I believe?" As he says on the first page of his *Proslogium*, "I began to ask myself whether there might be found a single argument which would require no other for its proof than itself alone; and alone would suffice to demonstrate that God truly exists, and that there is a supreme good requiring nothing else, which all other things required for their existence and well-being…" His purpose, then, was to construct a proof for the existence of God, that is, to provide an intellectual support for belief. His proof appeared to be designed for both the unbeliever who might be persuaded by it and for the believer who, as he says, "seeks to understand what he believes". His "proof" is known as "the ontological argument". The word ontological is the key to his argument, as it is composed of the two Greek words *ontos* （being） and *logos* （knowledge） —hence the knowledge of being.

We will elaborate Anselm's line of reasoning in our discussion entitled "Religion". For the present we can state the short version of his argument as follows: Whenever we utter the word God we know that we are thinking of a supreme being or that than which to greater can be conceived. But there is something greater than that we can merely conceive （which is after all only an idea in our heads）; that greater is the actual existence of a being than which there is no greater. Again we can see why this is called the ontological argument since it is based upon a distinction between different levels of being. The "being" of a human being is very short; a person's being depends upon another person's being （parents）. By contrast, says Anselm, God's being is perfect, depends upon no other being, and is the being upon which everything else depends. Although Anselm was excited by the simplicity and the logical power of his argument, his successors, especially Saint Thomas Aquinas （1225-1274）, thought it would be far more impressive to base an argument not simply upon our "ideas" but rather upon evidence derived from obvious human experiences. Since then, a rich literature has been produced by philosophers providing quite different answers to the question "What can I believe?"

I THINK, THEREFORE I AM

We have already seen that people disagree on many important issues, about the ethical rules of conduct, about the meaning of justice, and about whether God exists. It is no wonder that under these circumstances we ask the question "What can I know?" It is not surprising, either, that because of the uncertainties of our knowledge many people become "skeptics". What is surprising is to discover how the word skeptic has changed over the course of time. Today we think of the skeptic as a person whose basic attitude is one of doubt. But the original Greek word, skeptical, from which skeptic is derived, meant something rather different, namely, "seekers" or "inquirers". In the fourth century BC, a man by the name of Pyrrho (361-270 BC) founded a school of philosophy whose members were called Skeptics. Their original purpose was to achieve a way of thought that could lead to mental peace and calmness. One of their later writers, Sextus Empiricus (ca.200 AD), pointed out that people were disturbed by the contradictions in things and plagued by doubt as to which alternatives they should believe. The Skeptics thought that if they could by investigation determine truth from falsehood they could attain tranquility of mind. They were struck, however, by the alternative conceptions of truth different philosophers proposed. They also noticed that people who searched for truth could be placed into three groups: (1) those who think they have discovered the truth (and those the Skeptics called dogmatists); (2) those who confess they have not found it and also assert that it cannot be found (the Skeptics also considered this a dogmatic position); and finally (3) those who continue to search for truth. Unlike the first two, said Sextus (in his *Pyrrhonic Sketches*), "the Skeptics keep on searching… We end by ceasing to dogmatize." The Skeptics had no doubt that they lived in a real world. They only wondered whether this world had been accurately described. While they continued to search for truth, they organized their daily life around four items, which Sextus calls (1) the guidance of nature, (2) the constraints of the feelings, (3) the tradition of laws and customs, and (4) instruction in the arts of work. Each one of these contributes, he says, to successful and peaceful living, and not one of them requires any dogmatic interpretation or evaluation, only acceptance.

Centuries later, Michel de Montaigne (1533-1592) adopted for his own the formula developed by Pyrrho and Sextus, saying (in his Essays), "Pyrrho did not want to make himself into a stone; he wanted to make of himself a living man, discoursing and reasoning, enjoying all pleasures and natural commodities, using all of his bodily and spiritual parts regularly and properly." Montaigne thought that a good place to begin the search for truth is one's own personal experiences, because he believed that "every man carries within himself the whole condition of humanity." Human experiences, he thought, could be described clearly and accurately and did not have to be obscured by technical language. "My page," he writes, "makes love and knows what he is doing. But read to him Leo Hebraeus or Ficino where they speak of the actions and thoughts of love, and he can't make head or tail of it." However attractive Montaigne's creative skepticism was, the urge to discover a solid basis for intellectual certainty persisted. In a fascinating manner, Rene Descartes (1596-1650) used the method of doubt to establish that solid base. There is, he said, a limit to what we can doubt; we cannot doubt our own existence. Whether my thinking is right or wrong, occurs while I am asleep or awake, it is nevertheless I who think. For this reason there can be no doubt that I exist; the fact is that "I think, therefore I am." Throughout our discussion of various answers to the question "What can I know?" we will observe an intriguing alternation between the mood of skepticism and the desire for certainty.

THE "ATOM" AND THE "CHERRY"

We have already noticed that Socrates was not interested in the general question "What is there?" He was aware that earlier philosophers spent considerable intellectual energy trying to discover the basic stuff underlying the things that make up the inventory of nature. His own major interest was ethics because nothing is more important, he said, than learning how to develop one's character. But the earlier question about what things are really like could not be avoided. It was a combination of sheer curiosity, and practical considerations that pushed this inquiry. On the practical side there was the question about what happens to a person when he dies? Does any aspect or part of him remain or become transformed? From the point of view of intellectual curiosity, what happens to a tree when it burns or disintegrates? Far more sophisticated questions were raised, as for example, "How is motion caused", and "How did things come to be in the first place?"

The predecessors of Socrates gave some unusual answers to the question "What is there?" These answers are summarized in Aristotle's (384-322 BC) *Metaphysics*, Book I. Here we will mention only a few. Thales (624-546 BC) thought everything is made of water, probably, says Aristotle, because "the nutriment of all things is moist… and that animal life is sustained by it…" (Today we know that the most complex organ in the human body, the brain, is 80 percent water.) Empedocles (490-430 BC) thought there was not just one but four basic kinds of stuff out of which things were made, namely, earth, water, fire and air. Pythagoras (580-500 BC) thought that the clue to everything is number, because everything can be analyzed according to its form. Later, Anaxagoras (500-428 BC) suggested that the nature of reality is best understood as a combination of mind and matter.

But the most fascinating theory about the nature of things was suggested by Democritus (460-360 BC). His thought was that everything is made up of atoms. Today, we speak of these as "elementary particles". Democritus described them as tiny, solid, unbreakable, invisible, and eternal. Everything in the universe consists of these atoms. Their size varies and therefore bodies consist of larger atoms whereas mind is explained by the motion of smaller, smoother and swifter atoms (or those particles or brain waves which make an impact on an electroencephalograph). There is, then, only one kind of stuff, namely, matter. Nothing is ever lost because, although everything eventually comes apart, the atoms thus released find their way into other things. There were some practical consequences to this theory, as Lucretius (98-55 BC) pointed out later. There was no place in this theory for a "creator" since atoms had come together, it was supposed, basically by accident. This meant there was no special purpose in human existence and certainly no need to fear future punishment. What makes Democritus's theory fascinating is that in revised form it provided the basic scientific understanding of nature well into the twentieth century. Only recently have atomic scientist succeeded in breaking up the nucleus of the atom.

At the other extreme, Bishop Berkeley (1685-1753) denied the existence of matter. How could he make such a startling claim? Our first reaction is to ridicule him. Dr. Samuel Johnson had great sport when he kicked a stone and said about Berkeley, "I refute him thus." But Berkeley was aware of the radicalism of his thought, as we shall see in our discussion of metaphysics. Nevertheless, he asks us to consider whether we really have any knowledge of matter. Earlier, John Locke (1632-1704) had said that common sense tells us that when we see, for example, the qualities red, round, and soft, there must be something that has these qualities. That something he called "substance" or matter. He could not specifically define substance but said that "if any one will examine himself concerning his notion of pure substance in general, he will find he has no idea of it at all, but only a supposition of he knows not what support of such qualities…" Although substance according to Locke is "I know not what," he nevertheless was convinced that there is solid substance—matter—under the various qualities we perceive through our senses. Berkeley challenged this idea of substance.

In his *Third Dialogue between Hylas and Philonus*, Berkeley develops the proposition that it is thought, that is, mind, and not matter that is the basic reality. His central point is that "to be is to be perceived." If you eliminate perceptions, you eliminate what is perceived. He asks us to think about a cherry:

> I see this cherry, I feel it, I taste it : and I am sure nothing cannot be seen, or felt, or tasted: it is therefore real. Take away the sensations of softness, moisture, redness, tartness, and you take away the cherry. Since it is not a being distinct from sensations; a cherry, I say, is nothing but a congeries of sensible impressions, or ideas perceived by various senses: which ideas are united into one thing (or have one name given them) by the mind; because they are observed to attend each other. Thus, when the palate is affected with such a particular taste, the sight is affected with a red color, the touch with roundness, softness, etc. Hence, when I see, and feel, and taste… I am sure the cherry exists, or is real; its reality being in my opinion nothing abstracted from those sensations. But if, by the word cherry, you mean an unknown nature, distinct from all those sensible qualities, and by its existence something distinct from its being perceived; then, indeed, I own, neither you or I, nor any one else, can be sure it exists.

We are left with an interesting question, namely, "What is there?" Is it matter, or is mind, or is it a combination of the two? We will ask later on, What difference does it make?

As we pursue in greater depth these five major problems of ethics, politics, religion, knowledge, and metaphysics, we will consider the ideas of over thirty philosophers. Some of them are alive, while most of them lived ten, fifty, five hundred, or over a thousand years ago. Why should we study voices from the past? There are several reasons for doing so. For one thing, these philosophers were concerned with the same questions and problems which bother us today. These questions will not go away. Secondly, in some cases, no one else has discovered a better way of understanding or a clearer way of formulating answers to these questions. Third, human nature has not changed all that much over the centuries even though our cultural surroundings have been altered by technology. That is why Greek literature, Shakespeare's plays, and the works of the great philosophers continue to have some relevance for us today. Fourth, by comparing the ideas of different historic periods, we can discover how philosophers reacted to, disagreed with, or modified the ideas of their predecessors. And fifth, by being aware of various unsuccessful attempts to solve some problems we will be less likely to make the same mistakes as we face new challenges and opportunities to shape philosophy.

(Selected from *Elements of Philosophy: An Introduction*, by Samuel Stumpf, McGrew-Hill, Inc.)

英文阅读资料（2）

What Questions are Philosophical?

Philosophical questions are not primarily questions of fact

In asking philosophical questions, we are not asking for facts; at least, not for the sort of facts that we get when we ask a historian or a physicist a question. There are indeed facts about philosophy, such as the fact that Plato wrote the *Republic* and that Kant died in 1804, and the student of philosophy usually wants to know some of these facts. But when someone asks you that your philosophy is, you answer not in terms of that definitions or historical facts you know or that specific information you have. Rather, you try to express the meaning of what you know and believe.

Philosophy, from the etymology of the word, is not "love of knowledge" （facts）, but "love of wisdom". Wisdom is more than accumulated knowledge; the wise man may or may not be highly educated. Wisdom is an attitude toward that we know or toward that we know we are ignorant of. It is an attitude of balanced judgment, of sound evaluation, of long-range perspective. Many men of great learning never achieve it; many a man or woman who is illiterate has achieved it. But, of course, wisdom is richer if it is based on broad experience and deep learning. One difference between the philosopher (as this term is used to praise and commend men of broad vision in whatever walk of life) and the professional philosopher at his best, is the wider knowledge that the latter is expected to be able to survey and integrate. The philosopher strives for wisdom as the main goal of his life; for most of us, if it comes, it comes as a by-product of our experience and character.

But philosophy makes no promises. Philosophy is not wisdom, but the love of wisdom. The philosopher is not always a wise man; he is the man who professes to seek wisdom. But the questions philosophy asks are questions that only a truly wise man could answer. The modest man will not presume to call himself wise; but there is no boast in professing to seek after wisdom—although there may be hypocrisy in it. Diogenes Lateritious, in his *Lives of the Eminent Philosophers*, one of the chief sources of our knowledge about ancient philosophers, tells us of the history of the word philosophy:

> Pythagoras was the first person who invented the term "Philosophy", and who called himself a philosopher… For he said that no man ought to be called wise, but only God. For formerly what is now called philosophy was called wisdom, and they who professed it were called wise men, as being endowed with great acuteness and accuracy of mind; but now he who embraces wisdom is called a philosopher. [①]

Philosophical questions are related to decisions about values

This is, perhaps, another way of saying that philosophy is a search

---

① Diogenes Laertius, *Lives of the Eminent Philosophers* (C. D. Yonge, trans.), pages 9-10. London:H.G. Bohn, 1853.

for wisdom instead of information about facts (knowledge). For wisdom, as we have seen, is an attitude of valuing and weighing courses of action so that they will fit into a reasonable interpretation of the human situation. Arthur E. Murphy has said.

> The subject-matter of philosophy is the things that men take seriously, not for limited purposes, but in the basic commitments which determine, on the whole, what they make of their lives and of the world they live in.[①]

Except within very narrow limits, science does not tell men what they should do. Granting that certain ends are desirable, science can, in many cases, tell them what they must do in order to achieve these goals. Science tells us that hydrogen cyanide is a very good poison and that penicillin is a very good germ-killer; but science alone cannot tell the scientist or anyone else whether euthanasia is morally justified or not. By virtue of science alone, we do not know whether we ought to use the penicillin or the cyanide.

What the ordinary man is interested in is not just how to accomplish a certain purpose, important as that knowledge is. He wants to know what purpose to choose from among those open to him. The ends and purposes to be chosen usually stem, directly or indirectly, from religion. But the religious answer, rightly or wrongly, now satisfies fewer people than heretofore, Many people in our society have doubts about the truths claimed by religion. These people are not sure that the standards of conduct that religious teachers set up long ago are the best ideals for conduct today. Others grant the truth of these teachings, but do not see how they can be applied in our complex society. It is not our place here to

---

① Arthur E. Murphy, *The Uses of Reason*, page 288. New York: The Macmillan Company, 1943.

examine and evaluate these doubts and hesitancies; but they do exist, and they cry out for resolution.

One of the purposes of philosophy is to evaluate this kind of doubt. Philosophers do discuss questions of ultimate value, and most philosophical questions raise, either explicitly or implicitly, the issue of the nature of values. Philosophical conclusions about the universe and the place of ideals and values within it eventually lead to decisions as to which of our conflicting ideals are most worthy of pursuit. Even philosophical discussions that are not explicitly about values have a bearing on the value decisions we make. For instance, how one answers the question, "Does God exist?" may determine his answer to questions concerning the standards to be used in judging conduct and guiding choices. Similarly, questions about the relation of the mind to the body or of the best ways of knowing will, when answered one way or another, suggest attitudes and theories about values and about the obligations of men.

Philosophers also deal explicitly with questions of value. Moral questions are studied in that part of philosophy called ethics. In aesthetics, philosophers discuss the nature of beauty and the standards used in criticizing and appreciating works of art. Logic deals with the formal principles of reasoning and with relations between propositions that can be taken as norms for judging the validity of various ways of thinking. Philosophy of religion discusses the values in religion; philosophy of history deals with the meaning and value of the historical process and of the methods for discovering the facts of history. Philosophy of law and political philosophy seek to establish reasonable criteria for judging the aims and functions of government and law. Philosophy of science questions and evaluates the methods of scientific thinking and tries to determine the value and significance of the scientific enterprises as a whole. There are also philosophies of business, of education, in fact, of every field of experience about which men think deeply. Whenever men, no matter what work they are doing, stop to inquire into that work from the standpoint of its ultimate values and significance in the whole scheme of things, they are then philosophizing.

Philosophical questions are critical

Philosophy is, in part, an analysis of conceptions and meanings that are usually, at least in some field of endeavor, taken for granted. Every field of experience-science as much as religion-bases its attitudes and inquiries on assumptions that are accepted as starting points. They are accepted, as it were, on faith, and they are generally used without much critical examination. One of the principal tasks of the philosopher is to examine them and to evaluate them, to make their meaning explicit, to determine the limits of their application, to see the grounds on which they may be justified. Moritz Schlick and Austrian philosopher who believed that criticism was the whole duty of philosophy, emphasized the bearing of philosophy on the concepts and presuppositions of other intellectual pursuits when he wrote,

> There are not specific "philosophical" truths which would contain the solution of specific "philosophical" problems, but philosophy has the task of finding the meaning of all problems and [of] their solutions. It must be defined as the activity of finding meaning.[①]

Many of the greatest philosophers of the past are remembered now not so much for the great systems and world-views that they propounded as for

---

① Moritz Schlick, *The Future of Philosophy*, The College of the Pacific Publications in Philosophy, 1932, page 58.

their painstaking analysis of problems and of techniques for solving them. David Hume's analysis of the concept of cause, for instance, which we shall examine in Chapter 5, is a permanent part of philosophical analysis, acknowledged to be such even by those who disagree with Hume's conclusions. Philosophers have made some of their most important contributions when they first discerned an assumption or learned to ask a new question that had been overlooked by their predecessors. Their questions were frequently more important than the answers they were able to give.

We shall see many illustrations of philosophical criticism of accepted but vague meanings; the discussion of common sense in Chapter 2 is such an analysis. We cannot answer a question such as "Is common sense dependable?" until we know what it means. Or consider the common philosophical question, "Has life any meaning?" I suppose everyone's philosophy of life includes some sort of answer to this very vague question. But the philosopher analyzes the question before he speculates about an answer to it. Such questions must be made precise, or they cannot be intelligently discussed at all. Thus Spinoza and Hegel and Augustine tried to answer the question of the meaning of life after they had inquired into what it meant; while the same question asked by Job was not a precise question so much as an expression of puzzlement or intellectual bafflement. The man who asks the question usually wants consolation or some message that will satisfy him and either justify or still his rebellion against things. The philosopher quietly begins, "What do you mean by 'meaning'?"

Philosophers by profession and amateur philosophers usually sin in opposite directions with respect to philosophical analysis and criticism. Some philosophers, like Schlick, think that analysis and criticism are the entire task of philosophy; they are certainly, to many professionally trained philosophers, the most interesting part of their work, and some never get beyond them. When a pupil once objected to Morris R. Cohen's having criticized his beliefs but not having given him anything to take their place, Cohen is said to have replied, "Hercules was required to clean the Augean stables; it is not said the he had to refill them."

Students and amateurs, like Cohen's pupil, frequently become impatient with the fine-spun analyses given by teachers and textbooks in philosophy. "After all," a student once said to me, "I came into this class wanting to find out how to make my life richer, and I heard long discussions about the concept of life and value and even an analysis of the word 'how', but I'm not a bit nearer to answering my main question than when I began." I imagine, however, that the student was closer than he thought; for at least he had given up the naïve notion that the question he was asking was a simple one that I could answer or whose answer he could find in a book. I think the will never again be satisfied with facile answers of which the only recommendation is that they have a perhaps specious obviousness about them.

The philosopher does sometimes get so interested in his technique that he forgets the human interest that may first have led him and his students to philosophy; the student suffers from impatience to get to the main point. Some philosophers are like pianists who play only scales; on the other hand, some students are like beginners in music who are so anxious to play Beethoven that they resent having to learn scales. Each has exaggerated one aspect of the process of music-making or philosophizing.

Philosophical analysis and criticism are not ends in themselves, but they are a very important means to the working out of intelligible solutions to the deepest philosophical problems:

> By removing prejudice and confusion, by spreading enlightenment through the clarification of basic ideas, [the philosopher] occupies an indispensable role as a guide on the

however tortuous path of human progress.[①]

Philosophical questions are speculative

The questions asked by philosophers push us past the limits of established knowledge, asking what might lie beyond. Philosophers have made some of their most important contributions by making intelligent guesses about what lies beyond the knowledge of their time. Democritus suggested the existence of atoms long before there was clinching scientific evidence for accepting their existence; Empedocles suggested some kind of evolution long before biologists came to similar conclusions on the basis of their much greater knowledge; many scientific discoveries in psychology and sociology vindicate suggestions made long ago by philosophers. Of course, philosophers have made an even larger number of guesses that have been refuted by the further accumulation of facts. But because the critical scientist usually accomplishes more by staying fairly close to the level of what he can observe, and rightly hesitates before making broad generalizations and sweeping hypotheses, he is often helped by remembering the freer speculations of philosophers.

Philosophers also speculate beyond the limits of all possible scientific knowledge. Questions as to whether God exists or not, whether there are any ultimate values, whether there is a final purpose of existence, are not questions for which we look to science for answers. They are not questions about facts that the scientist will perhaps eventually get around to answering; they are questions about value and meaning—including even the value and meaning of science itself. Any answer to these questions requires imaginative speculation, a readiness to go beyond all the facts with the hope of formulating some hypothesis that will make

---

[①] Herbert Feigl, in *Readings in philosophical Analysis* (H. Feigl and Wilfred S. Sellars, eds.), page 26. New York: Appleton-Century-Crofts, Inc., 1949.

them all more intelligible than if they were looked at scientifically:

> It is part of the business of philosophy to continue the consideration of such questions, to make us aware of their importance, to examine all the approaches to them, and to keep alive that speculative interest in the universe which is apt to be killed by confining ourselves to definitely ascertainable knowledge.[①]

Human beings want and need answers to the great philosophical issues, and they expect—rightly or wrongly—that philosophers shall help them to find intelligible, even if not demonstrable, answers to them. For it is certain that if philosophers do not deal with these questions, others less responsible and less disciplined in thought will do so. Most philosophers, fully cognizant of the obstacles in the way of establishing any speculative conclusions, do try to make out the general features of things by speculating beyond the facts. Scientific knowledge is not enough; intelligence can and ought to be used in trying to see the bearing of the facts we know on ideals and hopes and on that much greater drama of which we can never really know more than a small part. Some reasonable guesses about the drama as a whole, and also about the stage, the backstage, and the wings, are needed by the actors in the human drama. The most reasonable guesses can be made by men whose imagination is disciplined by analysis and criticism, not by wild theorists, by dogmatic seers, or by men who never look beyond what is at the other end of the microscope, but by philosophers who try, at least, to see things whole. They are the responsible and disciplined speculators.

---

① From *Problems of Philosophy*, by Bertrand Russell, pages 241-242. New York: Home University Library, Oxford University Press, 1912.

Philosophical questions are synoptic

By synoptic vision we mean "seeing things whole." seeing everything in its bearing upon everything else, seeing things in their integral togetherness. This characteristic of philosophy really sums up all the others. Whereas science and many of the special branches of philosophy deal with only particular aspects of things or narrow "universes of discourse", philosophy itself is an attempt to remain keenly aware that we live in one world, Our knowledge breaks awareness of this world into bits and studies each aspect or part piecemeal, or, at most, the relations holding among a few of its parts. In this way, our knowledge gains certainty and clarity. Any attitude that goes beyond this is speculation, and is sometimes criticized as "mere mysticism." The mystic immerses himself in The Whole or The One and what he gains in scope and depth, he loses in detail and logical rigor, But, says Whitehead, "The purpose of philosophy is to rationalize mysticism," [①] that is, to render intelligible the view of the whole that comes from imagination, speculative flights, and what Whitehead calls "direct insight into depths as yet unspoken." Synoptic philosophical questions are questions about "everything."

The synopsis that is the aim of philosophy is one of the features that make it of great importance in education. Modern education requires specialization, and universities have departments that make specialization in teaching and research possible. Most schools leave "generalization" of the student to be a matter of precept and acculturation in an intellectual atmosphere provided by libraries, laboratories, lecture rooms, and association with scholars. Philosophy, although it is usually a special

---

① Alfred North Whitehead, *Modes of Thought*, page 237. New York: The Macmillan Company, 1938.

department in a university, fails to do its whole job if it remains simply a curriculum for training expert technicians in logical analysis and erudite students of the history of philosophical ideas. The philosophy department and philosophy classes, at their best, provide a center of gravity for the educational program which is somewhere near the center of experience instead of off to one side. Philosophers seek to generalize, to synthesize, to criticize, and to integrate. As teachers, their task is not only to make Ph.D.'s in philosophy, or to give students of accounting a nodding acquaintance with Plato; their task is also to develop the student's ability to gain a synoptic view of himself and his place in the world, to show him that he is really one person in one world—not a Christian on Sunday, a chemist one hour, a classicist the next, an athlete in the afternoon, and a wolf in the evening.

This cannot be taught in the same way that skills and even some knowledge are imparted. It is something that the student must teach himself by trying to make and to examine his own philosophy. This was the method of Socrates, who said that he acted as midwife for others who were trying to bring their own ideas to birth; it was the method of Kant, who said, "I cannot teach philosophy, I can only teach philosophizing." By such a method, the study of philosophy can help the student to work out his own problems through showing him that he is not alone in his perplexities; the greatest minds in history have faced the same problems and have used their genius in trying to solve them. The world is full of problems for all of us. The task of a course in philosophy is not to tell the student the answers—as if the teacher or the author of the textbook knew them!—but to make him fully aware of the ramifications of his questions, of some possible answers to them, and of his stake in each.

These, then, are the distinguishing traits of philosophy at its best. Philosophy grows out of the need of each thinking person to find an intelligible order in his life so that he can think and fell that things "make sense." Philosophy is not an accumulation of facts, although it uses all the facts that it can get and that the individual can master. It deals rationally with values and ideals; it tries to see the most general contours of the world, which is not merely a world of brute fact but also a stage on which ideals are pursued and values are, in fortunate moments, appreciated; and it tries to integrate all the partial views we have into a reasonable picture of the whole. Its inquiry is detailed analysis and disciplined speculation. It goes critically beneath and speculatively beyond established facts. There is a place in it for individual beliefs and ideals; there are many rooms in the mansion of philosophy. At the same time, however, its problems recur from age to age, and from the master each of us can learn which solutions are promising and which ways of dealing with our own puzzles are futile. We feel, perhaps, that our problems of coming to terms with ourselves and discovering our place in things are personal problems; but the ones that most perplex us are the most human and perennial of all.

(Selected from *Philosophy Inquiry: An Introduction to Philosophy*, by Lewis White Beck, Professor of Philosophy, the University of Rochester)

人物简介

A

阿奎那,托马斯(Thomas Aquinas,约 1225—1274)

中世纪经院哲学家和神学家,死后被封为天使博士(天使圣师)或全能博士。他是自然神学最早的提倡者之一,也是托马斯哲学学派的创立者,其著述成为天主教长期以来研究哲学的重要根据。其著作主要有《神学大全》、《自然的原则》、《反异教大全》等。

爱比克泰德(Epictetus,约 55—约 135)

古罗马新斯多葛学派著名哲学家,出生于罗马弗里吉亚的一个奴隶家庭。童年时被卖到罗马为奴,后师从新斯多葛派哲学家鲁佛斯,并获自由。此后,他一直在罗马教学,建立了自己的斯多葛学园,后因罗马皇帝图密善害怕哲学家日益强大的影响力对其王位构成威胁,便将爱比克泰德逐出罗马,于是他移居希腊尼科波里斯,以教书终其一生。

爱因斯坦,阿尔伯特(Albert Einstein,1879—1955)

世界上最著名的美籍德国犹太裔物理学家,他创立了物理学理论中的狭义相对论和广义相对论,并为核能的开发和利用奠定了坚实的理论基础,被认为是自伽利略、牛顿以来最伟大的科学家和思想家,1921 年获诺贝尔物理学奖。

奥古斯丁,奥勒留(Aurelius Augustinus,354—430)

古罗马帝国末期基督教思想家、教父哲学家,主要著作有《论三位一体》、《忏悔录》、《上帝之城》等。

奥勒留，马可（Marcus Aurelius，121—180）

古罗马帝国时期著名的斯多葛派哲学家，曾任罗马帝国皇帝，被称为"帝王哲学家"，主要著作为《沉思录》。

B

巴霍芬（Bachofen，1815—1887）

瑞士杰出的历史学家和法学家，著有《母权论》（1861）一书。

巴门尼德（Parmenides，生卒年不详，约生活于公元前6世纪至公元前5世纪）

古希腊爱利亚人，爱利亚学派的创始人，最早以"存在"为核心概念的哲学家，认为"存在"是万物的本原，存在是唯一的、不动的、永恒的，并认为存在和思维是同一个东西。

柏拉图（Plato，公元前427—前347）

古希腊雅典著名哲学家，客观唯心主义学说理念论的创立者，认为理念是真正的实体，而感性的事物不过是对理念的模仿或分有。著有《巴曼尼得斯篇》、《理想国》、《智者篇》、《法律篇》、《政治家篇》等著名著作。

坂田昌一（Sakata Shyoichi，1911—1970）

日本理论物理学家，主要从事基本粒子物理学研究，在发展介子理论和基本粒子结构模型方面做出了重要贡献。

鲍姆加通，亚历山大·考特雷德（Alexander Gottlieb Baumgarten，1714—1762）

18世纪德国著名的哲学家、美学家，美学理论的创始人，主要著作有《关于诗的若干前提的哲学默想录》、《美学》等。

鲍桑奎，伯纳德（Bernard Bosanquet，1848—1923）

英国新黑格尔主义和新自由主义的代表人物。他在逻辑学、美学、哲学、政治哲学、宗教学、心理学等方面都有建树，主要著作有《美学史》、《逻辑的本质》、《道德自我的心理学》等。

贝塔朗菲，路德维希·冯（Ludwig Von Bertalanffy，1901—1972）

美籍奥地利裔理论生物学家，"一般系统论"的创始人，其系统论思想对自然科学和社会科学均产生广泛的影响。

边沁，杰里米（Jeremy Bentham，1748—1832）

英国法理学家、功利主义哲学家、经济学家和社会改革者，主要著作有《道德和立法原理导论》、《赏罚原理》等。

波普，卡尔（Karl Raimund Popper，1902—1994）

20世纪英国著名的哲学家，研究领域涉及科学哲学、政治哲学和历史哲学等。主要著作有《科学发现的逻辑》、《猜想与反驳》、《历史决定论的贫困》、《开放社会及其敌人》等。

玻恩，马克斯（Max Born，1882—1970）

犹太裔德国理论物理学家，量子力学奠基人之一，因对量子力学的基础性研究尤其是对量子客体运动方程中的波函数的统计诠释，1954年获诺贝尔物理学奖。

布洛，爱德华（Edward Bullough，1880—1934）

瑞士心理学家、语言学家。1902年任英国剑桥大学教授，主讲意大利文学，通晓包括中文在内的六种语言。1912年于英国《心理学杂志》第5卷第2期发表《作为艺术因素与审美原则的"心理距离说"》一文，提出"心理距离说"。

C

蔡仪（1906—1992）

中国美学家、文艺理论家。原名蔡南冠。湖南攸县人，著有《新艺术论》、《新美学》、《中国新文学史讲话》、《唯心主义美学批判》、《论现实主义问题》等十多种专著，还主编高等学校教材《文学概论》和《美学原理》，主编《美学论丛》、《美学评林》等刊物。

车尔尼雪夫斯基，尼古拉·加夫里诺维奇（Nikolay Gavrilovich Chernyshevsky，1828—1889）

俄国革命家、哲学家、作家和批评家，人本主义的代表人物。主要美学著作有《艺术对现实的审美关系》与《俄国文学果戈理时期概观》，另有小说《怎么办？》等。

陈晏清（1938— ）

中国著名的哲学家，南开大学哲学院教授，著有《"四人帮"哲学批判》、

《马克思主义哲学纲要》、《论自觉的能动性》、《辩证的历史决定论》（合著）、《现代唯物主义导引》（合著）、《当代中国社会哲学》（主编）、《当代中国社会转型论》（主编）等著作。

D

德谟克利特（Democritus，前460—前370）

古希腊属地阿布德拉人，著名的自然哲学家，古代原子论的创始人之一。他认为，万物的本原是原子和虚空，原子在虚空中的运动构成了万物生成变化的原因。

狄德罗，德尼斯（Denis Diderot，1713—1784）

18世纪法国唯物主义哲学家、美学家、文学家、百科全书派代表人物，第一部法国百科全书主编。主要著作有《对自然的解释》、《生理学基础》、《拉摩的侄儿》、《关于物质和运动的哲学原理》等。

狄尔泰，威廉（Wilhelm Dilthey，1833—1911）

德国哲学家、历史学家、心理学家、社会学家、美学家。早年为新康德主义者，后转向生命哲学。主要著作有《精神科学导论》、《诗人的想象力》、《体验与文学》等。

笛卡尔，勒内（Rene Descartes，1596—1650）

17世纪法国著名哲学家、数学家和科学家。他被认为是欧洲近代理性主义哲学的奠基人，其著名的哲学著作有《形而上学的沉思》、《谈谈方法》、《哲学原理》等。

蒂利希，保罗（Paul Tillich，1886—1965）

又译田立克，德裔美国宗教哲学家，系统神学的创立者，基督教存在主义者，主要著作有《系统神学》、《文化神学》、《信仰的动力》等。

董仲舒（前179—前104）

西汉著名今文经学大师。汉景帝时任博士，讲授《公羊春秋》。汉武帝采纳了董仲舒"罢黜百家，独尊儒术"的建议，使儒学开始成为官方哲学，并延续至清朝灭亡，他的著述被后人辑为《春秋繁露》一书。

E

恩格斯，弗里德里希·冯（Friedrich Von Engels，1820—1895）

德国著名哲学家和无产阶级革命家，马克思的挚友，马克思主义的创始人之一。著有《神圣家族》、《德意志意识形态》、《反杜林论》、《家庭、私有制和国家的起源》等名作。

恩培多克勒（Empedocles，前490—前430）

生于西西里阿克拉噶斯（今阿格里琴托），古希腊早期著名的自然哲学家。他认为世界的本原是水、火、土、气四种元素，这四种元素因"爱"而相互结合，又因"恨"（斗争）而相互分离，由此解释万物的生成与变化。

恩披里克，赛克斯都（Sextus Empiricus，约公元前2世纪人）

晚期希腊哲学中最著名的怀疑论者，著有《皮浪学说要旨》、《反数学家》等著作。

F

费希特，约翰·戈特利布（Johann Gottlieb Fichte，1762—1814）

17—18世纪德国著名哲学家，唯心主义者，主要著作有《全部知识学基础》、《自然法权基础》、《伦理学体系》、《论人的使命》等。

冯友兰（1895—1990）

字芝生，河南南阳唐河人，中国著名哲学家。1924年获哥伦比亚大学博士学位，历任中州大学（河南大学的前身）、广东大学、燕京大学教授，清华大学文学院院长兼哲学系主任、西南联大哲学系教授兼文学院院长、清华大学校务会议主席、北京大学哲学系教授，著有《中国哲学简史》、《新理学》、《新原人》、《新原道》等重要哲学著作，被誉为"现代新儒家"的代表人物。

福柯，米歇尔（Michel Foucault，1926—1984）

法国著名哲学家，被认为是后结构主义者和后现代主义者，主要著作有《词与物》、《规诫与惩罚》、《性史》、《疯癫与文明》、《知识考古学》等。

G

伽达默尔，汉斯·格奥尔格（Hans-Georg Gadamer，1900—2002）

德国哲学家。他在年轻的时候曾信奉胡塞尔的现象学，但后来也像海德格尔一样对胡塞尔现象学感到不满，转而研究海德格尔的哲学，并深受海德格尔存在论哲学的影响。大约在 20 世纪 50 年代初，伽达默尔开始将研究重心转移到解释学方面。他对施莱尔马赫、狄尔泰和海德格尔等人的解释学理论进行了全面、深入的研究，并逐步形成了自己的"哲学解释学"理论。1960 年出版了他的代表作《真理和方法》。

高尔吉亚（Gorgias，约前 483—前 375）

古希腊西西里岛雷昂狄恩城人，著名哲学家、修辞学家，智者学派的著名代表人物。

告子（生卒年不详）

中国战国时期思想家，曾在孟子门下学习，就人性问题同孟子辩论，其著作没有流传下来。

格克勒纽斯（Goclenius，1547—1628）

又译郭克兰纽，德国 16—17 世纪哲学家，经院学者，著有《哲学辞典》一书，最早使用"ontology"（本体论、存在论）一词。

格劳修斯，胡果（Hugo Grotius，1583—1645）

16—17 世纪荷兰古典自然法学派主要代表之一，世界近代国际法学的奠基人。同时也是近代自然法理论的创始人之一，主要著作有《战争与和平法》、《论海上自由》等。

H

哈贝马斯，尤尔根（Jürgen Habermas，1929—）

当代德国著名哲学家、社会理论家，德国法兰克福学派的第二代代表人物，著有《公共领域的结构变化》、《历史唯物主义的重建》、《交往行动理论》、《认识和智趣》、《事实与价值》、《后现代哲学话语》、《合法性危机》等重要著作。

海德格尔，马丁（Martin Heidegger，1889—1976）

20 世纪德国著名的哲学家,存在主义哲学的创始人和主要代表人物之一,著有《存在与时间》、《形而上学导论》、《林中路》、《走向语言之途》等重要哲学著作。

海森堡,维尔纳(Werner Heisenberg,1901—1976)

德国物理学家,量子力学的主要创始人之一,测不准关系理论的提出者,1932 年获诺贝尔物理学奖。

荷加斯(W.Hogarth,1697—1764)

英国著名画家、风俗画的奠基人和杰出的艺术理论家,对美学理论的发展做出了极大贡献。《美的分析》是荷加斯的一部重要美学著作,同时也是欧洲美学史上第一部以形式为基础的论著。

赫拉克利特(Heraclitus,约公元前 530—前 479)

古希腊伊奥尼亚地区艾菲斯城邦的哲学家,出身于王族家庭。他提出"火"是万物本原的哲学观点,把万物生灭变化的原因和规律称之为"逻各斯",由此奠定了古希腊哲学的理性主义传统。

黑格尔,格奥尔格·威廉·弗里德里希(Georg Wilhelm Friedrich Hegel,1770—1831)

德国 18—19 世纪最著名的客观唯心主义哲学家,著有《逻辑学》、《精神现象学》、《自然哲学》、《历史哲学》、《美学》、《法哲学原理》等大量哲学著作,思想极其丰富。

胡塞尔,埃德蒙德(E. Edmund Husserl,1859—1938)

德国著名哲学家,现象学创始人,著有《作为严格的科学》、《关于纯粹现象学和现象学哲学观念》、《形式的与先验的逻辑》、《欧洲科学危机和超验现象学》等著作。

霍布斯,托马斯(Thomas Hobbes,1588—1679)

17 世纪英国著名哲学家,机械唯物论的奠基者之一,社会契约论的代表人物之一,著有《论物体》、《利维坦》、《论人》、《论社会》等著作。

J

金里卡,威尔(Will Kymlicka,1962—)

加拿大著名哲学教授,1984 年获女王大学(Queen's University)哲学和政治学学士学位，1987年获牛津大学哲学博士学位，现为加拿大女王大学哲学系教授，主要著作有《自由主义、社群与文化》》、《当代政治哲学》、《多元文化公民权》、《少数的权利》等。

K

卡尔纳普，鲁道夫（Rudolf Carnap，1891—1970）

德国20世纪著名科学哲学家，维也纳学派和逻辑实证主义的创始人，主要著作有《世界的逻辑结构》等。

卡西尔，恩斯特（Ernst Cassirer，1874—1945）

德国著名的文化哲学家，著有《人论》、《自由与形式》、《神话思维的概念形式》、《语言与神话》等著作。

康德，伊曼努尔（Immanuel Kant，1724—1804）

18世纪德国著名的哲学家，著有《纯粹理性批判》、《实践理性批判》、《判断力批判》和一系列关于形而上学、政治哲学、道德哲学、宗教哲学的著作。他的哲学被称之为"批判哲学"，对后世哲学产生了不可磨灭的影响。他也是天文学中星云假说的创立者之一，早年著有《自然通史和天体论》一书。

克罗奇，贝奈戴托（Benedetto Croce ，1866—1952）

意大利著名文艺批评家、历史学家、哲学家，新黑格尔主义者，主要著作有《美学原理》、《历史学的理论与实践》、《实践活动的哲学》、《逻辑学》等。

孔子（前551—前479）

名丘，字仲尼，东周时期鲁国陬邑（今中国山东曲阜市南辛镇）人，祖上为宋国（在今河南商丘一带）贵族。春秋末期思想家和教育家，儒家思想的创始人，相传编纂过《春秋》，修订过《五经》，其主要著作为《论语》，是由其弟子编纂而成的。

L

拉伯克（Lubbock，1834—1913）

英国民族志学家和考古学家，著有《文明的起源和人类的原始状态》

（1870）。

莱布尼茨，戈特弗里德（Gottfried Leibniz，1646—1716）
德国 17—18 世纪著名的理性主义哲学家、数学家和科学家，主要哲学著作有《单子论》、《人类理智新论》等。

老子（前 571—前 471）
名李耳，字聃，先秦时期楚国苦县历乡曲仁里（今河南鹿邑县太清宫镇）人，我国古代伟大的哲学家，道家学说的创始人，著有《道德经》（又称《老子》）一书。

李普斯，特奥多尔（Theodor Lipps，1851—1914）
德国心理学家、哲学家、美学家，主要著作为《空间美学》。

李泽厚（1930—）
著名哲学家，现为中国社会科学院哲学研究所研究员、巴黎国际哲学院院士、美国科罗拉多学院荣誉人文学博士，德国图宾根大学、美国密西根大学、威斯康星大学等多所大学客座教授。主要从事中国近代思想史和哲学、美学研究。

卢梭，让·雅克（Jean Jacques Rousseau，1712—1778）
18 世纪法国伟大的启蒙思想家、哲学家、教育家、文学家，18 世纪法国大革命的思想先驱，著有《论人类不平等的起源和基础》、《社会契约论》、《爱弥尔》、《忏悔录》等著作。

鲁迅（1881—1936）
原名周树人，浙江绍兴人，字豫才，以笔名鲁迅闻名于世。鲁迅先生一生写作计 600 万字，创作涉及杂文、短篇小说、诗歌、评论、散文和翻译作品等，对五四运动以后的中国文学产生深刻而广泛的影响。毛泽东评价他是伟大的文学家、思想家、革命家和中国文化革命的主将。

罗丹，奥古斯特（Auguste Rodin，1840—1917）
法国著名雕塑家。十四岁随荷拉斯·勒考克学画，后又随巴耶学雕塑。1875 年游意大利，深受米开朗基罗作品的启发，从而确立了现实主义的创作手法。他的主要作品有《青铜时代》、《思想者》、《雨果》、《加莱义民》和《巴尔扎克》等。

罗尔斯,约翰(John Bordley Rawls,1921—2002)
> 美国著名的政治哲学家、伦理学家。普林斯顿大学哲学博士,哈佛大学教授,主要著作有《正义论》、《政治自由主义》、《作为公平的正义:正义新论》、《万民法》等。

罗斯,威廉姆 D.(Sir William D. Ross,1877—1971)
> 英国哲学家,20世纪英国元伦理学思潮中义务论直觉主义的代表人物,主要著作有《亚里士多德》等。

罗素,伯特兰·亚瑟·威廉(Bertrand Arthur William Russell,1872—1970)
> 英国著名的哲学家、数学家和逻辑学家,20世纪逻辑分析哲学的创始人之一,逻辑实证论的主要代表人物,著有《数学原理》、《哲学问题》、《自由之路》、《西方哲学史》、《宗教与科学》等著作。

洛克,约翰(John Locke,1632—1704)
> 英国17世纪著名的经验论哲学家,他通过观念论的研究,将经验哲学系统化。主要著作有《人类理解论》、《政府论》、《关于教育的思想》等。

M

马基雅维利,尼可罗(Niccolo Machiavelli,1469—1527)
> 文艺复兴时期意大利著名的政治思想家和历史学家,主要著作有《君主论》、《论蒂托·李维》、《佛罗伦萨史》、《论战争与艺术》等。

马克思,卡尔·亨利希(Karl Heinrich Marx,1818—1883)
> 19世纪德国著名的哲学家、经济学家、政治家和无产阶级革命的理论家,马克思主义理论的创始人,被誉为全世界无产阶级的伟大导师。著有《1844年经济学哲学手稿》、《神圣家族》、《德意志意识形态》、《共产党宣言》、《法兰西内战》、《资本论》等名作。

麦金泰尔,阿拉斯代尔·查莫斯(Alasdair Chalmers MacIntyre,1929—)
> 出生于苏格兰格拉斯哥,当代美国著名哲学家,在道德哲学、政治哲学、哲学史和神学等领域都做出了杰出的贡献,主要著作有《德性之后》、《马克思主义的解释》、《谁之正义?何种合理性?》等。

麦克伦南(Mclennan,1827—1881)
> 苏格兰法学家、历史学家,著有《古代史》(1876),并写有婚姻和家庭

史方面的著作。

孟子（前 372—前 289）

名轲，字子舆，战国时期邹国人，中国先秦时期著名的哲学家、教育家和政治家，他创造性地发挥了孔子创立的儒家学说，被称之为"亚圣"（仅次于孔子），主要著作有《孟子》（七篇十四卷）。

密尔，约翰·斯图尔特（John Stuart Mill，1806—1873）

又译为约翰·斯图亚特·穆勒，英国著名哲学家和经济学家，19 世纪影响力很大的古典自由主义思想家。他支持边沁的功利主义，主要著作有《论自由》、《代议制政府》、《功利主义》等。

摩尔，乔治·爱德华（George Edward Moore，1873—1958）

英国哲学家，属于分析哲学学派，主要贡献为伦理学，主要著作有《伦理学原理》等。

摩尔根（Morgan，1818—1881）

美国杰出的考古学家、民族志学家和原始社会史学家，著有《古代社会》一书。摩尔根一生的大部分时间与美洲印第安人生活在一起，并被一个易洛魁人部落收养入族。通过长时期的实地考察，摩尔根十分深入地研究了原始部落社会的家庭关系和亲属制度的性质、特征和演变过程，为人们研究史前社会提供了丰富翔实的实证资料。

N

尼采，弗里德里希（Friedrich Nietzsche，1844—1900）

德国著名哲学家、诗人和散文家。他最早开始批判西方现代社会，然而他的学说在他的时代却没有引起人们重视，直到 20 世纪，才激起深远的调门各异的回声。后来的生命哲学、存在主义、弗洛伊德主义、后现代主义，都以各自的形式回应尼采的哲学思想。他的主要著作有《悲剧的诞生》、《查拉图斯特拉如是说》、《人性的，太人性的》、《道德谱系》、《乐观的智慧》等。

诺齐克，罗伯特（Robert Nozick，1938—2002）

美国著名的政治哲学家，哈佛大学教授。生于纽约的布鲁克林区，先后毕业于哥伦比亚大学、牛津大学和普林斯顿大学，他对政治哲学、决策论和知识论都做出了重要的贡献,主要著作有《无政府、国家和乌托邦》、《哲学解释》、《苏格拉底的困惑》等。

P

培根,弗兰西斯(Francis Bacon,1561—1626)
英国 16—17 世纪著名哲学家,欧洲近代经验论哲学的奠基者。主要著作有《新工具》、《论事物的本性》、《各家哲学的批判》等。

皮浪(Purron,前 365—前 270)
古希腊爱利斯人,怀疑派哲学家,怀疑主义的创始人。

普罗提诺(Plotinus,205—270)
又译柏罗丁,罗马帝国时期的著名哲学家,新柏拉图主义者,著有《九章集》等著作。

S

塞内卡,卢修斯·安纽斯(Lucius Annaeus Seneca,约公元前 4 年至公元 65 年)
古罗马时期著名的哲学家和伦理学家,受斯多葛学派影响甚深。

施特劳斯,列奥(Leo Strauss,1899—1973)
出生于德国的犹太人,曾就读于汉堡大学,1921 年获哲学博士学位,1925 年至 1932 年任职于柏林犹太研究学院。1938 年移居美国,1938—1949 年任教于纽约新社会研究院,1949—1968 年任教于芝加哥大学政治学系。施特劳斯是当代著名的政治哲学家,主要著作有《政治哲学史》、《自然权利与历史》等。

石里克,莫里茨(Moritz Schlick,1882—1936)
19—20 世纪德国著名科学哲学家,维也纳学派和逻辑实证主义的创始人,主要著作有《广义认识论》、《道德问题》等。

斯宾诺莎,巴鲁赫(Baruch de Spinoza,1632—1677)
17 世纪荷兰著名的理性主义哲学家。主要著作有《伦理学》、《神学政治论》、《政治论》等。

斯密，亚当（Adam Smith，1723—1790）
　　英国苏格兰爱丁堡人，古典经济学创立者，提出分工理论、货币理论、价值理论、交换理论和分配理论等，主要著作有《国民财富的性质和原因的研究》（又译《国富论》）、《道德情操论》等。

苏格拉底（Socrates，前469—前399）
　　著名古希腊思想家、哲学家、教育家，他和他的学生柏拉图，以及柏拉图的学生亚里士多德被并称为"古希腊三贤"，更被后人广泛认为是西方哲学的奠基者。

孙正聿（1946—）
　　吉林省吉林市人，吉林大学哲学系基础理论研究中心主任，著有《哲学通论》、《理论思维的前提批判》、《超越意识》等著作。

T

泰勒（Tylor，1832—1917）
　　英国著名民族志学家、文化史和民族学进化论学派创始人，著有《人类原始历史和文明产生的研究》（1865）。

泰勒斯（Thales，约公元前624—约前546）
　　古希腊第一位有文字可考的哲学家，自然哲学家，希腊七贤之一。

涂尔干，埃米尔（Emile Durkheim，1858—1917）
　　又译迪尔凯姆，法国著名的社会学家，社会学学科的奠基人，主要著作有《社会学方法的规则》、《劳动分工论》、《自杀论》、《宗教生活的基本形式》等。

W

瓦托夫斯基，马克斯（Marx W. Wartofsky，1928—1997）
　　美国科学哲学家，著有《科学思想的概念基础——科学哲学导论》、《模型——表象和科学的理解》等著作。

王充（27—约97）
　　字仲任，会稽上虞人（今属绍兴），东汉时期著名的哲学家，主要著作为《论衡》。

王国维（1877—1927）
　　字伯隅、静安，号观堂、永观，汉族，浙江海宁盐官镇人。清末秀才。我国近现代在文学、美学、史学、哲学、古文字、考古学等各方面成就卓著的学术大师。

维柯，詹巴蒂斯塔（Giambattista Vico，1668—1744）
　　意大利著名政治哲学家、修辞学家、历史学家和法理学家。他为古老风俗辩护，批判了现代理性主义，并以巨著《新科学》闻名于世。

维特根斯坦，路德维希（Ludwig Wittgenstein，1869—1951）
　　出生于奥地利，后入英国籍，20世纪著名的哲学家、数理逻辑学家和语言哲学家，分析哲学的主要代表人物之一，著有《逻辑哲学论》、《哲学研究》等著作。

文德尔班（Windelband，1848—1915）
　　德国新康德主义者，弗莱堡学派创始人，著有《序论》、《哲学导论》、《哲学史教程》等著作。

X

席勒（Johann Christoph Friedrich Von Schiller，1759—1805）
　　德国著名的美学家、诗人、剧作家和历史学家。他从青年时代起就受启蒙思想影响，积极投身狂飙突进运动，开始文学创作，主要美学著作有《美育书简》等。

谢林，弗里德里希（Friedrich Schelling，1775—1854）
　　19世纪德国著名的哲学家、美学家。在艺术学理论上有卓越的建树，他在这方面的主要著作为《艺术哲学》，该书对德国、英国、法国和俄国的艺术研究都产生了重要影响。另有《先验唯心主义》等著作。

休谟，大卫（David Hume，1711—1776）
　　18世纪英国苏格兰著名经验论哲学家，欧洲近代怀疑论哲学的代表人物，主要著作有《人性论》、《人类理解研究》、《道德原则研究》等。

荀子（约公元前313—前238）
　　名况，字卿，战国末期赵国人，著名的思想家、文学家、政治家，儒家学说的代表人物之一，现存的主要作品为《荀子》，共32篇，涉及哲学、逻辑、政治、道德等多方面内容。

Y

亚里士多德（Aristotle，公元前 384—前 322）

古希腊斯吉塔拉人，著名的哲学家、科学家和教育家，人称古希腊哲学的集大成者，其著作涉及形而上学、伦理学、政治学、物理学、神学、修辞学、诗学等诸多方面，对整个西方哲学的发展有着极为重要的影响。

扬雄（公元前 53 年至公元 18 年）

字子云，西汉蜀郡成都（今四川成都郫县）人。西汉后期著名学者，哲学家、文学家、语言学家。

杨振宁（1922—）

安徽省合肥市人。著名美籍华裔科学家、物理学大师、诺贝尔物理学奖获得者。1957 年由于与李政道提出的"弱相互作用中宇称不守恒"观念被实验证明而共同获得诺贝尔物理学奖。

Z

詹姆士，威廉（William James，1842—1910）

美国本土第一位哲学家、心理学家和教育家，美国实用主义哲学的创始人之一。主要著作有《心理学原理》、《实用主义》、《多元的宇宙》、《真理的意义》等。

芝诺（Zeno，约公元前 490—约前 425）

古希腊爱利亚学派的著名哲学家，巴门尼德的学生，主要贡献是用悖论的方式，论证巴门尼德学说的基本命题。

朱光潜（1897—1986）

笔名孟实、盟石。安徽桐城人。中国美学家、文艺理论家、教育家、翻译家。曾为北京大学一级教授、中国社会科学院学部委员，曾任全国政协二、三、四、五届委员，六届政协常务委员，民盟三、四届中央委员，中国文学艺术界联合委员会委员，中国外国文学学会常务理事。

朱熹（1130—1200）

字元晦，祖籍江南东路徽州府婺源县（今江西婺源），南宋著名哲学家、思想家、教育家、诗人，南宋理学的集大成者，著有《四书章句集注》、《楚辞集注》、《朱子语类》等。

庄子（前369－前286）

名周，字子休，先秦时期宋国蒙（战国蒙地在何处多有争议，一说河南商丘市民权县，另说安徽蒙城县）人，我国古代伟大的哲学家和文学家，道家学说的主要创始人之一。主要著作有《庄子》，名篇有《逍遥游》、《齐物论》等。

宗白华（1897—1986）

字伯华，祖籍为江苏常熟虞山镇。在安庆长至8岁后到南京上小学，1916年8月受聘上海《时事新报》副刊《学灯》，任编辑、主编。1920年赴德国留学，在法兰克福大学、柏林大学学习哲学、美学等课程。1925年回国后在南京、北京等地大学任教。曾任中华美学学会顾问和中国哲学学会理事。宗白华是我国现代美学的先行者和开拓者，被誉为"融贯中西艺术理论的一代美学大师"。著有美学论文集《美学散步》等。

后　记

　　几乎在所有国内外大学的哲学教学中，哲学概论都是最受重视的课程之一，通常也是最受欢迎的课程之一。从事这门课程教学的学者们编写和出版了大量的哲学概论教材。这些教材在写作内容上各有侧重，在结构安排上也各具特色。我们南开大学哲学院自20世纪末，就为本科一年级学生开设了哲学概论课，并开始着手编写这门课的教材。这个工作，对我们来说，是相当艰苦的。我们打算把《哲学概论》编写成一部面向哲学专业初学者的教科书，希望通过对哲学和哲学问题的阐释、评介和辨析，引导学生逐步进入哲学的思想王国，唤起他们学习哲学理论的兴趣和热情，培育他们钻研哲学的学术精神，并为他们日后进一步的学习和研究奠定良好的知识基础。然而，使教材在内容、结构和语言表达上适合初学者的要求，却不是一件轻松的事情。因而，十几年来，我们在教学过程中反复摸索，每年都印制一本新修订的讲义，直到2011年，我们才把讲义修订为书稿，经再次修改后，付梓出版。

　　我们编著的这本《哲学概论》在编写过程中参阅了国内外一些具有代表性的教材，尽可能地借鉴和吸收了这些教材中的优长之处。与国内外同类教材相比，这本教材也有自己的一些特点：首先，在教学内容上突出了哲学理论的问题导向。哲学问题是哲学理论的精髓，哲学理论之为哲学理论首先在于它所要研究和解答的问题是哲学问题。哲学的理论知识是围绕哲学问题展开的，哲学理论的知识结构也是由彼此相关的哲学问题构成的。因此，哲学概论的教学就有必要将哲学理论的各个组成部分所包含的那些最基本的问题展现在学生的面前，不仅使学生能够通过这些问题来理解哲学的各种理论观点和论证方式，而且使学生能够在自己的理论思维中形成强烈的问题意识，并通过对问题的反复追问，激发他们学习和研究哲学的理论兴趣，培养他们敢于怀疑和批判的学术精神。

其次，把哲学问题放到哲学发展的历史脉流中予以阐述，这不仅可以使学生领略历史上那些最具代表性的哲学家的理论观点，从而初步获得哲学史方面的基本知识，而且能够促使学生从历史的维度中理解哲学问题的思想内涵，了解哲学理论的思想演进，从而能够在思想先驱的启发下继续推进对哲学问题的研究。

这本教材还有一个特点就是精选了历史上那些著名哲学家的经典话语来阐述与某个哲学问题相关的最具代表性的哲学观点，让学生能够对这些哲学家和他们的哲学观点产生深刻印象，增强学生的文本解读能力，并使学生能够通过对这些经典话语的解读，学习那些思想大师的语言表达方式。

由于《哲学概论》是面向哲学专业初学者的基础性教材，在内容安排上力求难度适中，在观点的阐述和语言的表述上尽可能简洁生动，这一方面有利于教师在授课中进一步发挥，另一方面有助于学生在自学中阅读理解。力求通过课堂教学和阅读理解，使学生能够从基本问题、基本观点、历史脉络和语言表达四个方面把握教材的理论内容。

这部教材由我和夏莹副教授、谢永康副教授合作编著。最后由我负责对全书的内容、结构、材料和语言进行统一的整理和修订。教材的编写和修改得到了很多人的帮助。我们曾在2011年邀请我院各学科的骨干教师对教材的初稿进行讨论。我的同事们以极高的热情和负责任的态度就教材的内容提出了十分可贵的意见和建议。这些意见和建议基本上都被吸收到教材中。我国著名的哲学家、我院德高望重的哲学前辈陈晏清教授十分关注这部教材的编写过程。他不仅为教材内容的修改提出了很多重要的意见和建议，而且还为教材写了序言。陈晏清教授在序言中肯定了我们在哲学概论课的教学过程中和教材的编写过程中取得的成绩，同时还指出，哲学概论课面对两个困难，一是如何讲好哲学观在历史发展中的"变"和"不变"的关系问题，一是哲学概论课面对初学者如何处理好繁简难易的分寸问题。我认为，陈晏清教授的这个思想应当成为我们课程教学和教材编写的基本指导原则。还应提到的就是王时中副教授，他是我院才学出众的青年学者，也是我们这门课的教学组的主要成员，虽然他不是教材的作者之一，但为教材的修改付出了很大的努力。此外，于涛博士也为教材增补人物索引做了大量的工作。在此，我们向所有为我们提供支持和帮助的老师们、朋友们表示衷心的感谢。

尽管我们为这部教材的编写付出了很大的努力，其中依然有可能存在着许多不尽如人意的地方或进一步完善的余地。我们真诚地希望，国内的学者们能不吝赐教，为本课程的教学和教材的进一步完善提供宝贵的意见和建议。恩格斯曾经说过："一个民族想要站在科学的最高峰，就一刻也不能没有理论思维。"哲学概论这门课程之所以重要，就在于它能够引导学生步入理论思维的殿堂。既如此，它就应当是我们所有哲学工作者的共同事业。

阎孟伟
2014年3月于南开园

南开大学出版社网址：http://www.nkup.com.cn

投稿电话及邮箱： 022-23504636   QQ：1760493289
                                QQ：2046170045(对外合作)
邮购部：   022-23507092
发行部：   022-23508339   Fax：022-23508542

南开教育云：http://www.nkcloud.org

App：南开书店 app

　　南开教育云由南开大学出版社、国家数字出版基地、天津市多媒体教育技术研究会共同开发，主要包括数字出版、数字书店、数字图书馆、数字课堂及数字虚拟校园等内容平台。数字书店提供图书、电子音像产品的在线销售；虚拟校园提供 360 校园实景；数字课堂提供网络多媒体课程及课件、远程双向互动教室和网络会议系统。在线购书可免费使用学习平台，视频教室等扩展功能。